21 世纪全国高职高专财经管理类规划教材

经济学简明教程

主　编　刘忠泽　赵　丛
副主编　张秀倩　国秀芹　张惠兰
主　审　张心淼

内容简介

"经济学"是财经类专业的基础课程，通过这门课程的学习，要求学生掌握经济学的基本概念和理论，掌握经济学所用的基本分析方法，以作为学习其他课程的基础。

本书主要包括两部分，即微观经济学和宏观经济学。微观经济学包括的内容相当广泛，其中的学习重点有：均衡价格理论、消费者行为理论、收益理论、成本理论、分配理论、市场结构理论、市场失灵与微观经济政策等；宏观经济学的学习重点有：国民收入核算及决定理论、失业与通货膨胀理论、经济周期与经济增长理论、宏观经济政策等。

本书除了理论叙述之外，还配合以图表、习题与案例，使学生易于理解把握。本书适用于高等院校经济类各专业学生的学习需要，同时，也适用于高校中的第二学历教育、成人教育等方面的需要。

图书在版编目(CIP)数据

经济学简明教程/刘忠泽，赵丛主编．—北京：北京大学出版社，2010.8
(21世纪全国高职高专财经管理类规划教材)
ISBN 978-7-301-17173-8

Ⅰ．①经… Ⅱ．①刘…②赵… Ⅲ．①经济学—高等学校：技术学校—教材 Ⅳ．①F0

中国版本图书馆CIP数据核字(2010)第077500号

书　　名：经济学简明教程
著作责任者：刘忠泽　赵　丛　主编
责任编辑：温丹丹　魏　杰
标准书号：ISBN 978-7-301-17173-8/F·2511
出 版 者：北京大学出版社
地　　址：北京市海淀区成府路205号　100871
网　　址：http：//www. pup. cn
电　　话：邮购部62752015　发行部62750672　编辑部62765126　出版部62754962
电子信箱：zyiy@ pup. cn
印 刷 者：三河市北燕印装有限公司
发 行 者：北京大学出版社
经 销 者：新华书店
787毫米×1092毫米　16开本　13.75印张　343千字
2010年8月第1版　2010年8月第1次印刷
定　　价：26.00元

前　　言

经济的本质是供给与需求之间的矛盾，经济学的研究对象是人的供求活动，经济发展的过程就是一部生存单位追求“利己”的历史。人类社会的一切进步的成果，本源和动因都在于此——人为了实现“利己”的目的，通过不同的供给手段，满足人的各种需求，借以实现价值增值，即财富的积累。

编写本书的初衷，在于经济学常识的普及。生活中的经济常识为人的行动指明了方向。往大里说，经济常识是人活着的工具，否则，就无以立命；往小里讲，它可以引人思考，为我们的生活增添一些乐趣。

本书由多年从事西方经济学课程教学工作的老师编写。考虑到初学者和经济学爱好者的需要，我们企望编撰一本崭新的“经济学”课程教材，目的是使“经济学”的教与学变为一个更加轻松和愉快的过程。本书是全体作者总结多年的教学心得与切身体会的结晶。

在本书的编写中，编者尽可能使用新颖、生动、简洁的语言，力图做到简明扼要、深入浅出，兼顾知识的经典性、通俗性和实用性。书中各章都设计了与章节内容紧密联系的习题，并精心编排了相关案例，使读者能够进一步享受理论的精妙，从生活实证中感悟经济理论的普适性。

本书由保定职业技术学院、石家庄信息工程职业学院等兄弟院校的专业教师集体编写。保定职业技术学院的张心淼教授对本教材的编写进行了多方指导，并担任主审。全书的编写安排如下：刘忠泽主编，负责拟定写作提纲、组织写作、设计案例，并审改了全部书稿。具体写作分工如下：第一章：李国庆；第二章：张秀倩；第三章：国秀芹；第四章：孙丽娜；第五章：宫良；第六章：杨坤；第七、十四章：赵丛；第八章：刘彩云；第九、十、十一章：马玉清；第十二、十三章：张惠兰。本书参阅借鉴了同行的多种教材、专著及资料，在此致谢，恕不一一列举。

此外，北京大学出版社编辑温丹丹对本书的出版提出了许多宝贵意见，在此表示谢意！

本书经反复核校，唯恐误人子弟。然百密难免一疏，瑕疵之处，先致歉意，敬请指教。

编　者

2010 年 7 月

目　　录

第一章 导 言

关键词汇：

生产可能线　稀缺　资源配置　资源利用　微观经济学　宏观经济学　规范分析方法　实证分析方法

生存与发展是人类社会永恒的主题。有人类就有需求，就必须采用特定的手段加以满足，于是也就有了所谓的“经济”活动，经济的本质在于供求之间的矛盾。在不同的历史时期，这对矛盾会以不同的面目出现，诸如：稀缺、过剩、贫富对立、失业、通货膨胀、经济停滞、国际经济冲突等，它将贯穿于人类社会发展过程的始终。经济学的产生，正是由于缓解供求矛盾的需要。

经济学者常以“大炮与黄油的矛盾”作为切入点，利用一条曲线，通过回答四个问题，借以揭示经济活动的本质。本书之所以继续沿用“大炮与黄油”的命题，在于它的经典。

所谓“大炮与黄油的矛盾”是指，任何一个社会都拥有既定数量的资源，用于生产各种经济物品。资源的数量是既定的，所能生产的各种经济物品的数量也是有限的。多生产某种物品就要少生产其他物品。假设一个社会只生产大炮与黄油这两种物品，那么，多生产大炮就要少生产黄油，多生产黄油就要少生产大炮。“大炮与黄油的矛盾”体现了“鱼与熊掌不可兼得”的社会现实。

假定在经济资源既定的条件下，如果只生产大炮可以生产20万门，只生产黄油可以生产5万吨，在这两种可能性之间，还存在着二者不同数量的组合，如：A、B、C、D、E、F 六种组合方式，则可以做出表1－1。

表1－1　大炮与黄油的选择

方　案	黄油（万吨）	大炮（万门）
A	0	20
B	1	18
C	2	15
D	3	11
E	4	5
F	5	0

根据表1－1，我们可以做出图1－1。

在图1－1中，连接 A、B、C、D、E、F 点的曲线是在资源既定的条件下所能达到的大炮与黄油最大产量的组合，被称为生产可能线或生产可能性边界。它表明了多生产1单

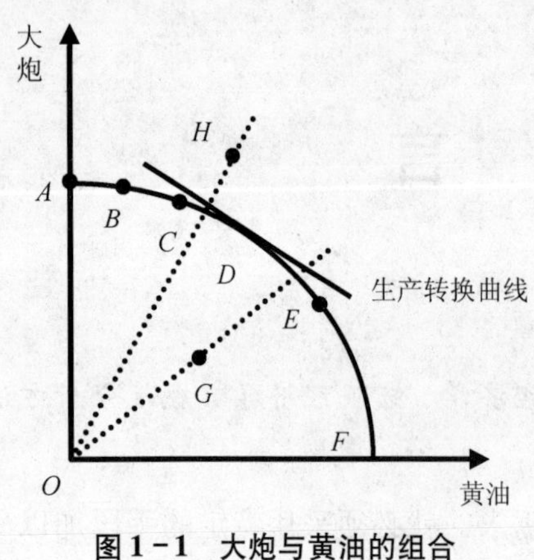

图1-1 大炮与黄油的组合

位大炮要放弃多少黄油，或者，多生产1单位黄油要放弃多少大炮，因此，又被称为生产转换线，表示二者之间此消彼长的关系。从图1-1中还可以看出，*AF*线内的任何一点上（例如*G*点）大炮与黄油的组合，都是资源既定条件下所能达到的，但并不是最大数量的组合，即资源没有得到充分利用。*AF*线外的任何一点上（例如*H*点）大炮与黄油的组合，是大炮与黄油更大数量的组合，但在现有资源数量、技术水平以及制度设计下无法实现。

"大炮与黄油的矛盾"给我们提出了这样一些问题：

（1）为什么大炮与黄油的生产数量是有限的？

（2）社会在生产大炮与黄油的无数种组合中如何做出选择？

（3）为什么有时社会生产的大炮与黄油的组合只能在*G*点上？

（4）如何使大炮与黄油的产量超出*AF*线，达到*H*点？

在本章中，我们就要通过回答这些问题，来揭示经济活动的本质，即经济学的研究对象究竟是什么。

第一节　西方经济学及其相关概念

确定研究对象对于经济学的定义而言至关重要。要搞清楚经济学的研究对象，首先应该认识到经济是人的活动，是人在追求社会财富的过程中所引发的种种矛盾。

西方经济学理论充分认识到了这一点，并将矛盾的根源归结于资源的有限性，认为经济学的研究对象正是由资源的有限性所决定的。

一、资源稀缺

资源无限，生产出的大炮和黄油也无限，那么，就不会有"大炮与黄油的矛盾"，也就不需要经济学的存在了。但在现实中，资源总是有限和稀缺的。稀缺是指相对于人类社会的无穷欲望而言，生产经济物品所需要的资源是有限的。

谈到欲望，清人胡澹庵编辑的《解人颐》一书中收录了一首《不知足》诗：终日奔波只为饥，方才一饱便思衣。衣食两般皆具足，又想娇容美貌妻。娶得美妻生下子，恨无田地少根基。买得田园多广阔，出入无船少马骑。槽头拴了骡和马，叹无官职被人欺。县丞主簿还嫌小，又要朝中挂紫衣。若要世人心里足，除是南柯一梦西。足可见人心不足蛇吞象。

资源是指用来生产满足人的需求的一切对象，可以分为自由资源和经济资源两种。区分二者的标准在于能否被货币加以计量，能够被货币加以计量的资源就意味着被纳入了经济的范畴。

当资源被投入经济活动用以生产满足人们欲望的最终产品与劳务时，被视为生产要素，简称要素。包括劳动（L）、资本（K）、土地（N）、企业家才能（E）四种。

稀缺性不是指资源绝对数量的多少，而是指相对于人类欲望的无限性而言，再多的资源也是不足的。

但是，稀缺性的存在又是绝对的。纵观人类历史，稀缺现象普遍存在。可以断言，稀缺性是人类社会永恒的问题，只要有人类社会，就会有稀缺性。“大炮与黄油的矛盾”正是稀缺性存在的表现形式。经济学的研究对象也正是由这种稀缺性所决定的，这意味着供求矛盾对于人类社会而言永远无法摆脱。有人类就有经济活动，就离不开经济学。

二、资源配置

人类的需求因时因地而异。以大炮和黄油来说，战火连绵时会更需要大炮，太平盛世时会更需要黄油。那么，既定的稀缺性的资源如何在大炮和黄油之间配置？人类社会无法回避这样的问题，必须做出选择。选择的实质在于利益的取舍，两害相权取其轻，两利相权取其重，只有这样，才能更好地满足人类的需求。

“选择”包括这样三个相关的问题。

（1）生产什么与生产多少。是生产大炮还是黄油；或者生产多少大炮，多少黄油，即在大炮与黄油的可能性组合中选择最优。

（2）如何生产，即用什么方法来生产大炮与黄油。生产方法实际就是如何对各种生产要素进行组合，是采用资本密集型方法来生产，还是采用劳动密集型方法来生产。不同的方法或许可以达到相同的产量，但其经济与社会效率并不相同。

（3）产品如何分配，即大炮与黄油按什么样的原则分配给社会各阶层成员。效率优先，还是公平优先，这也就是为谁生产的问题。

“生产什么”、“如何生产”和“为谁生产”的问题，是人类在社会经济活动中必须解决的基本问题。这三个问题被称为资源配置。需要注意，人的需求是有结构和层次的，满足人的需求从来是资源配置的终极目的。

三、资源利用

资源稀缺与资源浪费现象的并存，使人类经济陷入窘境。正如当下，许多国家的经济结构亟待转型，一方面产能过剩，另一方面贫富分化进一步加剧，就是最好的写照。

从人类社会的长远发展看，我们不能满足于产量仅仅达到生产可能线上的水平。如何使既定的资源生产出更大的产量？就是如何使资源得以充分利用的问题。

资源利用包括三个方面。

（1）如何使稀缺的资源得到充分利用，如何使大炮与黄油的产量达到最大。这就是一般所说的“充分就业”问题。

（2）在资源既定的情况下，大炮与黄油的产量为什么不能始终保持在生产可能线上。这意味着经济运行中存在周期性波动。与此相关，如何实现大炮与黄油生产的持续稳定增长，即是宏观经济中的“经济增长”问题了。

(3) 市场经济条件下，货币的运动影响着“大炮与黄油”之间各种矛盾的解决。就是说，解决“大炮与黄油的矛盾”必然涉及货币购买力的变动问题，即宏观经济中的“通货膨胀（或通货紧缩）”问题。

由以上可见，如何使用稀缺资源满足人类不同的需求结构与层次，引发了资源配置问题，而且进一步提出了资源如何充分利用的问题。所谓资源利用就是人类社会如何更好地利用现有的稀缺性资源，使之生产出更多的经济物品。这对于人类社会长期的生存与发展，尤为重要。

正因为如此，许多经济学家把经济学定义为“研究稀缺资源配置和利用的科学”。但需要注意的是，配置和利用资源只是手段，满足人的需求才是目的，忽视了人的目的，任何供给手段都会失去经济学上的意义。

四、经济制度的作用

各种社会或多或少都存在着“大炮与黄油的矛盾”，资源稀缺具有普遍性。如何解决资源配置与资源利用问题，方法主要有两种：制度与技术。许多情况下，制度重于技术。例如：我国将高度集中的农村集体经济改革为具有中国特色的家庭联产承包责任制，就是在技术没有重大突破、国家财政没有更多投入的条件下，依靠基本经济体制的根本变革所取得的经济奇迹。

当前，世界上解决资源配置与资源利用的经济制度基本有两种：一种是市场经济制度，即市场在资源配置与利用中起基础性作用，依靠市场机制的调节来解决生产什么、如何生产和为谁生产的问题；另一种是计划经济制度，即通过中央计划来解决生产什么、如何生产和为谁生产的问题。此外，资源的充分利用也依靠计划来实现。以上两种经济体制或制度在本质上都是服务于经济社会发展的手段，本身并没有意识形态的色彩。现实中，大多数国家所采用的经济制度都是市场经济与计划经济不同程度的结合，经济学家把这种经济制度称为“混合经济”。经济实践使人们认识到，市场经济比计划经济效率高，更有利于经济发展。其原因在于市场经济的运行机制顺应了人的本质——“利己”的要求。因此，许多过去采用计划经济制度的国家纷纷转向市场经济。

综上所述：经济学就是研究在特定经济制度下稀缺资源配置与利用的学科。但是在经济思想史上，许多经济学家都对该定义仁者见仁、智者见智，诸如，19 世纪伟大的经济学家阿尔弗雷德·马歇尔在其《经济学原理》中这样写道：“经济学是一门研究人类一般生活事务的学问。”美国经济学家，2001 年诺贝尔经济学奖获得者约瑟夫·斯蒂格利茨在其《经济学》一书中认为：“经济学研究的是——我们社会中的个人、厂商、政府和其他经济组织是如何进行选择的，这些选择又决定社会资源如何被利用。”1934 年，罗宾斯将经济学定义为：“经济学是研究人类行为的一门科学，它考察人们如何处理目的与具有多种用途的稀缺性手段之间的关系。”大家对经济学定义的角度不同，但罗宾斯的定义堪称为经典，它揭示了经济活动的本质在于供求，离开了人的需求，经济学的研究就会迷失方向。

第二节　微观经济学和宏观经济学

一、微观经济学

（一）微观经济学的定义

微观经济学是以单个经济单位为研究对象，通过研究单个经济单位的经济行为和相关经济变量单项数值的决定，来说明价格机制如何配置社会资源的经济学科。

理解微观经济学的定义主要有以下几点。

（1）研究的对象是单个经济单位的经济行为。单个经济单位是指经济活动中的基本经济主体，如居民户和厂商。居民户又称家庭，是经济活动中的基本消费单位。厂商又称企业，是经济活动中的基本生产或经营单位。

（2）解决的问题是资源配置。通过价格机制将劳动、资本等要素按照一定比例分配到社会生产各部门中去就是资源配置。微观经济学从研究单个经济单位行为的利益最大化入手，认为如果每个经济单位都实现了利益最大化，那么，整个社会也就实现了资源的最优化配置。

（3）中心理论是价格理论。在市场经济中，商品的生产者和消费者的行为要受价格机制的支配，价格像一只“看不见的手”，调节着整个社会的经济活动。因此，价格理论是微观经济学的中心理论，在经济学的其他内容中都有所运用和体现。

（4）研究方法是个量分析。个量分析是对单个经济单位和单个经济变量的单项数值的决定及其相互关系所做的分析。例如，某一种商品的价格、产量或者某个厂商的投入、产出、成本、收益、利润等都属于这类经济变量的单项数值。

（二）微观经济学的基本假设

（1）市场出清。微观经济学认为在完全自由价格的市场状况下，市场上一定会实现充分就业的供求均衡状态。具体而言，物品价格的自由调节使商品市场得以均衡，完全市场化的利率（资本价格）调节使金融市场供求均衡，完全市场化的工资（劳动价格）调节使劳动市场供求均衡等。在自由价格所决定的均衡状态下，资源可以得到充分利用，不存在资源闲置或浪费问题。因此，微观经济学就是在假设资源被充分利用的条件下，集中研究资源配置问题。

（2）完全理性。即消费者和厂商都是理性经济人，所谓“经济人”是指“利己的人”，其行为动力是自身的利益，行为目标是利益最大化。他们自觉地按利益最大化的原则行事，既把最大化作为目标，又知道如何实现最大化。也就是说，他们具有完全的理性。只有在这一假设之下，价格才能发挥利益杠杆的作用，通过价格调节实现资源配置最优化才有可能。

（3）完全信息。指消费者和厂商可以全面而迅速地获得各种市场信息。消费者和厂商只有具备完备而迅速的市场信息才能及时对价格信号做出反应，以实现其利益最大化的目标。

在以上三个条件之下，微观经济学得出了“市场万能”的假设，并由此提出自由放任的经济政策才是正确的。但事实上，这三个条件并不完全具备，只有“经济人”的存在才是千真万确的。这正是传统微观经济学受到现代经济学家质疑的重要原因。

（三）微观经济学的基本内容

微观经济学的内容主要有以下几点。

（1）均衡价格理论。市场经济中，微观经济学的研究对象——资源配置问题，是通过价格机制得以解决的，因此，价格理论成为微观经济学的核心。价格理论就是在分析价格对供求影响的同时，运用需求与供给的变动来说明价格的形成机制，进而形成均衡价格理论。

（2）消费者行为理论。消费决定着生产者生产什么、生产多少、为谁生产的问题，是人类经济活动的原动力和火车头。无视消费者的消费需求，经济活动就无以为继。因此，对消费者行为的研究就成为经济学研究的一个重要领域。消费者行为理论研究的是消费者如何把有限的收入分配于各种物品的消费之上，以实现效用最大化，即满足程度的最大化。

（3）生产者行为理论。研究生产者如何实现利润最大化。这一部分内容包括研究生产厂商的收益理论和成本理论，以及研究不同市场条件下厂商行为的厂商理论。生产者行为理论是对决定价格的另一个因素——供给的进一步解释，以及对如何生产的论述。

（4）分配理论，也称为生产要素的价格决定理论。众所周知，价格是利益分配的工具。任何经济主体要获取社会利益，必须有所付出并在市场上形成价格，进而去切割社会财富。研究工资、利息、地租和利润（都是不同要素的价格形式）如何决定，就是运用价格理论来说明为谁生产，即分配的问题。

（5）市场失灵与微观经济政策。按微观经济学的理论，市场机制能使社会资源得到有效配置，市场是万能的。但其实不然，微观经济学关于市场机制发挥作用的前提是完全竞争，但现实中不同程度垄断的存在往往导致市场机制的作用受到抑制。此外，市场选择的结果不一定符合社会整体和长期的利益，更无法有效地提供公共物品，无法解决信息不对称以及经济活动的外部性等问题。正因如此，就需要相应的微观经济政策来弥补市场的缺陷。

二、宏观经济学

（一）宏观经济学的定义

宏观经济学是研究宏观经济总量的一门经济学科。它以整个国民经济为研究对象，通过研究一个国家整体经济运行中各有关总量的决定及其变化，来说明资源充分利用的实现。

理解宏观经济学定义主要有以下几点。

（1）研究的对象是整个国民经济。宏观经济学所研究的不是厂商或农户，而是由这些基本经济单位所构成的有机整体。它要研究整个社会经济的运行方式与规律，从总体上分析经济问题。

（2）解决的问题是资源利用。微观经济学所要研究的是在假定资源已经得到充分利用的条件下，资源的配置问题；宏观经济学所要研究的则是在假定资源已经实现最优配置的前提下，资源如何才能得到充分利用的问题，其实质在于社会财富的增长。

（3）中心理论是国民收入决定理论。宏观经济学把国民收入作为基本的经济总量，以国民收入的决定为中心来分析国家整体经济的运行情况以及政府如何运用经济政策来影响国家整体经济的运行，进而实现资源总量的充分利用。

（4）研究方法是总量分析。总量作为反映整个经济运行情况的经济变量，分为两类：一类是经济个量的总和，例如，总投资是各个厂商的投资之和，总消费是各个居民户消费的总和，等等；另一类是平均量，例如，价格水平是各种商品与劳务的平均价格。宏观经济学所涉及的总量很多，其中主要有：国民生产总值、总投资、总消费、价格水平、失业率、通货膨胀率、增长率、利率、国际收支、汇率、货币供给量、货币需求量，等等。总量分析就是通过分析这些总量的决定、变动及其相互关系，进而说明整体经济的运行状况，以利于制定相关的经济政策。

（二）宏观经济学的基本假设

宏观经济学产生于20世纪30年代，它的内容基于两个假设。

（1）市场机制是不完善的，更不是万能的。市场经济产生以来，各国若干年一次的经济危机打破了市场万能的神话。尤其是20世纪30年代的全球性大危机使经济学家们认识到，仅仅依靠市场机制的自发调节，无法从根本上缓解和制约经济周期、通货膨胀、危机与失业等给社会带来的危害。

（2）政府有能力调节经济，纠正市场机制的缺陷。人类不仅要遵循经济规律，而且能够认识和利用经济规律。政府可以采取适当的手段和措施对经济进行调节。政府可以调节经济，政府应该调节经济，政府完全有能力调节经济。宏观经济学正是建立在对政府调节经济能力充分信任的基础之上。

（三）宏观经济学的基本内容

本书所涉及的宏观经济理论与政策主要有以下几点。

（1）国民收入决定理论。国民收入是衡量一国经济总量和反映整体国民经济状况的基本指标。国民收入决定理论是从总需求和总供给的角度出发，分析国民收入决定及其变动的规律。这是宏观经济学的中心理论。

（2）失业与通货膨胀理论。失业与通货膨胀是当前各国经济所面临的最主要问题，可以说，这两个难题是市场经济所无法避免和克服的。宏观经济学把失业与通货膨胀和国民收入联系起来，分析其原因及相互关系，以便找出缓解这两个问题的路径。

（3）经济周期与经济增长理论。经济周期指国民收入的周期性波动，经济增长指国民收入的总量增加。该理论主要分析造成国民收入波动的原因，经济长期稳定增长的源泉等问题。

（4）宏观经济政策。宏观经济学要为国家干预经济提供理论依据，而宏观经济政策则要为国家干预经济提供具体的措施。政策问题包括政策目标，即通过宏观经济政策的调节要达到什么目的；政策工具，即用什么具体办法达到目标要求。

（5）开放经济理论。开放经济理论要分析一国国民收入的决定与变动如何影响他国，以及自身经济又如何受到他国的影响，同时分析开放经济下一国经济的调节问题。

三、微观经济学和宏观经济学的关系

微观经济学与宏观经济学虽然在研究对象、解决的问题、中心理论和分析方法上都有所不同，但它们之间又有着密切的联系，其表现如下。

（一）微观经济学与宏观经济学互为前提、相互补充

经济学的目的是要实现社会经济福利的最大化。要达到这一目的，既要实现资源的最优配置，又要实现资源的充分利用。微观经济学和宏观经济学不过是从不同的角度分析社会经济问题而已，它们共同组成经济学的宏大理论体系，二者缺一不可。

（二）微观经济学与宏观经济学都是实证分析

微观经济学与宏观经济学不分析社会经济制度变化对经济的影响。也就是说，它们都把市场经济体制作为一个既定的存在，分析既定体制下的资源配置与利用问题。这种不涉及体制变化，不进行价值判断，只分析具体经济问题的方法就是实证分析。

（三）微观经济学是宏观经济学的基础

宏观经济离不开微观经济，宏观经济活动是微观经济活动的有机结合，没有个体经济的收入和利润，哪来的国民收入。同时，对宏观经济行为和经济总量的分析是以一定的微观经济分析为基础的。例如，就业理论和通货膨胀理论作为宏观经济学的重要组成部分，总是要涉及劳动的供求和工资的决定理论，以及商品价格如何决定的理论；而充分就业的宏观经济模型，正是建立在以完全竞争为假定前提的价格理论和工资理论基础之上的。

最后需要提醒大家的是：在微观经济学中成立的判断，到了宏观经济学中却并不一定成立，例如，对于某一企业而言，降低工人的工资对增加企业的利润是有利的，但是，对于宏观经济而言，社会工资水平降低导致总需求减少，会抑制国民收入的增长。

第三节　西方经济学的研究方法

经济学家在从事经济实践和经济理论研究时，会使用多种分析方法，其中主要有：个量分析法和总量分析法、实证分析法和规范分析法、均衡分析法和非均衡分析法、静态分析法、比较静态分析法和动态分析法、定性分析法和定量分析法、边际分析法和增量分析法等。

下面，我们从实证分析和规范分析入手来分析几种主要的经济学研究方法。

一、实证经济学与规范经济学

根据实证分析与规范分析在研究方法上的不同，经济学可分为实证经济学与规范经济学。

实证经济学力图排除一切价值判断的干扰，只研究经济活动自身的内在规律，进而分析、预测人类经济的行为和效果。

规范经济学则以一定的价值判断为基础，提出某些标准作为分析、处理经济问题和制定经济政策的依据。

理解实证经济学与规范经济学的关系时，应注意以下几点。

（1）价值判断的含义。价值判断就是指对经济事物社会价值的判断，即对某一经济事物是好是坏、是对是错、是积极或还是消极的判断。是否以一定的价值判断为依据，是实证经济学与规范经济学的重要区别之一。人们通常将政治经济学划入规范分析的范畴，正因为它本身极具规范逻辑的特点，例如：什么样的社会才是理想社会——共产主义公有制，为什么现实社会如此不堪——万恶的私有制，如何才能实现社会制度的跨越——消灭剥夺者。

（2）实证经济学与规范经济学所要解决的问题不同。实证分析要回答“是什么，为什么是这样，还能变成什么样”的问题；规范分析要回答“应该是什么样，为什么不是这样，怎么才能变成这样”的问题。

（3）人们通常会认为：实证经济学的内容具有客观性，所得出的结论可以根据事实进行检验，也不会以人们的意志为转移。规范经济学本身则没有客观性，它所得出的结论要受到不同价值观的影响。处于不同的阶级、地位，具有不同价值判断标准的人，对同一事物的好坏会做出截然相反的评价，谁是谁非没有什么绝对标准，从而也就无法进行检验。试问：有什么样的理论不能被实践所检验？华尔街的计量精英们给社会造成的危害还小吗？其实，二者只是在分析经济的方法上不同而已。

（4）实证经济学与规范经济学并不是绝对互相排斥的。规范经济学要以实证经济学为基础，而实证经济学也离不开规范经济学的指导。一般来说，越是具体的问题，实证的成分越多；而越是高层次、带有决策性的问题，越具有规范性。在经济学的分析中规范与实证是交织在一起的，哪有什么绝对的规范与实证呢？规范分析是目的，实证分析是手段，后者是为前者服务的。

在西方经济学的发展中，早期强调从规范的角度分析经济问题。19 世纪中期以后，则逐渐强调实证的方法。许多经济学家都认为，经济学的实证化是经济学科学化的唯一途径。到目前为止，实证经济学仍然是西方经济学的主流。但也有许多经济学家认识到，经济学并不能完全等同于物理学、化学这些自然科学，它根本无法摆脱规范的问题，即无法回避价值判断。因为，经济是人的活动。

二、实证分析方法

弗里德曼认为：实证分析是一种根据事实加以验证的陈述，而这种实证性的陈述则可以简化为某种能根据经验数据加以证明的形式。在运用实证分析法研究经济问题时，就是要提出用于解释事实（即经济现象）的理论，并以此为根据作出预测。这也是形成经济理论的过程。

因此，我们这里就重点介绍如何运用实证分析方法形成经济理论的过程。

（一）理论的组成

一个完整的理论包括定义、假设、假说和预测。

定义是对经济学研究的各种变量所规定的明确的含义。变量是一些可以取不同数值的量。在经济分析中常用的变量有内生变量与外生变量、存量与流量。

内生变量是“一种理论内所要解释的变量”。外生变量是“一种理论内影响其他变量，但本身由该理论外的因素所决定的变量”。一般认为，内生变量又称因变量，外生变量又称自变量。但是，人们在内生变量和外生变量的问题上是存在争议的，我们认为：理论内所要研究的变量就是内生变量，而理论中不予考虑的变量，即假定不变的一切条件，都是外生变量。二者的划分是相对的，随着经济活动的不断深入，理论研究所考虑的因素也越来越复杂，从前的外生变量也会变成内生变量。

存量是指一定时点上存在的变量的数值。其数值大小与时间维度无关。流量是指一段时期内发生的变量的数值。其数值大小与时间维度相关。

假设是某一理论所适用的条件。因为任何理论都是有条件的、相对的，所以在理论的形成中假设非常重要。没有条件就没有了真理和科学。例如，需求定理是在假设消费者的收入、偏好、人口结构、社会风尚等不变的前提下，来分析需求量与价格之间的关系。消费者收入、偏好、人口结构、社会风尚等不变就是需求定理的假设。离开这些假设条件，需求定理关于需求量与价格成反方向变动的结论就没有意义。在形成理论时，所假设的某些条件往往并不现实，但没有这些假设就很难得出正确的结论。

假说是对两个或更多的经济变量之间关系的阐述，也就是未经证明的理论。在理论形成中提出假说是十分重要的，假说往往是对某些现象的经验性概括或总结。

预测是根据假说对未来进行预期。科学的预测是一种有条件的说明，其形式一般是“如果有什么样的条件……就会出现怎样的结果……”。预测是否正确，是对假说的验证。正确的假说的作用就在于它能准确地预测未来。

（二）理论的形成

我们根据图 1－2 来说明经济理论的形成过程。

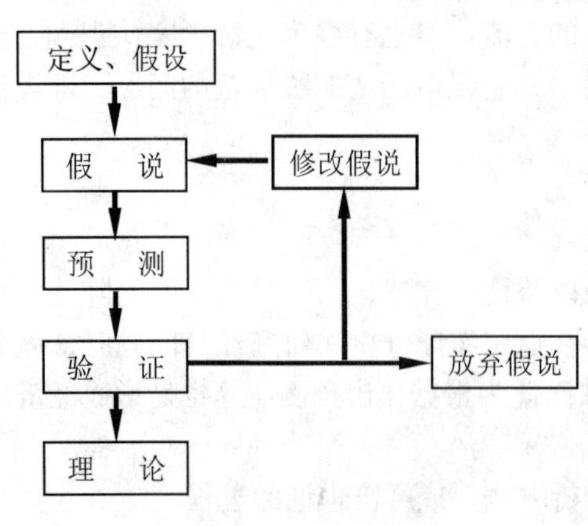

图 1－2　理论的形成

形成一种理论时首先要对所研究的经济变量进行定义，并提出假设条件。其次，根据定义与假设提出一种假说，并根据假说对未来进行预测。最后，需用事实来验证这一预测是否正确。如果预测与现实的发展是吻合的，这一假说就是正确的理论；如果预测与事实背道而驰，这种假说就是谬误，要放弃；如果预测与现实的发展基本上吻合，就要对出现的误差进行调整或修正。这就是理论形成的实证分析过程。

需要注意，在假设条件下得出假说和预测后，我们要善于不断地去除条件，之后发现原有的结论在现实中依然具有普适性，对经济实践依然具有指导意义，这就意味着相对真理的产生。否则，理论只能是空中楼阁，没有任何现实意义。

（三）理论的表述方式

同样的理论可以采用不同的表述方法。一般有四种。

（1）文字法。用文字来表述经济理论。

（2）列表法。用表格来表述经济理论。

（3）图形法。用几何图形来表述经济理论。

（4）函数法或模型法。用函数关系来表述经济理论。

三、实证分析工具

经济学使用实证分析法分析经济问题时，运用了各种分析工具，如：均衡分析与非均衡分析、静态分析与动态分析、由均衡分析与静态分析和动态分析相结合而形成的静态均衡分析、比较静态均衡分析和动态均衡分析、定性与定量分析、边际分析与增量分析等。我们这里主要介绍以下几种：

（一）均衡分析与非均衡分析

均衡是物理学名词，当一个物体同时受到方向相反的两个外力的作用，而且这两种力量恰好相等时，该物体由于受力相等而处于相对静止或匀速直线运动状态时，该状态就是均衡。19世纪末的英国经济学家马歇尔借用了这一概念，借指经济中各种对立的变量处于一种力量相当、相对稳定的状态。均衡分析是分析各种经济变量之间的关系，说明均衡的实现及其变动。均衡分析又可以分为局部均衡分析与一般均衡分析。局部均衡分析考察在其他条件不变时单个市场均衡的形成与变动。一般均衡分析考察各个市场之间均衡的形成与变动，它是在各个市场的相互关系中考察一个市场的均衡问题。均衡分析偏重于数量分析，非均衡分析则认为经济现象及其变化的原因是多方面的、复杂的，不能单纯用有关变量之间的均衡与否加以解释，而主张以历史的、制度的、社会的因素作为分析的基本方法，即使是数量的分析，非均衡也不是强调各种力量相等时的均衡状态，而是强调各种力量不相等时的非均衡状态。本书中，微观经济学与宏观经济学所运用的主要分析工具是均衡分析。

尽管如此，我们仍需注意：均衡是相对的，绝对均衡是不存在的，在量上的一致也并不能使绝对均衡得以实现，它只是一种理想化的状态，而非均衡才是现实中的常态。非均衡分析的目的和意义就是在非均衡的前提下，寻求一种较为合理的状态（次优解）。

（二）静态分析与动态分析

静态分析和动态分析的基本区别在于，前者不考虑时间因素，而后者考虑时间因素。换而言之，静态分析考察一个时点上各种变量之间的相互关系，而动态分析考察各种变量在不同时点上的变动情况。静态分析主要是一种横断面分析，不涉及时间因素所引起的变动，而动态分析主要是一种时间序列分析，要涉及时间因素所引起的变动。

（三）定性分析与定量分析

定性分析是对经济现象的性质及其内在规律性的说明。定量分析则是对现象之间数量关系的说明。各种经济现象之间的数量关系可以更为精确地反映经济运行的内在规律，因此，微观经济学和宏观经济学中特别注意定量分析。这也是经济学中广泛运用数学工具的主要原因。

定性分析是目的，定量分析是手段，定量分析服务于定性分析。定性分析使我们易于把握事物的本质，定量分析则使我们对事物性质的认识更加清晰。

（四）边际分析与增量分析

边际分析是现代经济学常用的分析方法之一。它属于数量分析的一种。所谓边际分析法，是指当一个自变量发生微小变动时，研究因变量变化程度的方法。这个分析方法是从微积分学中引进的。自从数理经济学产生后，边际分析法被广泛地运用于经济分析之中，特别是用这个方法来分析经济的变化趋势，分析各种经济变量的相关性。例如，假定某种产品的价格增加或减少了一个单位，然后来测定该产品需求量的变动情况，这就是边际分析法在弹性理论中的运用。此外，在效用分析、收入分析、成本分析以及其他理论分析中，都可使用边际分析法，由此也产生了一系列极为重要的边际概念和边际法则，例如，边际效用、边际收益、边际成本、边际产量等。

增量分析法与边际分析法极为相似，它们都分析某自变量的变动所引起的因变量的变动情况。但边际分析主要是研究单位自变量的改变而导致因变量的变动程度，而增量分析既可分析某一变量的大量变动所导致的结果，又可分析非数量的某一因素变动所引起的变化，所以增量分析的运用比边际分析更为广泛。

复习思考

一、填空题

1. 资源配置包括________、________、________这样三个问题。
2. 解决资源配置和利用的经济制度基本有两种：一是________，二是________。
3. 微观经济学的基本假设条件有________、________、________。
4. 宏观经济学的基本假设是________、________。
5. 经济学根据其研究方法的不同可分为________和________。

二、单项选择题

1. 在任何一个经济社会中，（　　）。
   A. 因为资源是稀缺的，所以不会存在资源的浪费
   B. 因为存在资源浪费，所以资源并不稀缺
   C. 既存在资源稀缺，又存在资源浪费
2. 资源的稀缺性是指（　　）。
   A. 世界上的资源最终会由于人们生产更多的物品而消耗殆尽

B. 相对于人们无穷的欲望而言，资源总是不足的

C. 生产某种物品所需资源的绝对数量很少

3. 微观经济学解决的问题是（　　）。

A. 资源配置

B. 资源利用

C. 单个经济单位如何实现最大化

4. 实证经济学与规范经济学的根本区别在于是否存在（　　）。

A. 市场出清

B. 价值判断

C. 完全理性

5. 宏观经济学的中心理论是（　　）。

A. 失业与通货膨胀理论

B. 国民收入决定理论

C. 经济周期与经济增长理论

三、判断题

1. “资源的稀缺性”是一个伪命题。（　　）

2. 假设对于经济学的研究来说无关紧要。（　　）

3. “生产什么”、“如何生产”和“为谁生产”是与资源利用相关的问题。（　　）

4. 实证的研究方法是纯粹的。（　　）

5. 宏观经济学的基本假设是市场失灵。（　　）

四、案例分析题

案例1：

【案例名称】：前苏联和东欧为老问题寻求新答案

【案例适用】：经济制度与资源利用

【案例来源】：斯蒂格利茨．王尔山等译．经济学小品和案例 [M]．北京：中国人民大学出版社，1998：4.

【案例内容】：

苏联的经济制度确实存在许多缺陷，这里仅举两例。一是苏联制鞋业的产量居世界首位，但质量普遍低劣，寿命不足几星期，而过高的产量带来大量无人问津的鞋子在库房里老化变质。二是苏联规定，农民可以拥有一小块自留地。尽管政府严格限制农民在自留地上的耕作时间，以免耽误公社的生产计划，但公用地生产率的过于低下，造成高达92%的农产品只能由占全国耕地3%的自留地来承担的不正常情况。……不过，在90年代初，这些国家似乎也开始迈开经济改革的步伐。工人们需要增加激励，哪怕加剧工资分配上的不平等，否则难以努力工作。为了提高企业的生产效率，按照市场所需组织生产，必须加强对企业的激励，哪怕因此可能带来失业或破产。

【案例讨论】：

1. 计划经济的局限何在？

2. 为什么市场经济的效率优越于计划经济？

3. 自私与利己是一个概念吗？

案例2：

【案例名称】：人类经济活动的产生与未来

【案例适用】：经济活动的本质

【案例来源】：魏小文．西方经济学 [M]．北京：北京理工大学出版社，2009：2.

【案例内容】：

凯恩斯曾经乐观地预言："经济问题在一百年以内可能获得解决，或者至少在百年以内可以有解决的希望。这就是说，如果我们把眼光投注到比较遥远的将来，就可以看到，经济问题并不是人类中永远存在的问题。"

【案例讨论】：同学们对这段话有何感想？

案例3：

【案例名称】：欲望与稀缺

【案例适用】：经济学的研究对象

【案例来源】：自编

【案例内容】：

经济学将欲望和稀缺作为研究问题的出发点，得出了"二者之间的矛盾是经济和经济学产生的根源"的判断，关于这个命题，我们分析如下：

首先，欲望对于人类社会的发展而言，是一把双刃剑。"欲望是陷阱，致人于万劫不复之地；欲望是动力，萌生人类文明之花"，这就是它的两面性。对于人类，欲望固然很重要，但经济研究会更多地考虑欲望吗？例如，汽车厂商生产单价10万元的轿车，会体谅"五保特困"的欲望吗？当然不会，它只会满足"有支付能力的需求"——想买而且买得起。潜在需求向现实需求的转化也必须以"支付能力"为条件。

其次，资源是稀缺的吗？拿电力为例，我们可以用煤进行火力发电，用煤矸石、煤泥发电，此外还有蔗渣发电、蔗叶发电、垃圾发电、风力发电、水力发电、核能发电、潮汐发电、太阳能发电等。可见，"资源稀缺是一个伪命题"。

【案例讨论】：

1. 稀缺经济与过剩经济的共性是什么？
2. 如果资源不是稀缺的，请问稀缺的是什么？
3. 如何理解"供求矛盾的社会化"？

第二章　价格理论

关键词汇：

需求定理　吉芬商品　供给定理　均衡价格　供求定理　支持价格　限制价格

价格理论是经济学理论体系纯洁性的试金石，更是微观经济学的核心理论。它不仅要说明价格如何通过影响供求来配置资源、调节经济，而且还要揭示价格是如何由供求关系来决定的。

供给与需求作为人的本能是经济学中重要的概念。本章主要介绍需求、供给与价格之间的相关性，进而分析其在经济政策中的具体运用。

第一节　需求定理

一、需求的表述

（一）需求

需求是指在其他条件不变的情况下，某一特定时期内，在每一价格水平时，消费者愿意而且能够购买的某种商品的数量。

理解需求量的概念应该注意：需求量是一种有效（支付能力）的需求，是购买欲望和购买能力的统一。购买欲望是需求存在与产生的基础，支付能力则是关键的决定性因素。这里的需求是指消费者对某一种商品的需求，而不是指社会总需求。

（二）需求表

需求表是在所有其他影响因素——如相关物品的价格、收入、预期、人口和偏好等不变的情况下，某种物品在不同价格时与需求量相对应的表格，是需求表述方式的一种。

例如，在2009年第一季度时的某地市场上，当香蕉的价格为1元时，需求量为700个单位；当价格为2元时，需求量为600个单位；当价格为3元时，需求量为500个单位……，显然，香蕉的价格与需求量之间成反方向变动。根据这些具体数字，我们可以做出表2－1，该表就体现了某时某地某市场中消费者对于香蕉的需求。

表2－1　香蕉的需求

价格—需求量组合	价格（元）	需求量（单位数）
A	1	700
B	2	600

续 表

价格—需求量组合	价格（元）	需求量（单位数）
C	3	500
D	4	400
E	5	300

（三）需求曲线

根据表2－1中的数据，我们可以做出图2－1。

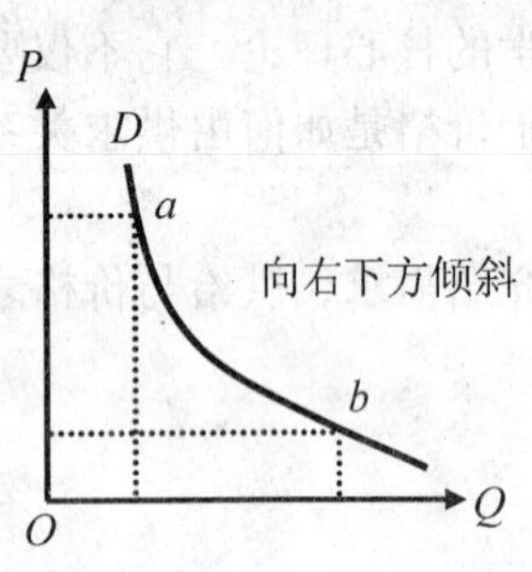

图2－1 香蕉的需求曲线

在图2－1中，横轴 Q 表示需求量，纵轴 P 表示价格。可见，需求曲线 D 是根据需求表画出的，表示某种商品价格与需求量之间反方向变动的关系。该曲线向右下方倾斜，斜率为负值，通常用直线表示。

（四）影响需求的因素与需求函数

1. 影响需求的因素

需求还可用函数的形式加以表述。我们来分析一下影响需求的变量有哪些。影响需求的因素很多，有经济因素，也有非经济因素，概括起来主要有以下几种：

（1）商品自身的价格。商品的需求量随着商品自身价格的变化而变化，一般说来，商品的价格越高，该商品的需求量会越小。相反，价格越低，需求量就会越大。

（2）相关商品的价格。各种商品之间存在着不同程度的关联，因此，其他商品价格的变动也会影响某种商品的需求。商品之间的相关性分为两种：一种是替代关系，另一种是互补关系。替代关系是指某些商品的功能相同或相近，可以互相代替来满足同一种需求的关系，这些商品被互称为替代品，如鸡蛋和猪肉、牛肉和羊肉等。对有替代关系的商品来说，当一种商品价格上升时，消费者对另一种替代商品的需求就会增加；反之，当一种商品价格下降时，对另一种替代品的需求就会减少。互补关系是指不同的商品共同来满足人的同一种需求，这些商品被称为互补品，如汽车和汽油、影碟机和光碟等。对于有互补关系的商品而言，当一种商品的价格上升时，对另一种互补商品的需求会减少；反之，当一种商品的价格下降时，对另一种互补性商品的需求会增加。

（3）消费者的偏好。偏好是消费者的消费倾向，它会受历史传统、地域、文化习俗等社会因素的影响，例如：南人喜米，北人好面。随着社会的发展，偏好也会出现变化。这正是许多厂商不惜血本大作广告的原因。

（4）消费者收入水平以及社会收入分配公平程度。收入水平增加与分配公平会使需求增加；反之，收入水平下降与两极分化会导致需求减少，并使需求结构发生变化。对于大多数商品来说，当消费者的收入水平提高时，就会增加对商品的需求。相反，当消费者的收入水平下降时，就会减少对商品的需求。作为例外，人们收入增加到一定程度，奢侈品的需求会大量增加，如社会成员对继续教育的需求；同时会减少对劣质品的需求，如肥肉。

（5）人口数量与结构的变动。人口数量的增加会使需求增加，反之会使需求减少。人口结构的变化会影响需求结构。例如，一个国家人口老龄化的到来，必然引发对保健品、医药以及医疗服务需求的增加。

（6）消费者对未来的预期。消费者对未来的预期包括许多方面，假如消费者预期某种商品的价格在未来会上升时，就会增加对该商品的现期需求；当消费者预期某商品的价格在未来会下降时，就会减少对该商品的现期需求。当下，购房者面临居高不下的房价持币待购，原因之一就在于预期。

（7）政府的消费政策。政府的政策对消费有很大的影响。例如，政府提高房贷利率的政策会减少购房者对房产的需求，而降低房贷利率则会刺激购房者对房产的需求。

总之，影响需求的因素多种多样，有些因素主要影响需求欲望（如消费者的嗜好和对未来的预期），有些则主要影响支付能力（如收入），它们所起的作用在既定条件下大小不同，但又不是固定不变的。

2. 需求函数

需求函数表示一种商品的需求和影响该需求的各种变量之间的对应关系。在以上的分析中，影响需求的各个因素是自变量，需求是因变量。一种商品的需求是所有影响这种商品需求的变量的函数。需求函数可以表示为：

$$Q_d = f\ (a、b、c、d、\cdots\cdots、n)$$

其中 Q_d 代表需求，a、b、c、d、……、n 代表影响需求的诸多因素。需求函数是用代数表达式来表述需求这个概念的。

但是，如果我们对影响一种商品需求的所有因素同时进行分析，会使问题复杂化。在处理这种复杂的多变量的问题时，通常可以将问题简化，即一次把注意力集中在一个影响因素上，而同时假定其他影响因素不变。由于一种商品的价格是决定需求量的最基本因素，所以，我们假定其他因素保持不变，仅仅分析一种商品的价格对该商品需求量的影响，即把一种商品的需求量仅仅看成是这种商品的价格的函数，其中 P 代表价格，需求函数就可以用下式表示：

$$Q = f\ (P)$$

这里需要说明的是，需求曲线可以是直线型的，也可以是曲线型的。当需求函数为线性函数时，相应的需求曲线是一条直线，直线上各点的斜率是相等的；当需求函数为非线性函数时，相应的需求曲线是一条曲线，曲线上各点的斜率是不相等的。在微观经济分析中，为了简化分析过程，在不影响结论的前提下，大多使用线性需求函数。线性需求函数的通常形式为：

$$Q_d = a - bP$$

以上公式中，a、b 是数值为正的常数。该函数所对应的需求曲线为一条直线。

二、需求定理

（一）需求定理

需求定理是说明商品本身价格与其需求量之间关系的理论。其基本内容是：在其他条件不变的情况下，一种商品的需求量与价格之间成反方向变动。一种商品价格上升，会导致需求量减少，价格下降，需求量增加。

在理解需求定理时，特别要注意“其他条件不变”这个前提。任何经济理论都是有条件的，只有在设定的条件下才能成立。离开了具体的假设条件，理论也就失去了适用性。这就是说，需求定理是在假定影响需求的其他因素不变的前提下，研究商品本身价格与需求量之间的关系。离开了这一前提，需求定理就无法成立。另外需要注意的是：价格是自变量，需求量是因变量，不能因果颠倒，否则需求定理也不会存在。

（二）需求定理的例外

吉芬商品指的是价格上升却引起需求量增加的物品，由英国统计学家罗伯特·吉芬最早发现。1845 年爱尔兰发生大灾荒，土豆价格上升，但是土豆需求量不仅没有减少反而增加了。这一现象在当时被称为“吉芬难题”。英国经济学家马歇尔在其著名的《经济学原理》一书中详细讨论了这个问题，并在分析中提及罗伯特·吉芬的看法，从而使“吉芬商品”这一名词流传下来。根据需求定理，消费者对商品或劳务的购买数量一般会随着价格的上升而减少，吉芬商品所表现出来的特性显然有悖于一般商品的正常情况。

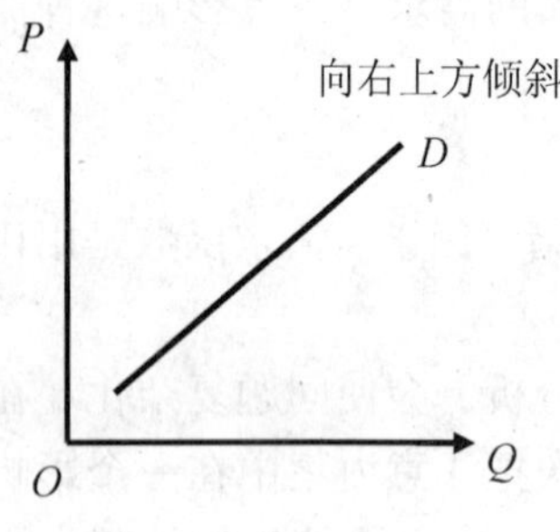

图 2-2　需求定理的特例

需求定理的例外情况包括（如图 2-2 所示）：第一，由英国统计学家吉芬而得名的“吉芬商品”。在特定条件下当价格下跌时，需求量会减少；而价格上涨时，需求量反而增加。第二，某些炫耀性消费品，如珠宝、文物、名画、名车等。这类商品的价格已成为消费者地位和身份的象征。价格越高，越显示拥有者的地位，需求量也越大；反之，需求量反而下降。

“吉芬商品”真的是需求定理的例外吗？经济定理或规律意味着在严格的条件基础之上，变量之间的必然联系，使经济现象和活动呈现出必然如此的趋势。饥荒、心理的预期等因素无法在坐标上得以标志，但它们恰恰是“吉芬商品”这一现象的决定性因素。这里的价格与需求量之间的关系是现象，真正导致这种现象出现的力量却打破了需求定理存在的条件。哪里来的需求定理的例外呢？一般人家，土豆每斤 1.8 元时便会寻找替代物，就是因为符合了需求定理的基本要求“其他条件不变”。

此外，需求定理中也不会考虑“炫耀性心理”、“对未来的预期”等因素。

三、需求量的变动与需求的变动

需求量的变动与需求的变动仅仅一字之差，二者都表现为 Q 在横轴上的位移。依据引起 Q 变动原因的不同，理论上将由于价格变动所引起的 Q 的变动称为需求量的变动，由于价格以外因素所引起的 Q 的变动称为需求的变动。这样区分的目的在于创设理论工具，不同的工具能够解决不同的问题。需求量的变动所要说明的是：价格对需求量的作用；需求的变动将和供给的变动一起来解决——价格的形成问题。

需求量是指在某一特定价格水平下，消费者计划购买的商品数量。例如土豆的价格为 1 元时，消费者的计划购买量为 60 个单位，这 60 个单位就是土豆单价为 1 元时的需求量。在需求曲线图中，需求量表现为需求曲线上特定的 Q 与 P 的组合点。需求是指在不同价格水平时的一系列需求量的总称。例如土豆的单价是 0.5 元时，需求量为 80 个单位；土豆单价是 1 元时，需求量为 60 个单位；1.5 元时需求量为 50 个单位……，在坐标中，需求是指整个需求曲线。

（一）需求量的变动

需求量的变动是指在其他条件不变的情况下，商品本身价格变动所引起的需求数量的变动。在需求曲线图中表现为同一需求曲线上点的移动。图 2－3 中，当土豆的价格由 P_0 上升为 P_1 时，需求量由 Q_0 减少到 Q_1，在需求曲线 D 上表现为从 a 点向上方移动到 b 点。当价格由 P_1 下降到 P_0 时，需求量从 Q_1 增加到 Q_0，在需求曲线 D 上表现为从 b 点向下方移动到 a 点。可见在同一条需求曲线上，向上方移动说明需求量的减少，向下方移动表示需求量的增加。

（二）需求的变动

需求的变动是指在商品本身价格不变的情况下，其他因素变动所引起的需求数量的变动。需求的变动表现为需求曲线的平行移动，如图 2－4 所示。

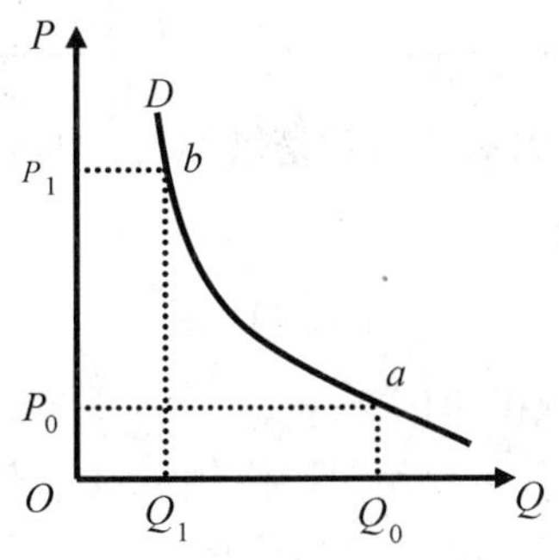

图 2－3 需求量的变动

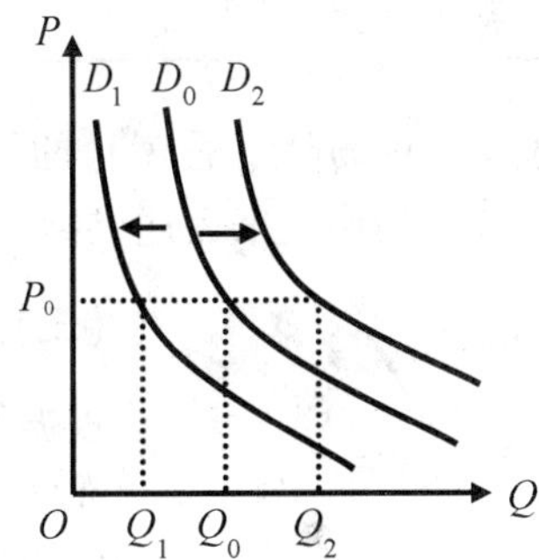

图 2－4 需求的变动

如果医学协会宣布吃土豆对身体健康有害，在同一价格水平下土豆的需求将从 Q_0 减少到 Q_1，那么需求曲线由 D_0 向左方移动到 D_1。如果医学协会宣布吃土豆身体会更健康，会使消费者对土豆的需求增加，在同一价格水平下，土豆的需求会由 Q_0 增加到 Q_2，那么需求曲线由 D_0 移动到 D_2。在价格水平既定的条件下，任何一种影响需求的因素变动时，需求曲线都会移动。需求增加会使需求曲线向右移动；反之，需求减少会使需求曲线向左移动。

第二节 供给定理

一、供给的表述

（一）供给

供给是决定价格的另一个关键因素，供给是指厂商在某一特定时期内，在每一价格水平时，愿意而且能够提供的商品数量。在理解供给这一概念时，也应考虑两个方面：一是供给欲望，二是供给能力。供给是供给欲望与供给能力的统一。

（二）供给表

仍用以前香蕉的例子来表述供给这个概念。例如，在2009年第一季度，当香蕉的价格为1.0元时，供给量为300个单位；当价格为2.0元时，供给量为400个单位；当价格为3.0元时，供给量为500个单位；当价格为4.0元时，供给量为600个单位；当价格为5.0元时，供给量为700个单位；等等。据此，我们可以画出香蕉的供给表2－2。

表2－2 香蕉的供给

方　案	价格（元）	香蕉（单位）
A	1.0	300
B	2.0	400
C	3.0	500
D	4.0	600
E	5.0	700

这个表明某种商品（香蕉）的价格与供给量之间关系的表就是供给表。供给表实际上是借用数字表格的形式来表述供给这个概念。

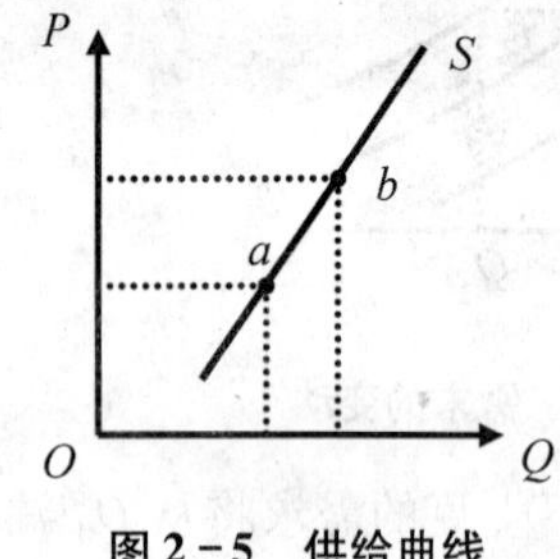

图2－5 供给曲线

（三）供给曲线

根据供给表2－2，可以做出图2－5。

在图2－5中，横轴 Q 代表供给量，纵轴 P 代表价格，S 线为供给曲线。供给曲线是表示某种商品价格与供给量之间关系的一条曲线，向右上方倾斜。供给曲线实际上是在用图形来表述供给这个概念。

（四）影响供给的因素与供给函数

1. 影响供给的因素

影响供给的因素很多，主要包括以下几种。

（1）厂商的目标。不同学科对企业目标的设定是不同的，如：收益最大化、利润最大化、企业价值最大化、市价最大化等。经济学以利润最大化为厂商的假设目标。但在现实中，不同类型企业的目标存在差异，如公益性质的、微利性质的组织同完全市场化的企业的经营目标显然不同。而且，一个企业的经营目标往往不是单一的，存在着多元化的趋势。

（2）商品自身的价格。价格是影响商品供给量的一个决定性因素。例如，当土豆的价格较高时，农业生产者的供给量就会增加；相反，当土豆价格较低时，农业生产者无利可图，供给量就会减少。

（3）相关商品的价格。一种商品的供给会受到相关商品价格的影响，主要分为两种情况：一是两种商品的生产使用相同的原材料。如使用相同的布料生产西服和中山装，西服价格上涨，厂商就会在西服的生产上投入更多的原材料，从而减少中山装的生产。二是两种商品存在着伴生关系。例如，提炼汽油可以得到沥青，汽油价格上涨，厂商在增加汽油供给量的同时，还会使沥青的供给得以增加。

（4）生产要素的价格。降低成本对于生产者而言至关重要，生产要素的价格越低，利润空间越大，有利于增加供给；相反，当生产要素价格上升，而商品价格提升空间有限时，必然会抑制供给。

（5）生产技术的变革。技术进步使资源的利用更加充分，进而增加供给。

（6）政府的政策。如政府通过税收或补贴等政策手段调节某些产品的生产，就会影响产品的供给。

（7）厂商的预期。如果生产者对未来的预期看好，如预期商品的价格会上涨，生产者往往会扩大生产，增加产量供给；如果生产者对未来的预期是悲观的，如预期商品的价格会下降，生产者往往会缩减生产，减少产量供给。

2. 供给函数

供给函数是用函数的形式来表示供给与影响其变量之间的对应关系。将影响供给的各种因素作为自变量，把供给作为因变量，供给函数可以表示为：

$$Q_s = f(a、b、c、d、\cdots\cdots、n)$$

其中 Q_s 表示供给，a、b、c、d、……、n 代表影响供给的诸多因素。

供给函数是用代数表达式来表述供给这个概念的。如果只考虑供给量与价格之间的关系，把商品本身的价格作为影响供给的唯一因素，P 代表价格，函数可表示为：

$$Q_s = f(P)$$

同需求函数一样，供给函数也有两种情况，即线性供给函数和非线性供给函数。线性供给函数所确定的供给曲线是一条直线（如图 2 - 5 所示），非线性供给函数所确定的供给曲线是一条曲线。一般情况下，供给与价格之间呈现非线性关系，表现为供给曲线是一条向右上方倾斜的曲线。为了分析问题简便，人们通常利用线性供给曲线加以分析。直线型供给曲线上的每点的斜率是相等的。它的通常形式为：

$$Q_s = -c + dP$$

以上公式中，c、d 是数值为正的常数。与该函数相对应的供给曲线为一条直线。

二、供给定理

从供给表和供给曲线中可以看出：在既定条件下，某种商品的供给量与其价格成同方向变动。这种现象普遍存在，被称为供给定理。

（一）供给定理的定义

供给定理是用来说明商品本身价格与其供给量之间的关系的理论。基本内容是：在其他条件不变的情况下，某一种商品的供给量与价格之间成同方向变动，即供给量随着商品本身价格的上升而增加，随商品本身价格的下降而减少。

在理解供给定理时，也同样要注意“其他条件不变”这个基本前提，离开了这个条件，供给定理就无法成立。例如，如果厂商生产某种产品的目的不是实现利润最大化，而是为了某种社会目的（例如为了抗震救灾），那么，商品本身的价格与供给量就不一定成同方向变动。此外，还要注意在供给定理的分析中，价格与供给量的因果关系。

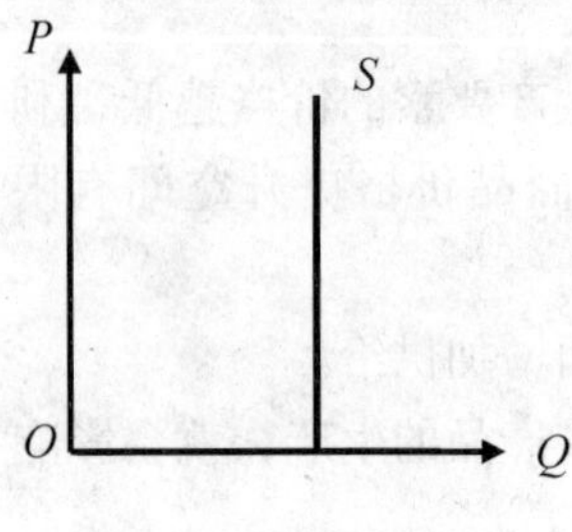

图 2-6　土地的供给

（二）供给定理的例外

供给定理也有例外。最典型的例外是劳动力的供给。当劳动力的价格（工资）增长到一定水平时，劳动者不仅不会增加劳动的供给，反而会减少。关于这个问题，在分配理论的章节还会作详细说明。还有另一种情况，有些商品由于受各种条件的限制，其供给量是固定的，无论价格如何变动，其供给量总是有限的，如土地（如图 2-6 所示）、矿产资源等。

照此说来，供给定理的例外不胜枚举，所谓的例外无一不是打破了供给定理存在的前提——“其他条件不变”。“其他条件不变”也就是不计其他，只考虑价格对供给量的影响。而劳动力的供给为什么出现了例外？因为人不仅热爱金钱，更热爱生命。而供给定理是只讲金钱——价格，却没有考虑生命。所以说，哪里来的什么“供给定理”的例外呢？

三、供给量的变动与供给的变动

区分供给量的变动与供给的变动，目的仍然在于创设理论工具。供给量的变动所要说明的是：价格对供给量的作用；供给的变动将和需求的变动一起来解决——价格的形成问题。

供给量是指在某一特定价格水平下，厂商愿意而且能够提供的商品数量。例如，当香蕉价格为 1.0 元时，厂商的供应量为 50 个单位，这 50 个单位就是香蕉单价为 1.0 元时的供给量。在供给曲线图中，供给量表现为供给曲线上的一点。

供给是指在不同的价格水平时的一系列供给量的总称。例如，当香蕉的单价为 1.0 元时，供给量为 50 个单位；单价为 1.5 元时，供给量为 80 个单位；单价为 2.0 元时，供给量为 100 个单位等。在供给曲线图中，供给就是指整个供给曲线。

在经济学中，我们把因商品本身价格变动所引起的厂商供给数量的变动称为供给量的变动，而把商品本身价格之外其他因素的变动所引起的厂商供给数量的变动称为供给的变动。

（一）供给量的变动

供给量的变动是指在其他条件不变的情况下，商品本身的价格变动所引起的厂商供给数量的变动。在供给曲线图中表现为同一供给曲线上点的位移。如图 2-7 中，当商品的价格由 P_1 上升到 P_2 时，供给量由 Q_1 增加到 Q_2，在供给曲线 S 上表现为从 a 点向上方移动到 b 点。而当价格由 P_2 降低到 P_1 时，供给量由 Q_2 减少到 Q_1，在供给曲线 S 上，表现为从 b 点向下方移动到 a 点。可见，在同一条供给曲线上，向上方移动说明供给量增加，向下方移动表示供给量减少。

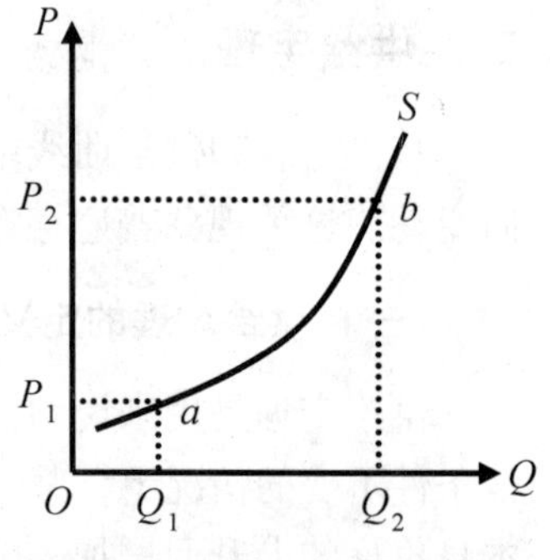

图 2-7　供给量的变动

(二) 供给的变动

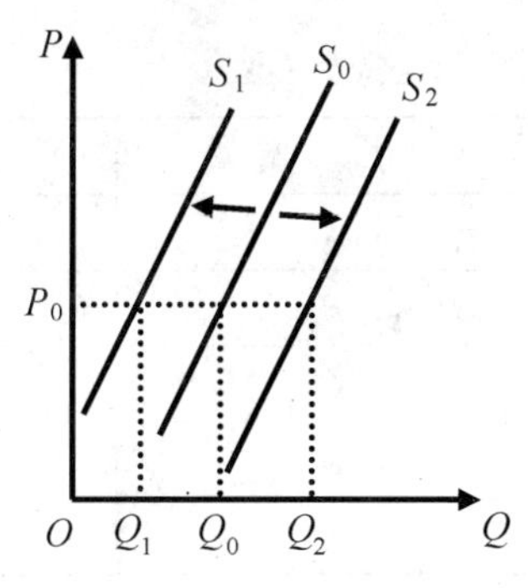

图 2－8 供给的变动

供给的变动是指在商品本身价格不变的情况下，由其他因素变动所引起的供给数量的变动。供给的变动表现为供给曲线的平行位移。如图 2－8 所示，在香蕉的价格 P_0 保持不变的情况下，如果国家对香蕉的种植给予补贴，则农户的生产就会有利可图，供给数量将由 Q_0 增加到 Q_2，供给曲线会由 S_0 移动到 S_2。如果国家取消了补贴，则农户的生产利润就会减少，这时香蕉的供给数量将由 Q_0 减少至 Q_1，供给曲线将由 S_0 移动到 S_1。

可见，在价格既定时，其他因素所导致的供给数量的增加都会使供给曲线向右移动（表示供给的增加），而其他因素所导致的供给数量的减少都会使供给曲线向左移动（表示供给的减少）。

第三节 均衡价格理论

在市场经济中，均衡价格是由需求与供给两种力量决定的。本节我们分析均衡价格是如何形成和变动的。

一、均衡价格与均衡数量

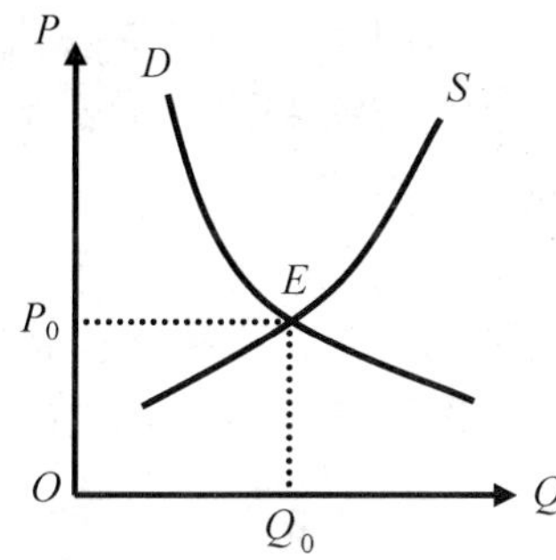

图 2－9 均衡价格与均衡数量

“均衡”是指各种力量处于平衡时的状态，市场均衡就是指供给与需求达到了平衡时的状态。在这种状态下的价格就是均衡价格，即一种商品需求与供给相等时的价格。这时该商品的需求价格与供给价格相等，称为均衡价格，该商品的需求量与供给量相等，称为均衡产量。所谓需求价格是指买方所愿意支付的最高价格；供给价格是指卖方所愿意接受的最低价格。均衡价格则是买卖双方相互妥协的产物。我们可以用图 2－9 来说明均衡价格和均衡产量的形成。

在图 2－9 中，横轴代表产量，纵轴代表价格。D 为需求曲线，S 为供给曲线。D 与 S 相交于 E 点，所对应的价格 P_0 元为均衡价格，所对应的数量 Q_0 为均衡产量。此时，市场上的供求双方都得到满足：买方买到了他想要买的东西，而卖方卖出了他想要卖的东西。买方愿意而且能够购买的数量正好与卖方愿意而且能够出售的数量平衡，也就是买卖双方各得其所。

二、均衡价格的形成

我们可以用表 2－3 来说明均衡价格的形成。

表 2-3 均衡价格的形成

方案	价格（元）	需求量	供给量
A	1.0	700	300
B	2.0	600	400
C	3.0	500	500
D	4.0	400	600
E	5.0	300	700

假设，在市场上有一个卖者，他先报出每单位香蕉的价格为 5.0 元，此时的市场需求量为 300 个单位，而供给量是 700 个单位，供给量大于需求量，香蕉滞销，必然降价；他再报出每单位香蕉价格为 1.0 元，此时的市场需求量为 700 个单位，而供给量是 300 个单位，需求量大于供给量，供不应求，香蕉价格必然上涨。多次报价之后，最终卖者会报出每单位香蕉的价格为 3.0 元，这时需求量和供给量均为 500 个单位，供求相等，香蕉的均衡价格为 3.0 元，均衡数量为 500 个单位。可见，供求双方博弈的结果最终决定了彼此都可以接受的价格，即均衡价格。

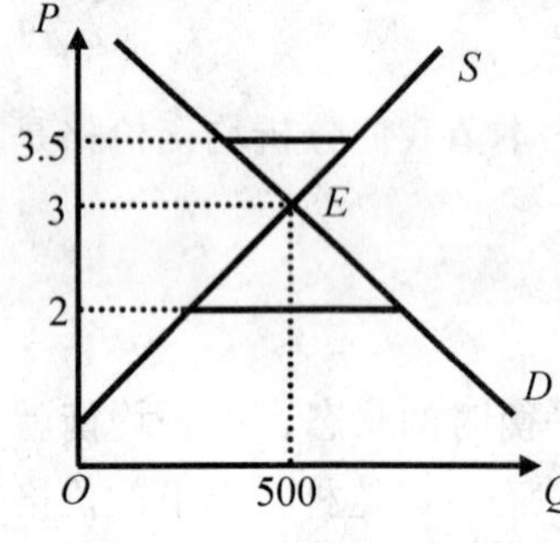

图 2-10 均衡价格的形成

我们还可以用图 2-10 来说明均衡价格的形成。

图 2-10 中，香蕉价格在 *E* 点上方时（如当 $P=3.5$ 元），供应量大于需求量，市场上香蕉过剩，卖方会努力通过降低价格来增加销售，这使价格向均衡点 *E* 水平变动。价格在 *E* 点下方时（如当 $P=2.0$ 元），需求量大于供给量，由于有过多的买者只买较少的物品，供给者会利用市场短缺来提高价格，这也会使价格向均衡点 *E* 水平变动。

因此，在两种情况下，价格调整都会使市场向供给与需求的均衡变动。市场均衡的意义在于，市场达到这种状态后，如果市场价格背离均衡价格，就会自动恢复到均衡点并保持均衡的趋势。市场之所以具有这样天然的机制，在于生存单位需求的有限性。

均衡价格决定模型还可以用 3 个方程加以表示：

$$Q_d = a - bP \tag{2-1}$$

$$Q_s = -c + dP \tag{2-2}$$

$$Q_d = Q_s \tag{2-3}$$

其中，a、b、c、d 均为常数，且均 >0。

如果需求和供给都用函数表示，那么均衡价格的计算就可以采用数学方法。

例 1：假设某商品需求函数和供给函数都是线性，其中 $Q_d=32-2P$，$Q_s=-24+6P$，我们可以计算出市场的均衡价格和均衡数量。根据市场均衡条件为 $Q_d=Q_s$，有 $32-2P=-24+6P$。因此计算出：$P=7$，即均衡价格为 7 元；而均衡数量为 $Q_d=Q_s=18$。

三、供求变动对均衡价格的影响

均衡价格、均衡数量是由需求与供给决定的，需求或供给任何一方的变动都会引起均衡价格和均衡数量的变动。需求和供给的变动表现为需求曲线和供给曲线的位移。下面，我们就介绍有关需求变动和供给变动的内容，及其对均衡价格和均衡数量的影响。

（一）需求变动对均衡价格的影响

需求的变动表现为需求曲线的位移。在商品价格不变的前提下，如果其他因素变化引起需求增加，则需求曲线向右平移，如图 2－11 中的 D_1 曲线向右平移到 D_2 曲线的位置；反之，如其他因素变化引起需求减少，则需求曲线向左平移，如图 2－11 中的 D_1 曲线向左平移到 D_3 曲线的位置。由需求变动所引起的需求曲线的位置发生移动，表示在既定的价格水平下需求的增加或减少。

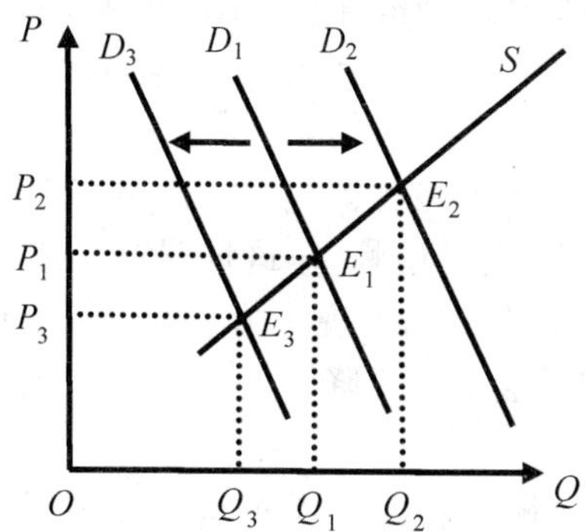

图 2－11　需求的变动和均衡价格的变动

在供给不变的前提下，需求增加，则需求曲线向右平移，从而使均衡价格和均衡数量都增加，如图 2－11 中的均衡点由 E_1 移至 E_2，相应的，均衡价格由 P_1 上升至 P_2，均衡数量由 Q_1 增加至 Q_2；反之，需求减少，则需求曲线向左平移，从而使均衡价格和均衡数量都减少，如图 2－11 中的均衡点由 E_1 移至 E_3，相应的，均衡价格由 P_1 下降至 P_3，均衡数量由 Q_1 减少至 Q_3。所以说，在其他条件不变的前提下，需求变动分别引起均衡价格和均衡数量的同方向变动。

（二）供给变动对均衡价格的影响

供给的变动表现为供给曲线的位移。在商品价格不变的前提下，如果其他因素变化引起供给增加，则供给曲线向右平移，如图 2－12 中的 S_1 曲线向右平移到 S_2 曲线的位置；反之，如其他因素变化引起供给减少，则供给曲线向左平移，如图 2－12 中的 S_1 曲线向左平移到 S_3 曲线的位置。由供给变动所引起的供给曲线的位置发生移动，表示在既定的价格水平下供给的增加或减少。

在需求不变的前提下，供给增加，则供给曲线向右平移，从而使均衡价格下降和均衡数量增加，如图 2－12 中的均衡点由 E_1 移至 E_2，相应的，均衡价格由 P_1 下降至 P_2，均衡数量由 Q_1 增加至 Q_2；反之，供给减少，则供给曲线向左平移，从而使均衡价格上升和均衡数量减少，如 2－12 图中的均衡点由 E_1 移至 E_3，相应的，均衡价格由 P_1 上升至 P_3，均衡数量由 Q_1 减少至 Q_3。所以说，在其他条件不变的前提下，供给变动分别引起均衡价格的反方向变动和均衡数量的同方向变动。

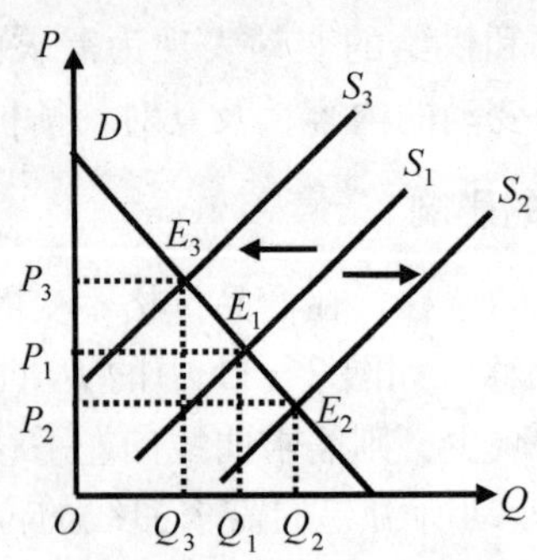

图 2－12　供给的变动和均衡价格的变动

（三）供求定理

市场中供求的运行机制有其自身规律。当市场价格高于均衡价格时，会造成供给量大于需求量，也就是“供过于求”或“过剩”。这种现象在市场上的存在仅仅是暂时的。供给量多，需求量少，会导致买方市场的出现。由于供给者之间的竞争，必然使价格下降。只要供给量大于需求量，价格就会继续下降，一直降到市场的均衡价格。这时市场又重新恢复到均衡状态。

反之，当市场价格低于均衡价格时，需求量大于供给量，也就是“供不应求”或“短缺”。这种现象在市场上的存在也是暂时的。需求量多，供给量少，会导致卖方市场的出现，消费者之间的抢购，必然使价格上涨。只要需求量大于供给量，价格就会继续上升，一直上升到市场的均衡价格为止。这时市场又再度达到均衡。

以上就是西方经济学关于均衡价格理论，即“供求定理”的描述。它说明，均衡是市场的必然趋势，也是市场的正常状态，如果市场价格与均衡价格不一致，必然形成供过于求或供不应求的局面，市场中供求双方基于利益考虑而自发产生的竞争力量，通过其内在的自我调节机制，使得市场失衡状态最终趋向于均衡。市场这种能够实现自我调节的机制，就是亚当·斯密所说的“看不见的手”的作用形式。

综上所述，供求定理的基本内容可以表述为：在其他条件不变的情况下，需求变动分别引起均衡价格和均衡数量的同方向变动；供给变动引起均衡价格的反方向变动，引起均衡数量的同方向变动。

第四节　价格政策的运用

市场经济的运行是由价格这只“看不见的手”进行调节的。价格（利益）把独立的消费者与生产者的活动联系在一起，并自发调节供求双方的活动，从而使整个经济和谐地运行。

一、价格如何调节经济

（一）价格机制调节经济的条件

价格调节经济的过程就是价格（市场）机制发挥作用的过程。价格机制调节经济的功能以市场经济的存在为基本前提，需要具备以下条件。

（1）相对独立的经济主体的存在。经济中的基本单位是居民户和厂商，它们有权拥有并使用自己的资源，并根据最大化的原则（居民户消费的最大化原则是满足程度最大化，厂商生产的最大化原则是利润最大化）而自由地作出自己的消费或生产决策。这一切需要依靠明晰的产权制度加以保障。

（2）市场完善。市场是各经济单位发生关系进行交易的制度框架。它可以表现为任何一种形式的具体场所，例如，农贸市场、商场、超市等。但更为重要的是：市场的本质在于供求关系，有了这种关系，市场的存在就成为了必然。市场需要秩序，它本身可以滋生出朴素的规则，但它更需要社会所作出的更为科学的制度安排。此外，市场是一个完善的体系，包括劳动市场、商品市场和金融市场等。在这样的条件下，厂商的交易成本才有可能是最低的。

（3）市场竞争的完全性与公平性。市场竞争的完全性是指竞争充分，而不应受到限制和干扰。同时，各个经济主体在竞争中是平等的，任何单位都没有超经济的特权，也就是没有垄断的存在或者政府干预市场的行为。如果存在垄断或政府的干预，价格机制的正常作用就会受到种种限制。

（二）价格的作用

美国经济学家 M.弗里德曼把价格在经济中的作用归纳为三种："第一，传递信报；第二，提供一种刺激，促使人们采用最节省成本的生产方法，把可得到的资源用于最有价值的目的；第三，决定谁可以得到多少产品——即收入的分配。"这三种作用实际上解决了资源配置所包括的三个问题：生产什么，如何生产和为谁生产。换而言之，价格的作用具体表现如下。

（1）价格是市场供求关系的显示器。供求决定价格，价格反映供求的状况。人们可以通过价格的变动来确切了解供求之间的关系。某种商品的价格上升，就表示这种商品供不应求；反之，这种商品的价格下降，就表示它供过于求。

（2）价格调节需求。消费者为了实现效用最大化，会根据价格的变动调整消费行为。当某种商品的价格下降时，消费者会增加对它的购买；当这种商品的价格上升时，消费者则会减少对它的购买。因此，我们可以利用价格来调节市场需求。

（3）价格调节供给。厂商为了实现利润最大化，当某种商品价格下降时，会减少产量；当这种商品的价格上升时，又会增加产量。在市场经济中，厂商享有完全的生产自由，它们的生产行为主要受价格的支配。因此，我们又可以利用价格来调节市场供给。

（4）价格配置资源。价格机制自发地发生作用，调节经济并使之达到供求均衡，供求双方各得其所。消费者与生产者行为的最大化，意味着资源实现了最优配置。

价格对经济运行的调节，是其自身天然属性发生作用的结果。当市场上某种商品的供给大于需求时，这种商品会出现供给过剩，说明资源配置不合理。供给大于需求的情况会使该商品的价格下降。这样，一方面刺激了消费需求，另一方面又抑制了生产，减少了供给。价格的这种下降，最终必然会使商品的供求相等，从而资源得到合理配置。同理，当某种商品供给小于需求时，也会通过价格的上升而使供求相等。价格对经济的调节功能，在市场中无时无处不在。

但是，价格调节具有自发性、盲目性和滞后性，供求决定的价格对经济社会并不一定是最有利的。也就是说，由价格机制进行调节所得出的结果，并不一定符合整个社会的长远利益。所以，市场经济的发展离不开相应的价格政策，它是均衡价格理论在经济实践中的具体运用。

二、价格政策的运用

价格对供求的调节有利于实现市场均衡，但在现实中，均衡并不意味着合理。现实远比理论复杂得多。

从社会生产角度看，短期中供求决定的均衡价格也许具有合理性，但从长期来看，可能对生产存在着不利的影响。例如，农产品过剩时，价格会较大幅度地下降，这种下降会抑制农业生产。短期看，市场的调节有利于实现农产品的供求平衡。但农业生产周期较长，农产品的低价格对农业产生抑制作用之后，当农产品的需求增加时，农产品的供给并不能迅速增加，这样就会对农业生产的长期发展乃至整个经济的稳定产生不利影响。因此，供求关系引起的农产品价格波动，从长期来看不利于农业的稳定。农业的发展需要一种相对稳定的价格。

从社会消费角度看，供求所决定的价格可能会对民众生活、社会稳定产生不利的影响。例如，某些生活必需品严重短缺时，价格会很高，收入水平低的人就无法维持最基本的生活，极易引发社会动荡。例如，淡水资源的枯竭会导致水价的提高，但对富人而言影响极小，他们依然可以享用音乐喷泉、豪华泳池，而穷人却连最基本的饮水问题都得不到保障，这样的价格难道是合理的吗？可见，价格是不讲道德的，任何社会都不可能允许这样的价格长期存在。

总之，经济发展需要价格政策来纠正市场自身存在的自发性、盲目性和滞后性。价格政策的形式很多，这里主要介绍：支持价格政策和限制价格政策。

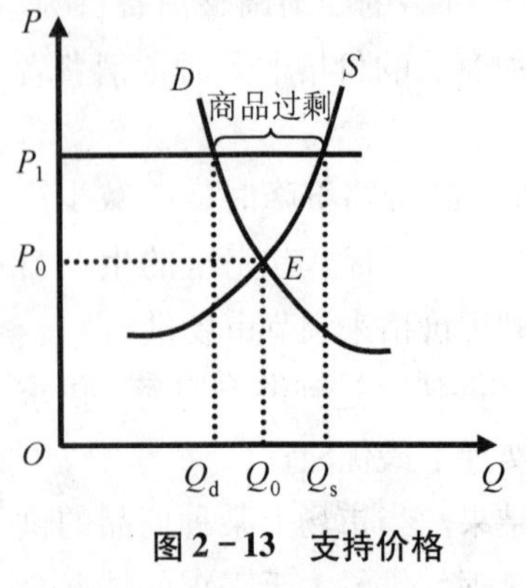

图 2－13 支持价格

（一）支持价格政策

1. 支持价格的含义

支持价格是政府为了扶植某一行业的生产而规定的该行业产品的最低价格，又称为地板价格。支持价格一定高于均衡价格，如图 2－13 所示。

从图 2－13 可以看出，由供求所决定的均衡价格为 P_0，均衡数量为 Q_0，政府为了支持该行业而规定的支持价格为 P_1，这时需求量为 Q_d，供给量为 Q_s，$Q_s > Q_d$，$Q_s \sim Q_d$ 为供给过剩部分。

2. 农产品支持价格的运用

许多国家都通过不同的形式对农产品实行支持价格政策，以稳定农业。在具体运用中，农产品支持价格一般采取了两种形式：一种是缓冲库存法，即政府或其代理人按照某种平价收购全部农产品（敞开收购），在供大于求时增加库存或出口，在供小于求时减少库存，以平价进行买卖，从而使农产品价格由于政府的支持而维持在一定水平上。另一种是稳定基金法，也是由政府或其代理人按照某种平价收购全部农产品，但并不是建立库存，进行存货调节，以平价买卖，而是在供大于求时努力维持一定的价格水平，供小于求时使价格不至于过高。这种情况下，收购农产品的价格也是稳定的，但销价不稳定，同样可以起到支持农业生产的作用。

3. 支持价格的作用

以对农产品实行的支持价格为例，支持价格政策确实有利于农业的长期发展。表现在：第一，稳定了农业生产，减缓了经济危机对农业的冲击；第二，通过对不同农产品实施不同的支持价格，可以调整农业结构，使之适应市场需求的变化；第三，扩大农业投资，促进了农业现代化的发展和劳动生产率的提高。但支持价格政策的运用也会产生负面影响，主要表现在：政府财政支出增加，负担加重；削弱了农产品在国际市场上的价格优势等。以美国为例，自 20 世纪 30 年代以来，美国联邦政府一直致力于稳定谷物、棉花、大米、乳制品、糖、羊毛、蜜糖、花生和其他农产品的价格，为此设立了一些非常复杂的程序，成为农场法案的一部分。……换句话说，政府制定的有关程序相当于建立了一定的价格下限，而且正如经济学家预计的那样，这引起了供给和政府农作物储备过剩。以 1988 年旱灾发生前的 1987 年为例，美国联邦政府拥有 41 亿蒲式耳谷物、13.3 亿蒲式耳麦子和 48 亿包棉花，分别相当于当年产量的 57%、63% 和 33%。[①]

（二）限制价格政策

1. 限制价格政策的含义

限制价格是政府为了限制某些生活必需品的价格上涨而规定的某些产品的最高价格，又称为天花板价格。限制价格一定低于均衡价格，如图 2－14 所示。

从图 2－14 可以看出，由供求所决定的均衡价格为 P_0，均衡数量为 Q_0。但在这种价格时，穷人无法得到必需的生活品。政府为了制止过高的价格，规定限制价格为 P_1，这时需求量为 Q_d，供给量为 Q_s，$Q_d > Q_s$，产品供给不足，$Q_s \sim Q_d$ 之间为短缺部分。为了维持限制价格，政府就要实行配给制。

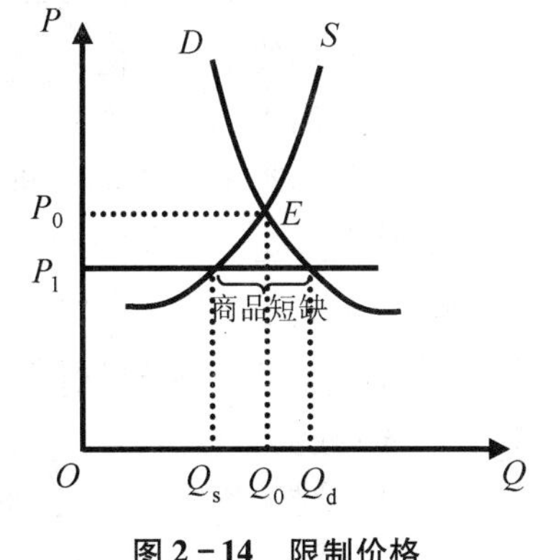

图 2－14 限制价格

2. 限制价格的运用

限制价格政策经常出现在战争或自然灾害等特殊时期，例如苏联、德国等在第二次世界大战中对食品等生活必需品，都实行了限制价格政策。目前，也有许多国家出于民生考虑，对某些生活必需品或劳务实行限制价格政策，如在英国、瑞典、澳大利亚等

---

① 斯蒂格利茨．王尔山等译．经济学小品和案例 [M]．北京：中国人民大学出版社，1998.

国，对房租实行限制价格政策。此外，规定利率上限等做法也属于限制价格的一种形式。

3. 限制价格的利与弊

虽然限制价格有利于社会公平和社会稳定，但也有负面影响，主要包括：第一，不利于刺激生产，使产品长期存在短缺现象。第二，价格水平低不利于抑制需求，在物资匮乏的同时又会造成严重的浪费。例如，埃及是全球最大的小麦进口国。在国际市场小麦价格持续上涨和国内高通货膨胀的共同作用下，埃及正陷入严重的面包危机。所谓津贴面包，指的是政府补贴的廉价面包，一个100克的津贴面包价格低于1美分。由于粮食价格不断上涨，现在，市场上其他面包的价格至少已经涨到了津贴面包的10倍以上。在一些低收入地区，面包店外近几周都出现长长的人龙，有些人得排上一整晚才能买到津贴面包。这样的面包价格比动物饲料还便宜。用外汇进口小麦制成的面包有30%～40%被用作饲料。第三，限制价格下所实行的配给制会引起社会风气的败坏。配给制下会产生黑市交易，会出现"走后门"现象。当权者会利用他们手中的权力套购物资进行倒卖，无权者只有通过贿赂等方法，才能得到平价的短缺物资。价格水平不合理是社会风气日下、官员腐败等社会问题的经济根源之一。

价格政策的形式多种多样，除了对产品的支持价格或限制价格之外，对生产要素价格也可以实行管制。例如，最低工资法就是一种支持价格，而最高利息率限制、最高租金限制等，则是对资本和土地价格的限制。但是需要注意，任何一项政策手段都是一把双刃剑，人们能做的只是在利弊之间进行权衡，趋利避害。

复习思考

一、填空题

1. 需求是________和________的统一。

2. 需求函数表示某种商品的________与________之间的对应关系。

3. 需求曲线是一条向________倾斜的曲线。

4. 影响需求的因素主要有________、________、________、________等。

5. 两种互补商品之间的价格与需求成________方向变动，两种替代商品之间的价格与需求成________方向变动。

二、单项选择题

1. 当汽油的价格上升时，对小汽车的需求将（　）。

A. 减少　　B. 保持不变　　C. 增加

2. 当咖啡的价格急剧上升时，对茶叶的需求将（　）。

A. 减少　　B. 保持不变　　C. 增加

3. 消费者预期某物品价格要上升，则对该物品现期的需求会（　）。

A. 减少　　B. 不变　　C. 增加

4. 对化妆品需求的减少是指（　）。

A. 收入减少引起的减少

B. 价格上升而引起的减少

C. 与需求量的减少相同

5. 供给曲线是表示（　　）的一条曲线。

A. 供给量与价格之间关系

B. 供给量与需求之间关系

C. 供给量与生产能力之间关系

6. 均衡价格是（　　）。

A. 供给与需求相等时的价格

B. 固定不变的价格

C. 任何一种市场价格

三、判断题

1. 需求量是流量。（　　）

2. 需求就是居民户在某一特定时期内，在每一价格水平时愿意购买的商品量。（　　）

3. 在任何情况下，商品的价格与需求量都是反方向变动的。（　　）

4. 需求曲线是一条向右上方倾斜的曲线。（　　）

5. 价格只有在一定的条件下才能起到调节经济的作用。（　　）

6. 限制价格是政府规定的某种产品的最低价格。（　　）

四、案例分析题

案例1：

【案例名称】：分期付款创造需求

【案例适用】：有效需求

【案例来源】：李国政．经济学基础[M]．北京：北京大学出版社，2005：42.

【案例内容】：

某城市为丰富人民的文化生活，决定建立有线电视台，由于经费困难，每户缴纳初装费2000元，两年内不收取月租，结果安装者寥寥无几，造成严重亏损。后听取经济专家的建议，决定将初装费降到每户100元，但每月每户收取月租10元，城市居民几乎家家安装了有线电视接口，有线电视台不仅收回了最初的投资，还略有节余。

【案例讨论】：

1. 为什么初次方案亏损严重？

2. 第二次方案获得成功的原因是什么？

案例2：

【案例名称】：吉芬商品

【案例适用】：需求定理的例外

【案例来源】：http://wenwen.soso.com/z/q66854195.htm

【案例内容】：

在1845年的爱尔兰，土豆是一种非常强的低档商品。当土豆价格上升时，消费者变穷了。收入效应使消费者想少买肉并多买土豆。同时，由于土豆相对于肉变得更为昂贵，替代效应使消费者想购买更多的肉和更少的土豆。但是，在这种特殊的情况下，收入效应如此之大，以至于超过了替代效应。结果消费者对土豆的反应是少买肉，多买土豆。这样就可以解释“吉芬难题”了。

【案例讨论】：

1. 如何理解“收入效应”和“替代效应”？

2. 这样解释“吉芬难题”有什么破绽？

案例3：

【案例名称】：猪肉价格上涨是由供给冲击还是需求拉动导致

【案例适用】：均衡价格与产量的决定

【案例来源】：新一轮价格总水平上升的成因分析．新华文摘[J]．2009：15（51）．

【案例内容】：

从长期看，随着人口增长、收入水平提高和饮食结构的改善，对猪肉的需求是稳步上升的。但短期内对猪肉的需求是基本稳定的，对猪肉直接需求因素不能解释价格的突然上涨。从猪肉供给方面看，2007年全国肉类总产量为6800万吨，出现了罕见的下降，比上年下降了3.5%，其中猪肉产量下降了9.2%。由此可以看出，猪肉价格上涨的直接原因是在供给方面。

导致猪肉生产下降的主因又是什么呢？一个可能的原因是2006年和2007年爆发的猪蓝耳病疫情，如果疫情能够充分解释猪肉供给减少的话，这将是一个典型的意外供给冲击案例，即由经济系统外的不可预测冲击导致了供给减少从而暂时推高了价格。

【案例讨论】：利用供求变动原理，画图说明猪肉价格与产量的变化。

第三章 弹 性 理 论

关键词汇：

需求的价格弹性　需求的收入弹性　需求的交叉弹性　需求弹性与总收益　恩格尔系数　蛛网理论　税收负担

把握变量之间的关系，不仅要从性质上加以分析，还应该进一步量化。通过量化，使我们对经济现象本质的认识更加清晰，更易于把握经济变量之间的关系。价格理论偏重于供求与价格之间性质的判断，如价格上升了，供求就会有怎样的变化等。但究竟变化的程度如何，就需要以弹性理论作为量化的工具了。

“弹性”在物理学上是指物体对外部力量的反应程度。经济学上借用弹性来衡量需求或供给对其影响因素中某些因素变化而做出的反应或者敏感程度，即因变量对自变量变化的反应程度。弹性概念是就自变量和因变量的相对变动而言，因此，弹性数值与自变量和因变量的度量单位无关。弹性的一般公式为：

$$弹性系数=\frac{因变量变动的百分比}{自变量变动的百分比}$$

在经济学中，设两个经济变量之间的函数关系为 $Y=f(X)$，其中 X 为自变量，Y 为因变量，ΔX、ΔY 各表示变量 X、Y 的变动量，E_d 表示弹性系数，则弹性的一般公式可以表示为：

$$E_d=\frac{\Delta Y/Y}{\Delta X/X}=\frac{\Delta Y}{\Delta X}\cdot\frac{X}{Y}$$

上面的公式表示，当一个经济变量发生1%的变动时，由它引起的另一个经济变量变动的百分比。

弹性分为需求弹性与供给弹性。根据影响需求与供给的因素的不同，又可将需求弹性分为：需求的价格弹性、需求的收入弹性、需求的交叉弹性三种；将供给弹性分为：供给的价格弹性、供给的收入弹性、供给的交叉弹性三种。

第一节　需求的价格弹性

一、需求价格弹性的定义

需求的价格弹性又称需求弹性，指需求量变动对价格变动的反应程度，即价格变动的比率所引起的需求量变动的比率。

各种商品的需求弹性是不同的，一般用需求的弹性系数来表示弹性的大小。弹性系数就是需求量（因变量）变动的百分比与价格（自变量）变动的百分比的比值。如果用$\frac{\Delta Q}{Q}$、$\frac{\Delta P}{P}$分别表示需求量和价格的变动比率，E_d表示需求的弹性系数，则需求弹性的弹性系数的一般公式就是：

$$E_d=\frac{\text{需求量的变动比率}}{\text{价格的变动比率}}=-\frac{\Delta Q/Q}{\Delta P/P}=-\frac{\Delta Q}{\Delta P}\cdot\frac{P}{Q}$$

该公式表明，如果某种商品的价格变动20%时，需求量变动30%，则这种商品需求弹性的弹性系数为1.5。理解需求弹性的含义要注意以下几点。

（1）在需求量与价格这两个经济变量中，价格是自变量，需求量是因变量。

（2）需求弹性系数是价格变动的比率与需求量变动的比率的比率，而不是两者变动的绝对量的比率。

（3）弹性系数的数值可正可负。如果两个变量同方向变动，为正值；反之，为负值。例如，价格提高10%，需求量减少10%，则需求弹性的系数为负值；如果价格提高10%，需求量也提高10%，则需求弹性的系数为正值。实际中，一般都取其绝对值。

（4）同一条需求曲线，不同点上的弹性系数大小不一。试想，对于不同点上的因变量而言，即使其变动比率相同，但作为参照值的自变量一定是不同的。例如，假定西瓜只有一条需求曲线，夏季价格由0.3元涨到0.5元，冬季价格由3元涨到5元，消费者的反应会一样吗？弹性系数一定是不同的。

二、需求价格弹性的计量

在计算需求弹性时应区分点弹性和弧弹性的差异。点弹性是需求曲线某一点上的弹性，也就是价格变动无限小时所引起的需求量变动的反应程度。弧弹性是需求曲线上两点之间的弧的弹性。

（一）点弹性的计算

如前所述，需求价格弹性系数的计算公式一般为：

$$E_d=\frac{\Delta Q/Q}{\Delta P/P}=\frac{\Delta Q}{\Delta P}\cdot\frac{P}{Q}$$

当价格变动极其微小，即价格变动趋向于无穷小时，上式可以写为：

$$E_d=\lim_{\Delta p\to 0}\frac{\Delta Q}{\Delta P}\cdot\frac{P}{Q}=\frac{dP}{dQ}\cdot\frac{P}{Q}$$

（二）弧弹性的计算

需求弧弹性表示某商品需求曲线上两点之间的需求量的相对变动对于价格的相对变动的反应程度。即需求曲线上两点之间的弹性。

弧弹性的计算公式写为：

$$E_d=\frac{\Delta Q}{\Delta P}\cdot\frac{P}{Q}=\frac{Q_2-Q_1}{P_2-P_1}\cdot\frac{P_2+P_1}{Q_2+Q_1}$$

在计算弧弹性时，由于P和Q所取的基数值不同，因此，降价和涨价的计算结果不同。为了避免不同的计算结果，通常取两点的价格和需求量各自的平均值作为P和Q的基数值。

例如：假设某商品的价格由 20 元/件下降为 15 元/件，则 $P_1=20$，$P_2=15$，$\Delta P=15-20=-5$；需求量由 20 件增加到 40 件，则 $Q_1=20$，$Q_2=40$，$\Delta Q=40-20=20$，这时，若运用中点公式计算，则该商品的需求弹性为：

弧弹性的运用较为广泛，所谓的弹性系数一般是指弧弹性的弹性系数。这是因为，现实中交易价格的变动通常为几分、几角、几元，而不会真的趋向于零。需要注意的是，如果需求曲线是一条直线，则需求曲线的斜率并不等于弹性系数，在需求曲线上的不同两点之间，弹性系数的大小并不一样，而同一条需求曲线的斜率只有一个。

三、需求价格弹性的分类

各种商品的需求弹性不同，根据弹性系数的大小，可以把需求的价格弹性分为五类。

（1）需求完全无弹性，即 $E_0=0$。在这种情况下，无论价格如何变动，需求量都不会变动。例如，作古之人对骨灰盒这种商品的需求就乎于此。这时的需求曲线是一条与横轴垂直的线，如图 3－1 中的 D_1。

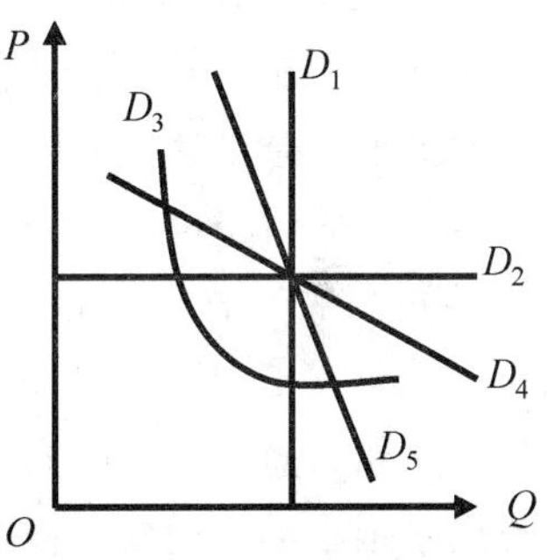

图 3－1　需求价格弹性的分类

（2）需求有无限弹性，即 $E_0=+\infty$。在这种情况下，当价格既定时，需求量是无限的。例如，政府以固定价格敞开收购小麦，无论有多少小麦都可以按这一价格收购，政府对小麦的需求是无限的。小麦的需求弹性为无限大，这时的需求曲线是一条与纵轴平行的线，如图 3－1 中的 D_2。

（3）单位需求弹性，即 $E_0=1$。在这种情况下，需求量变动的比率与价格变动的比率相等。例如，价格上涨 10%，需求量下降 10%；价格上涨 20%，需求量下降也是 20%。这时的需求曲线表现为一条正双曲线，如图 3－1 中的 D_3。

（4）需求富有弹性，即 $E_0>1$。在这种情况下，需求量变动的比率大于价格变动的比率。奢侈品，如汽车、珠宝、游艇等属于这种情况。这时的需求曲线是一条比较平坦的线，如图 3－1 中的 D_4。

（5）需求缺乏弹性，即 $1>E_0>0$。在这种情况下，需求量变动的比率小于价格变动的比率。生活必需品，如粮食、蔬菜等属于这种情况。这时的需求曲线是一条比较陡峭的线，如图 3－1 中的 D_5。

在以上 5 种需求弹性中，第四、五种情况最为常见。

四、影响需求价格弹性的因素

为何各种商品的需求弹性存在差异呢？是因为有诸多的因素影响着需求弹性的大小，主要包括：

（1）消费者对某种商品的需求程度。一般来说，消费者对生活必需品的需求强度大而稳定（须臾不可离也），所以生活必需品的需求弹性小，而且，越是生活必需品，其需求弹性越小。例如，馒头的需求的价格弹性比较小，电影票的需求的价格弹性比较大。

（2）商品的可替代程度。如果一种商品存在大量的替代品，那么，该商品的需求就富有弹性。因为价格上升时，消费者会购买其他替代品；价格下降时，消费者会购买这种商品来取代其他替代品。例如，当肉类的价格上升时，消费者就会减少对肉类的需求量，增加对相近的替代品如鸡蛋的购买。这样，肉类的需求弹性就比较大；相反，如果一种商品无可替代，该商品的需求的价格弹性往往就小。如对于食盐来说，没有替代品，所以，食盐价格的变化所引起的需求量的变化近乎于零，它的需求弹性极小。

（3）商品本身用途的广泛性。一种商品的用途越广泛，它的需求价格弹性就可能越大；相反，用途越狭窄，它的需求价格弹性就可能越小。例如，手术刀的需求弹性就小，这与其用途单一有关，可替代性也差；而普通刀具的需求弹性就大，用途越广可替代性就越强。

（4）商品使用时间的长短。一般来说，使用时间长的耐用消费品需求弹性大，而使用时间短的非耐用消费品需求弹性小。例如，电冰箱、汽车这类耐用消费品的需求弹性就大，而报纸、杂志这类印刷品需求弹性就小。因为使用时间长的商品在生活中所扮演的角色更重要些，价格可能要高一些，消费者在购买时更为慎重。

（5）商品的消费支出在消费者预算总支出中所占的比重。消费者在某商品上的消费支出在预算总支出中所占的比重越大，该商品的需求的价格弹性可能越大；反之，则越小。例如，火柴、盐、报纸等商品的需求的价格弹性就比较小。因为消费者每次在这些商品上的支出是很小的，消费者往往不太重视这类商品价格的变化。

在以上五种影响需求弹性的因素中，最重要的是需求程度、替代程度和在家庭支出中所占的比例。某种商品的需求弹性到底有多大，是由上述因素综合决定的，不能只考虑其中的一种因素。例如，一份《环球时报》价格仅仅1元，即时消费，对于固定的受众而言，很难以其他刊物替代。当它的价格涨到了1.2元时，弹性的变化出现了，主要的原因在于找零钱所带来的麻烦。同时，某种商品的需求弹性也因时期、消费者收入水平和地区而不同。例如，我国在20世纪80年代，冰箱、彩电等商品的需求弹性相当大，但随着收入水平的提高和这些商品的普及，其需求弹性逐渐变小了。

五、需求价格弹性的实践运用

"薄利多销"作为定价手段，对于企业获取更多的销售收入而言至关重要。但"薄利多销"并不适用于所有的商品。企业只有清晰地把握特定商品需求弹性的大小，有的放矢地采取不同的定价策略，才可能实现销售收入的最大化。

（一）总收益

我们首先要了解总收益这个概念。总收益就是总收入，指厂商出售一定量商品所得到的全部收入，也就是销售量与价格的乘积。如果以 TR 代表总收益，Q 为销售量，P 为价格，则有：

$$TR = Q \cdot P$$

总收益不是利润，而是销售收入。总收益中包括成本和利润。只有扣除成本之后的净收益才是利润。我们这里所要分析的仅仅是需求弹性对总收益的影响，与利润无关。

一般来说，Q 与 P 成反方向变动。总收益的多少取决于二者的变化程度，也就是二者的相关程度，可以用弹性系数加以表示。不同商品的需求弹性系数大小不一，所以价格变动所引起的销售量变动的幅度会不同，从而总收益的变动也就不同。

（二）需求弹性与总收益

下面，我们从需求富有弹性的商品与需求缺乏弹性的商品两个角度，分析需求弹性与总收益之间的关系。

1. 需求富有弹性的商品需求弹性与总收益之间的关系

如果某种商品的需求是富有弹性的，那么，当该商品的价格下降时，需求量（销售量）增加的幅度大于价格下降的幅度，所以，总收益会增加。

以洗碗机为例。假定洗碗机的需求是富有弹性的，$E_d = 2$。当价格为1000元，即 $P_1 = 1000$ 元，销售量为100台，即 $Q_1 = 100$ 台时，总收益 TR_1 为：

$$TR_1 = Q_1 \cdot P_1 = 1000 \times 100 = 100\ 000 \text{（元）}$$

现在假定洗碗机的价格下降10%，即 $P_2 = 900$ 元，因为 $E_d = 2$，所以销售量增加20%，即 $Q_2 = 120$ 台，这时总收益 TR_2 为：

$$TR_2 = Q_2 \cdot P_2 = 900 \times 120 = 108\ 000 \text{（元）}$$

$$TR_2 - TR_1 = 108\ 000 - 100\ 000 \text{元} = 8000 \text{（元）}$$

这表明，由于洗碗机价格下降，总收益增加了。这就是“薄利多销”。降价能“多销”，“多销”的幅度大于降价的幅度，所以会增加总收益。能够做到薄利多销的商品都是需求富有弹性的商品。

如果某种商品的需求是富有弹性的，那么，当该商品的价格上升时，需求量（销售量）减少的幅度大于价格上升的幅度，所以总收益会减少。

仍以洗碗机为例。假定现在洗碗机的价格上升了10%，即 $P_2 = 1100$ 元，因为 $E_d = 2$ 所以销售量会减少20%，即 $Q_2 = 80$ 台，这时总收益 TR_2 为：

$$TR_2 = Q_2 \cdot P_2 = 1100 \times 80 = 88\ 000 \text{（元）}$$

$$TR_2 - TR_1 = 88\ 000 - 100\ 000 = -12\ 000 \text{（元）}$$

这表明，由于洗碗机价格上升，总收益减少了。

需求富有弹性的商品价格上升而总收益减少，说明了这类商品如果调价不当，则会带来损失。

根据富有弹性的商品涨价与降价所引起的总收益的变化可以得出：如果某种商品是富有弹性的，则价格与总收益成反方向变动，即价格上升，总收益减少；价格下降，总收益增加。可用图3-2说明这一点。

在图3-2中，D 是某种需求富有弹性的商品的需求曲线。当价格 $P = OC$ 时，销售量 $Q = OF$，总收益 $TR = OFAC$；当价格 $P = OE$ 时，销售量 $Q = OG$，总收益 $TR = OGBE$。由图3-2可以直观看出，当价格由 OC 降为 OE 时，$OGBE - OFAC > 0$，总收益增加；当价格由 OE 上升为 OC 时，$OFAC - OGBE < 0$，总收益减少。

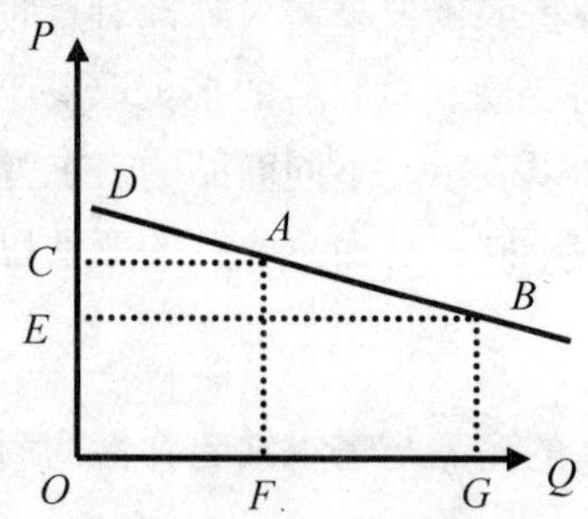

图 3-2　需求富有弹性的商品与总收益

2. 需求缺乏弹性的商品需求弹性与总收益的关系

如果某种商品的需求是缺乏弹性的，那么，当该商品的价格下降时，需求量（销售量）增加的幅度小于价格下降的幅度，所以总收益会减少。以大米为例，大米的需求是缺乏弹性的，$E_d=0.5$。当价格为 5000 元/吨，即 $P_1=5000$ 元，销售量为 100 吨，即 $Q_1=100$ 吨，此时总收益 TR_1 为：

$$TR_1=Q_1\cdot P_1=5000\times100=500\ 000\text{（元）}$$

现在假定大米的价格下降 10%，即 $P_2=4500$ 元，因为 $E_d=0.5$，所以销售量增加 5%，即 $Q_2=105$ 吨，这时总收益 TR_2 为：

$$TR_2=Q_2\cdot P_2=4500\times105=472\ 500\text{（元）}$$

$$TR_2-TR_1=472\ 500-500\ 000=-27\ 500\text{（元）}$$

这表明，由于大米价格下降，总收益减少了。缺乏弹性的大米降价所导致的总收益减少的现象叫“谷贱伤农”，也就是“丰产不丰收”。意思是指虽然丰收了，但由于粮价下跌，农民的收入反而减少了。其原因就在于粮食是生活必需品，需求缺乏弹性。由于丰收而造成的粮价下跌，不会使需求量同比例增加，更谈不上增幅超过价格的降幅，从而总收益会绝对地减少。在现实社会里，经济危机时期把生猪、小麦、棉花等农产品毁掉的现象，根源就在于这些农产品的需求缺乏弹性，降价不会引起需求量的大幅度增加，只会减少总收益。无论采取其他什么方法，边际成本都大于边际收益，所以将这些农产品毁掉反而会减少损失，是最具理性的选择。

如果某种商品的需求是缺乏弹性的，那么，当该商品的价格上升时，需求量（销售量）减少的幅度小于价格上升的幅度，所以总收益增加。

仍以大米为例。假定现在大米的价格上升了 10%，即 $P_2=5500$ 元，因为 $E_d=0.5$，所以销售量减少 5%，即 $Q_2=95$ 吨，这时总收益 TR_2 为：

$$TR_2=Q_2\cdot P_2=5500\times95=522\ 500\text{（元）}$$

$$TR_2-TR_1=522\ 500-500\ 000=22\ 500\text{（元）}$$

可见，涨价后的总收益增加了。

卖者总收益的增加，也就是买者总支出的增加，政府对于粮食、蔬菜、食用油这类生活必需品的涨价历来关注（菜篮子工程），就是因为这类商品的需求弹性很小，涨价会影响到千家万户，会增加百姓的生活支出，造成实际收入下降，影响社会的稳定。

根据缺乏弹性的商品涨价与降价所引起的总收益的变化可以得出：如果某种商品缺乏弹性，则价格与总收益成同方向变动，即价格上升，总收益增加；价格下降，总收益减少。可用图3－3说明这一现象。

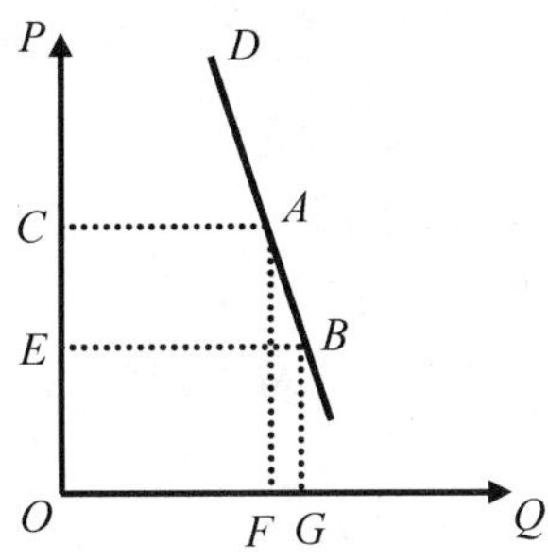

图3－3 需求缺乏弹性的商品与总收益

在图3－3中，D是某种需求缺乏弹性的商品的需求曲线。当价格 $P=OC$ 时，销售量 $Q=OF$，总收益 $TR=OFAC$；当价格 $P=OE$ 时，销售量 $Q=OG$，总收益 $TR=OGBE$。由图3－3可以看出，当价格由 OC 降为 OE 时，$OGBE-OFAC<0$，总收益减少；当价格由 OE 上升为 OC 时，$OFAC-OGBE>0$，总收益增加。

理解需求弹性与总收益之间的关系，有助于我们认识诸多经济现象。例如，在残酷的市场竞争中，降价是一种重要的竞争手段。但是，从需求弹性与总收益的关系中可以看出，降价竞争只适用于需求弹性大的商品，对于需求弹性小的商品，降价竞争是无利的。

第二节 需求的收入弹性、需求的交叉弹性与供给的价格弹性

在这一节中，我们介绍其他三种重要的弹性概念。

一、需求的收入弹性

（一）需求收入弹性的含义与公式

需求的变动不仅取决于价格，还取决于收入。需求收入弹性又称收入弹性，指需求变动对收入变动的反应程度，即收入变动的比率所引起的需求变动的比率。

一般用收入弹性的弹性系数来表示弹性的大小。这一弹性系数是需求变动的百分比与收入变动的百分比的比率。以 E_m 代表收入弹性的弹性系数，$\Delta Q/Q$ 代表需求变动的百分比，$\Delta Y/Y$ 代表收入变动的百分比，则计算收入弹性系数的公式是：

$$E_m=\frac{\Delta Q/Q}{\Delta Y/Y}$$

例如，假设收入变动为20%，某种商品的需求变动为30%，则收入弹性系数为1.5。

这里要注意两点：第一，在计算收入弹性时，假设价格和其他影响需求的因素是不变的；第二，因为收入与需求常常同方向变动，所以，收入弹性系数一般为正值。

（二）需求收入弹性的分类

在其他条件不变的情况下，消费者收入增加后，对各种商品的需求也会增加，但对不同商品需求增加的程度并不相同。这样，各种商品的收入弹性大小也就不同。收入弹性依据系数的大小，主要有以下几种。

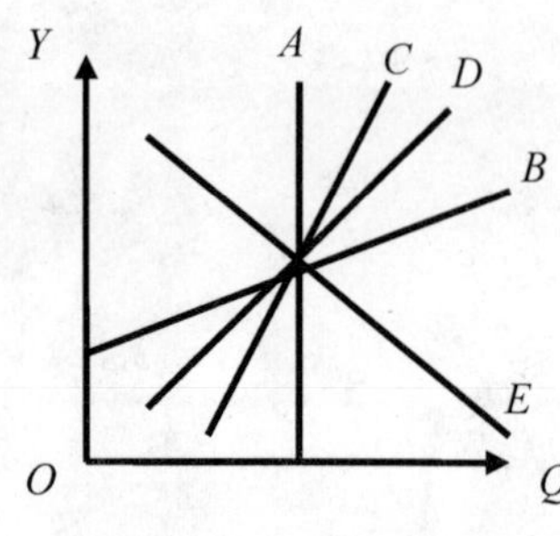

图 3-4 收入弹性的分类

（1）收入无弹性，$E_m=0$。在该情况下，无论收入如何变动，需求都不会变化。这时收入—需求曲线是一条垂线，如图 3-4 中的 A 所示。

（2）收入富有弹性，$E_m>1$。在该情况下，需求变动的百分比大于收入变动的百分比。这时收入—需求曲线是一条向右上方倾斜而比较平坦的线，如图 3-4 中的 B 所示。

（3）收入缺乏弹性，$E_m<1$。在该情况下，需求变动的百分比小于收入变动的百分比。这时收入—需求曲线是一条向右上方倾斜而且比较陡峭的线，如图 3-4 中的 C 所示。

（4）收入单位弹性，$E_m=1$。在该情况下，需求变动与收入变动的百分比相同。这时收入—需求曲线是一条向右上方倾斜而且与横轴成 45°的线，如图 3-4 中的 D 所示。

（5）收入负弹性，$E_m<0$。在该情况下，需求的变动与收入的变动成反方向变化。这时收入—需求曲线是一条向右下方倾斜的线，如图 3-4 中的 E 所示。

（三）恩格尔定律

19 世纪德国统计学家恩格尔根据统计资料，对消费结构的变化得出一个定律：随着家庭和个人收入增长，收入中用于食品方面的支出比例将逐渐减小。这一定律被称为恩格尔定律，反映这一定律的系数被称为恩格尔系数。其公式表示为：

$$\text{恩格尔系数（\%）}=\frac{\text{食品支出总额}}{\text{家庭或个人消费支出总额}}\times 100\%$$

恩格尔定律主要表述的是食品支出占总消费支出的比例随收入变化而变化的趋势，揭示了居民收入和食品支出之间的相关性，用食品支出占消费总支出的比例来说明经济发展、收入增加对生活消费的影响程度。众所周知，食物是人类生存的第一需要，在收入水平较低时，其在消费支出中必然占有重要地位。随着收入的增加，在食物需求基本满足的情况下，消费的重心才会开始转移，用于其他方面。因此，一个国家或家庭生活越贫困，恩格尔系数就越大；生活越富裕，恩格尔系数就越小。

恩格尔定律和恩格尔系数一经提出，就得到西方经济学界的广泛接受，认为它具有普遍的适用性。国际上常常用恩格尔系数来衡量一个国家和地区人民生活水平的状况。根据联合国粮农组织提出的标准，恩格尔系数在 59% 以上为贫困，50% ~59% 为温饱，40% ~50% 为小康，30% ~40% 为富裕，低于 30% 为最富裕。在我国运用这一标准进行国际和城乡对比时，要考虑到那些不可比因素，如消费品价格比价不同、居民生活习惯的差异，以及由社会经济制度不同所产生的特殊因素。对于这些横截面比较中的不可比问题，在分析和比较时应做相应的剔除。另外，在观察历史情况的变化时要注意，恩格尔系数反映的是一种长期的趋势，而不是逐年下降的绝对倾向。表 3-1 列示了我国 1981 ~2007 年城镇居民家庭的恩格尔系数。

表 3-1　1981~2007 年我国城镇居民家庭恩格尔系数

时间（年）	恩格尔系数（%）	时间（年）	恩格尔系数（%）	时间（年）	恩格尔系数（%）
1981	58.66	1991	51.63	2001	38.2
1982	59.65	1992	50.89	2002	37.7
1983	60.20	1993	49.45	2003	37.1
1984	57.96	1994	47.67	2004	37.7
1985	52.25	1995	48.49	2005	36.7
1986	52.43	1996	46.21	2006	35.8
1987	53.47	1997	44.5	2007	36.3
1988	51.36	1998	42.9		
1989	52.50	1999	41.9		
1990	52.24	2000	39.2		

（资料来源：历年《中国年鉴》）

从表 3-1 中，我们可以看到：

（1）从 1981~2003 年，我国的恩格尔系数总趋势在下降，符合世界经济发展的基本情况。但 1985~1989 年属于时高时低阶段，不能代表一种规律。

（2）1985~1989 年的时高时低阶段，是由于副食、烟酒以及其他食品支出比重上升的结果，粮食食品比重是不断下降的。

（3）1993 年的恩格尔系数为 49.45%，我国居民家庭生活水平从温饱转向小康。1996 年恩格尔系数为 46.21%，相当于韩国、泰国、马来西亚 1960 年的水平。

（4）2000 年恩格尔系数为 39.2%，我国城镇居民开始步入富裕状态。2006 年城镇居民家庭恩格尔系数为 35.8%，历史以来达到最低。2007 年城镇居民家庭恩格尔系数为 36.3%，比 2006 年上升了 0.5%。

二、需求的交叉弹性

需求的交叉弹性又称交叉弹性，指一种商品的需求变动对另一种商品价格变动的反应程度，即相关的两种商品中，一种商品的价格变动比率所引起的另一种商品的需求变动比率。

交叉弹性的大小可以用交叉弹性的弹性系数来表示。这种弹性系数为某商品需求变动的百分比与另一种商品价格变动的百分比的比值。以 E_{XY} 表示 X 商品对 Y 商品的交叉弹性，$\Delta Q_Y/Q_Y$ 表示 Y 商品需求变动的百分比，$\Delta P_X/P_X$ 表示 X 商品价格变动的百分比，则 X 商品对 Y 商品的交叉弹性的弹性系数可以表示为：

$$E_{XY}=\frac{\Delta Q_Y/Q_Y}{\Delta P_X/P_X}=\frac{\Delta Q_Y}{\Delta P_X}\cdot\frac{P_X}{Q_Y}$$

对于不同商品之间的相关性而言，交叉弹性的弹性系数是不同的。互补商品之间价格与需求成反方向变动，其交叉弹性系数为负值，弹性系数的绝对值越大，互补性越强；替代商品之间价格与需求成同方向变动，其交叉弹性系数为正值，弹性系数的绝对值越大，替代性越强。

因此，我们可以根据交叉弹性系数的正负来判断两种商品之间的关系。如果交叉弹性系数为负值，则这两种商品为互补关系，其弹性的绝对值越大，互补关系越密切。例如，当录音机的价格上升时，人们会减少对录音机的需求量，这样，作为录音机的互补品的磁带的需求也会因此而下降；如果交叉弹性系数为正值，则这两种商品为替代关系，其弹性系数的绝对值越大，替代关系就越强。例如，当苹果的价格上升时，人们自然会在减少苹果购买量的同时，增加对苹果的替代品如梨的购买量；若两种商品之间不存在相关关系，则意味着其中任何一种商品的需求都不会对另一种商品的价格变动作出反应，交叉弹性系数为零。

国家统计局农调队和北京大学中国经济研究中心，在1999年12月对全国18 796个农户进行抽样调查和计量分析发现，农村电价每度降低0.1元，对彩色电视机需求的刺激作用相当于农村人均纯收入提高370元，对电冰箱的需求相当于农村人均纯收入提高667元，对洗衣机的需求相当于农村人均纯收入提高909元。根据这组数据，我们可以知道：电力与电器之间存在互补关系，电价每下调0.1元，农户对电器需求反应程度最为强烈的当属洗衣机，洗衣机是农户购买电器的首选，然后依次是电冰箱和彩电。这样的分析结果与我国20世纪90年代农村的消费状况是相符的。如果将彩电换为黑白电视，又会产生什么样的结果呢？

三、供给的价格弹性

供给弹性可以分为供给的价格弹性、供给的收入弹性与供给的交叉弹性三种。其中以供给的价格弹性最为常见，这里我们只介绍供给的价格弹性。

（一）供给的价格弹性的含义与计算

供给的价格弹性又称供给弹性，指供给量变动对价格变动的反应程度。

供给弹性的大小可以用供给弹性的弹性系数来表示。供给弹性的弹性系数是供给量变动的百分比与价格变动百分比的比值。以 E_S 表示供给弹性系数，$\Delta Q/Q$ 表示供给量变动的百分比，$\Delta P/P$ 表示价格变动的百分比，则供给弹性系数的计算公式是：

$$E_S = \frac{\Delta Q/Q}{\Delta P/P} = \frac{\Delta Q}{\Delta P} \cdot \frac{P}{Q}$$

例如，某种商品价格变动为20%，供给量变动为20%，则这种商品供给弹性系数为1。因为价格与供给量一般成同方向变动，所以，供给弹性系数一般为正值。

（二）供给的价格弹性的分类

各种商品的供给弹性大小不一。根据其系数的大小，可以把供给弹性分为以下几类：

（1）供给无弹性，$E_S=0$。在这种情况下，无论价格如何变动，供给量都不变。例如，耕地、文物、古人字典的供给。这时的供给曲线是一条与横轴垂直的线，如图3-5中的A所示。

（2）供给有无限弹性，$E_S=+\infty$。在这种情况下，价格既定而供给量无限。例如，在水价既定的情况下，只要打开水龙头，水的供给是相对无限的。这时的供给曲线是一条与横轴平行的线，如图3－5中的E所示。

（3）单位供给弹性，$E_S=1$。在这种情况下，价格变动的百分比与供给量变动的百分比相同。这时供给曲线是一条与横轴成45°的线，且向右上方倾斜，如图3－5中的C所示。

（4）供给富有弹性，$E_S>1$。在这种情况下，供给量变动的百分比大于价格变动的百分比。这时的供给曲线是一条向右上方倾斜，且较为平坦的线，如图3－5中的D所示。

（5）供给缺乏弹性，$E_S<1$。在这种情况下，供给量变动的百分比小于价格变动的百分比。这时的供给曲线是一条向右上方倾斜，且较为陡峭的线，如图3－5中的B所示。

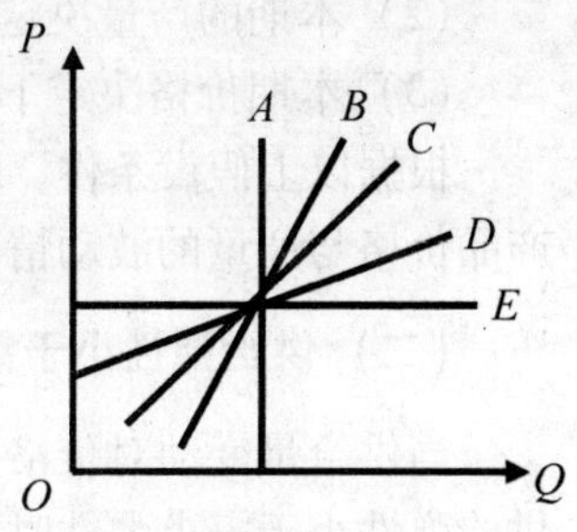

图3－5　供给弹性的分类

（三）影响供给的价格弹性的因素

（1）生产时期的长短。在短期内，生产设备、厂房等生产要素难以调整，从而供给无法大幅度增加，供给弹性就小。在长期中，可以通过调整生产要素使生产能力得到提高，供给弹性就大。这是影响供给弹性大小的重要因素。

（2）生产的难易程度。一般而言，容易生产而且生产周期短的产品对价格变动的反应快，其供给弹性大；反之，生产不易且生产周期长的产品对价格变动的反应慢，其供给弹性也就小。例如，第二次世界大战时期的德国，使用潜艇创造了“狼群战术”，而其生产的战列舰却数量无几，关键就在于生产难度的差异。

（3）生产要素的供给弹性。产品供给取决于生产要素的供给，因此，生产要素的供给弹性大，产品供给弹性也大；反之，生产要素的供给弹性小，产品供给弹性也小。例如，非典时期，板蓝根需求剧增，但它的供给受到了原材料生产周期的制约，弹性就小。

（4）生产所采用的技术类型。有些产品采用资本密集型技术，这些产品的生产规模一旦固定，调整就比较困难，其供给弹性小；有些产品的生产采用劳动密集型技术，生产规模的调整就比较容易，从而其供给弹性大。

第三节　弹性理论的运用

蛛网理论是在20世纪30年代分别由美国经济学家H.舒尔茨、意大利经济学家U.里西和荷兰经济学家J.丁伯根提出，1934年由英国经济学家N.卡尔多定名。这个理论运用需求弹性与供给弹性的概念来分析农产品价格波动对其产量的影响，以解释农产品生产周期性波动的原因。

一、蛛网理论

（一）蛛网理论的基本假设

蛛网理论的基本假设是：

（1）从开始生产到生产出产品需要一定时间，而且在这段时间内生产规模无法改变。

（2）本期的产量决定本期的价格。

（3）本期价格决定下期的产量。

根据以上假设条件，蛛网理论将需求弹性与供给弹性结合起来，分三种情况来研究农产品价格与产量的波动情况。

（二）供给弹性小于需求弹性：收敛型蛛网

当供给量变动对价格变动的反应程度小于需求量变动对价格变动的反应程度，也就是供给弹性小于需求弹性时，价格波动对产量的影响越来越小，价格与产量的波动也就越来越弱，最后自发地趋于均衡。这种蛛网波动称为收敛型蛛网，可用图3－6来说明收敛型蛛网：

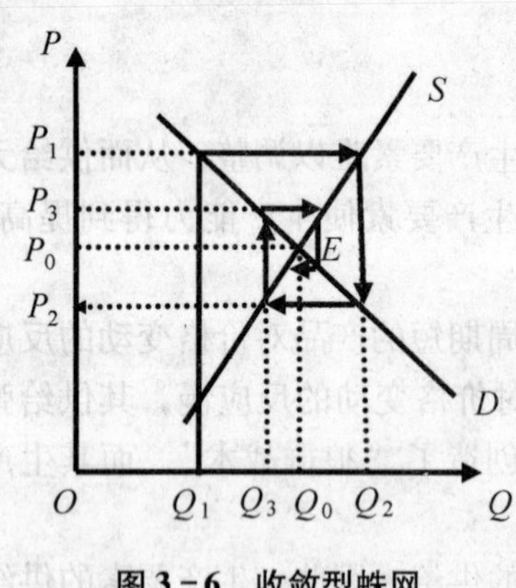

图3－6 收敛型蛛网

先来看图3－6，图中横轴代表产量，纵轴代表价格，S为供给曲线，D为需求曲线，供给曲线比需求曲线陡峭，表明供给弹性小于需求弹性。供给曲线与需求曲线相交于E，E为均衡点，其均衡价格为P_0，均衡数量为Q_0，如果市场价格高于或低于均衡价格，就会引起产量波动，产量又引起下一期价格波动，如此下去就是价格与产量的波动。在图3－6中，第一期开始时产量为OQ_1，$OQ_1 < OQ_0$，决定了价格为OP_1，$OP_1 > OP_0$。第一期的价格OP_1决定了第二期的产量为OQ_2，$OQ_2 > OQ_0$，决定了价格为OP_2，$OP_2 < OP_0$。第二期的价格OP_2决定了第三期的产量为OQ_3，$OQ_3 < OQ_0$。决定了价格为OP_3，$OP_3 > OP_0$。OP_3所决定的产量仍然要高于均衡数量……如此循环下去，每一次价格和产量的波动都更加接近、趋向于均衡点。

（三）供给弹性大于需求弹性：发散型蛛网

当供给量变动对价格变动的反应程度大于需求量变动对价格变动的反应程度，也就是供给弹性大于需求弹性时，价格波动对产量的影响越来越大，价格与产量的波动越来越强烈，离均衡点越来越远。这种蛛网波动称为发散型蛛网，可用图3－7来说明发散型蛛网：

在图3－7中，S为供给曲线，D为需求曲线，供给曲线比需求曲线平坦，表明供给弹性大于需求弹性。供给曲线与需求曲线相交于E，决定了均衡价格为P_0，均衡数量为Q_0。如果市场价格高于或低于均衡价格，就会引起产量波动，产量波动又引起下一期价格波动，如此往复互动。在图3－7中，第一期开始时产量为OQ_1，$OQ_1 > OQ_0$，决定了价格为OP_1，$OP_1 < OP_0$。第一期的价格OP_1决定了第二期的产量为OQ_2，$OQ_2 < OQ_0$。决定了价格为OP_2，$OP_2 > OP_0$。第二期的价格OP_2决定了第三期的产量为OQ_3，$OQ_3 > OQ_0$，决定了价格为OP_3，$OP_3 < OP_0$，产量仍然要低于均衡数量……如此循环下去，每一次价格和产量的波动更加背离均衡点。

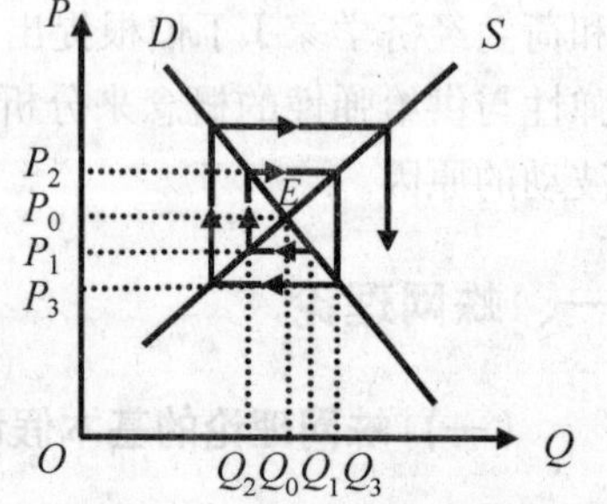

图3－7 发散型蛛网

(四) 供给弹性等于需求弹性：封闭型蛛网

当供给量变动对价格变动的反应程度与需求量变动对价格变动的反应程度相等，也就是供给弹性等于需求弹性时，价格与产量的波动始终保持相同程度，既不趋向均衡点，又不远离均衡点。这种蛛网波动称为封闭型蛛网，可用图 3-8来说明封闭型蛛网：

在图3-8中，供给曲线与需求曲线斜率的绝对值相同，表明供给弹性等于需求弹性。供给曲线与需求曲线相交于 E，决定了均衡价格为 P_0，均衡数量为 Q_0。在图 3-8 中，第一期开始时产量为 OQ_1，$OQ_1 > OQ_0$，决定了价格为 OP_1，$OP_1 < OP_0$。第一期的价格 OP_1 决定了第二期的产量为 OQ_2，$OQ_2 < OQ_0$，决定了价格为 OP_2，$OP_2 > OP_0$。第二期的价格 OP_2 决定了第三期的产量，这一产量仍然和第一期产量相同，为 OQ_1。这样，就又开始了与上一次完全相同的波动。如此循环下去，价格和产量始终是相同的波动程度。

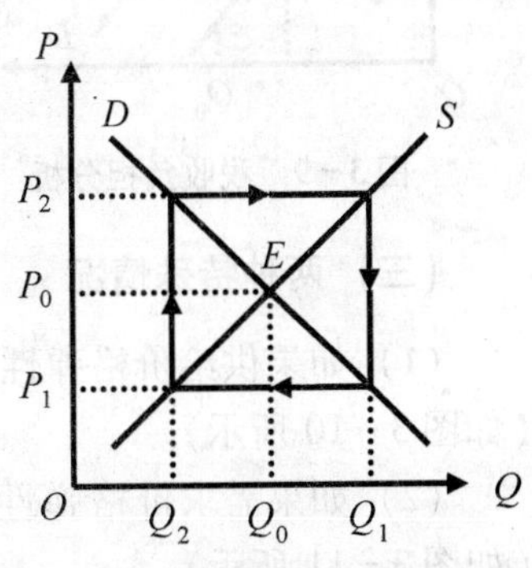

图 3-8 封闭型蛛网

总之，蛛网理论说明了在市场机制自发调节的情况下，农产品市场上必然发生蛛网型周期波动，从而影响农业生产与农民收入的稳定。一般而言，农产品的供给量对价格变动的反应大，但需求量较为稳定，对价格变动的反应小。这就是说，农产品的供给弹性一般大于需求弹性。因此，现实中存在最广泛的是发散型蛛网波动。这正是农业生产不稳定的重要原因。

蛛网理论的现实意义在于减少或消除大宗农产品在市场上的这种波动，一般有两种方法：一是由政府运用有关政策对农产品市场进行干预；二是利用市场本身的调节机制，即通过农产品在期货市场上的交易活动转嫁风险，以实现对农业的保护和支持。

二、税收负担分析

(一) 直接税与间接税的含义

根据纳税人与负税人是否一致，可以将税收分成“直接税”与“间接税”两大类。直接税是指纳税人与负税人一致的税收，例如所有的所得税都是直接税；间接税是指纳税人与负税人不一致，纳税人可以将税负转嫁给他人的税收，例如销售税。

(二) 间接税在厂商与消费者之间的分担

一般情况下，间接税是由厂商与消费者共同负担的，他们各自负担多少，取决于供给弹性与需求弹性的相对大小。假定供给价格弹性不变，需求价格弹性越大，则消费者分担的税负就越少；假定需求价格弹性不变，供给价格弹性越大，生产者分担的税负就越少。

如图 3-9 所示，在不存在税收的情况下，某种商品的市场均衡价格为 P_0，均衡数量为 Q_0。现在，政府向该商品的供给者征收消费税。假定对每单位商品征收从量税 T。由于对厂商征税，厂商销售单位商品所实际得到的收益等于产品价格减去从量税。为了保证厂商继续提供原先那样多的产品 Q_0，现在产品的价格必须提高到 P_0+T。在既定的产量水平

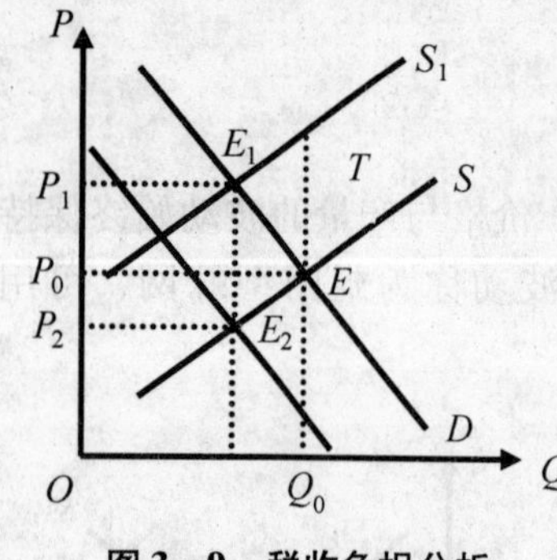

图 3-9　税收负担分析

上，价格的提高，就意味着供给曲线向左上方的移动。新的供给曲线 S_1 与既定的需求曲线 D 的交点 E_1 所对应的价格为 P_1，均衡数量为 Q_1。征税的结果是价格的上升和均衡数量的减少。

供给者实际得到的价格为 $P_2=P_1-P_1P_2=P_1-T$，与原先的均衡价格 P_0 相比，供给者得到的价格减少了 $P_0-P_2=P_0P_2$。实际上，这就是厂商销售单位产品所负担的从量税；消费者支付的价格上升了 $P_1-P_0=P_1P_0$。实际上，这也是消费者购买单位产品所负担的从量税。

（三）两种特殊情况

（1）如果供给价格弹性极大，供给曲线为水平线，则所有的间接税都由消费者负担（如图 3-10 所示）。

（2）如果需求价格弹性极大，需求曲线为水平线，则所有的间接税都由厂商负担（如图 3-11 所示）。

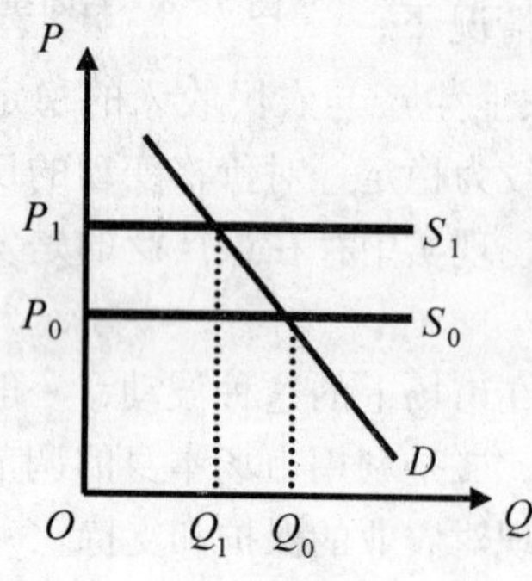

图 3-10　税收负担分析

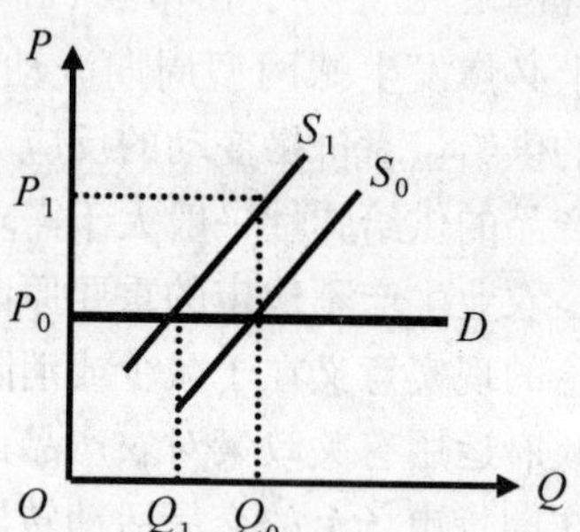

图 3-11　税收负担分析

复习思考

一、填空题

1. 需求弹性分为________、________、________三种。
2. 需求的收入弹性是指________变动对________变动的反应程度。
3. 恩格尔系数等于________。
4. 在需求弹性大于 1 的条件下，卖者适当降低价格能________总收益。
5. 发散型蛛网成立的基本条件是农产品的________大于________。

二、单项选择题

1. 需求价格弹性系数的公式是（　）。

A. 需求量与价格之比

B. 价格下降的绝对值除以需求量增加的绝对值

C. 价格变化的相对值除需求量变化的相对值

2. 需求完全无弹性可以用（　　）。

A. 一条与横轴平行的线表示

B. 一条与纵轴平行的线表示

C. 一条向右下方倾斜的线表示

3. 比较下列三种商品中哪一种商品需求的价格弹性最大（　　）。

A. 面粉　　B. 大白菜　　C. 手提电脑

4. 某商品的需求富有弹性，假定其他条件不变，卖者要想获得更多的收益，应该（　　）。

A. 适当降低价格　　B. 适当提高价格　　C. 保持价格不变

5. 下列三种商品中，可以采用“薄利多销”方法的商品是（　　）。

A. 化妆品　　B. 面粉　　C. 药品

三、判断题

1. 卖者提高价格肯定能增加总收益。（　　）

2. 同一条需求曲线上不同点的弹性系数是不同的。（　　）

3. 需求的价格弹性为零，意味着需求曲线是一条水平线。（　　）

4. 某产品的价格上升 8%，而需求量减少 7% 时，则该产品的需求富有弹性。（　　）

5. 需求的交叉弹性系数为负，则两种商品为替代关系。（　　）

四、案例分析题

案例 1：

【案例名称】：奢侈品需求的惊人弹性

【案例适用】：需求价格弹性与税收负担

【案例来源】：斯蒂格利茨．王尔山等译．经济学小品和案例 [M]．北京：中国人民大学出版社，1998：22.

【案例内容】：

1990 年，作为力图削减美国财政赤字的一揽子计划的一部分，国会同意对价格昂贵的奢侈品征收 10% 的“奢侈品税”。这样的奢侈品包罗万象，几个明显例子就是豪华游艇、私人飞机、高级轿车、珠宝首饰和皮革。

不过，这样温和的税收能否获得预期的成功，为政府带来额外的收入，完全取决于奢侈品的需求弹性。如果奢侈品需求的价格弹性很高，那么奢侈品税只能导致奢侈品的价格轻微上升，却带来奢侈品需求的大幅度下降。也就是说购买奢侈品的人将会大幅度减少，政府实际上没有多少征税机会，国库收入也就不会增加。

事实证明，奢侈品的需求确实存在很大的弹性。到 1991 年年初，由于有钱人为了逃避税收转而前往邻国巴哈马等地购买游艇，导致美国东海岸度假胜地南佛罗里达地区的游艇销量迅速下降 90%，令人吃惊。包括德国“奔驰”和日本“凌志”在内的高级轿车的销量也出现急剧下降的趋势。加上 1991 年开始出现的经济衰退，导致有钱人的投资收入下降，对于奢侈品的销售无异于雪上加霜，需求曲线向左移动，总体销量继续下跌。

奢侈品需求的高弹性颇有些出人意料，而且为经济带来两个不利影响：一是与政府的愿望背道而驰，原本预期由有钱人承担的税务负担最后落在有关产品的生产者和销售者身上，而这些人本身多半并不会富有到可以支付奢侈品税的地步；二是这一新税带来的收入远远小于预期的数额。美国国会预算办公室曾经估计这一税项可以在未来5年内为国库带来大约15亿美元的进账，平均每年应该达到3亿美元。然而就在第一年，即1991年，有钱人总共才为购置奢侈品上交了3000万美元的税金，只有预期平均值的1/10。如果将在全国范围内设立和实施这一税项所消耗的费用计算在内，这3000万美元很有可能入不敷支出，美国政府实际上还赔了钱。经过这么一番简单考虑，我们知道美国政府在两年后的1993年便宣布撤销这一税项，使其成为最短命的税项之一时，就不应该感到惊奇了。

【案例讨论】:

1. 结合本案例，试说明“薄利多销”与需求弹性的关系。
2. 结合本案例，试说明“税收负担”与需求弹性的关系。
3. 从税收的角度看，政府如何才能实现“劫富济贫”的调控目的?

案例2:

【案例名称】: 韩国对农业的重视及其启示

【案例适用】: 蛛网理论与农业政策

【案例来源】: http://www.sdny.gov.cn/art/2008/4/2/art_621_34163.html

【案例内容】:

为促进农业经济的发展，韩国自下而上成立了农协组织，包括农协会员组织和农协中央会，它们直接受政府农林部监督。98%的农业家庭都加入了农协，全国有农协会员近200万，农协网络密布全国，从中央到地方形成了一个大型农业托拉斯。农协最根本的作用是保护农民权益，一方面，在农民利益受到损害时它负责调解；另一方面，为农民提供有关信息，最大限度地帮助农民解决实际困难与问题，使农民能够集中精力从事生产。在经济活动方面，农协的作用从生产准备开始，一直到生产、流通、消费等各个环节全面服务。地方农协的主要工作有：收购农产品，提供贷款，代售农机具等；在资金支持方面，农协为了农业资金和各种事业资金的支援与需要供给，大力发展自己的信用事业。

再次，采取措施保护农产品价格。近年来，韩国政府以农产品流通及价格稳定法为基础，提高了稻谷等的收购价格，促进了高产水稻品种的普遍推广。农协直接经办的“农协超市”遍及全国，“农协超市”在全国农村都设有农产品收购站和保鲜库，既解决了农民卖菜难和卖粮难的问题，又利于稳定农产品价格，确保农民的经济利益。在本地农产品的海外市场拓展方面，政府积极推动一些农产品获得海外认证，以提高本地农产品的海外知名度和竞争力。同时，韩国政府也强化了进口农产品的贸易壁垒。

【案例讨论】:

1. 结合本案例，试说明支持和保护农业的原因。
2. 分析韩国政府农业政策的优劣?

第四章　消费者行为理论

关键词汇：

效用　边际效用递减规律　消费者均衡　无差异曲线　消费可能线　消费者剩余

需求产生于消费，供给产生于生产。马克思的经济学里，生产是要决定消费的，消费对生产最多只存在着反作用。这样的观点解释不了当今的现实生活。消费、需求是人类社会一切活动（当然包括经济活动）的终极目的，生产、供给从来只是满足需求的手段。马克思设想到了共产主义，劳动会成为人的第一需要，这一点值得商榷，什么样的人会不食人间烟火，为了劳动而劳动呢？经济学不仅要研究生产与供给，更要研究消费与需求。

消费者行为理论所要分析的是如何实现消费者满足程度的最大化。消费者又称居民户，指经济中能作出统一的消费决策的单位，它可以是个人，也可以是家庭。消费者提供各种生产要素以获取收入，并将收入用于消费。消费的目的是为了获得幸福，幸福的实质在于感受。对于幸福的理解，因人而异。美国经济学家萨缪尔森提出了“幸福方程式”，这个“幸福方程式”表示为：

$$幸福=\frac{效用}{欲望}$$

借用这一公式可知，消费者幸福的实现涉及效用与欲望这样两个概念。

第一节　欲望与效用

一、欲望

欲望是人的本能，是人的不足之感与求足之愿的统一。由此可见，欲望是一种心理感受。欲望的特点之一在于其无限性。一种欲望满足之后又会产生其他欲望，永远也没有完全满足的时候，可谓“欲壑难填”。此外，欲望还具有层次性的特点。美国著名心理学家马斯洛在《动机与人格》一书中把人的欲望分为人的生存需要、安全需要、归属和爱的需要、尊重的需要、自我实现的需要五个层次。

幸福方程式告诉我们，相对于无穷的欲望而言，再大的效用，也只能得出近乎于零的幸福，这样的方程式就没有意义可言。所以，在研究消费者行为时，我们假定欲望是既定的，这样，幸福程度就取决于效用大小了。下面就来分析效用这一概念。

二、效用

效用是指消费者在消费商品时所感受到的满足程度。效用这一概念与人的欲望是联系在一起的，它是消费者对商品满足自己欲望程度的一种主观心理评价。

某种物品效用的大小没有客观标准，完全取决于消费者在消费某种物品时的主观感受。例如，一支香烟对吸烟者来说有很大的效用，而对不吸烟者来说，则可能毫无效用，甚至有负效用。对不同的人而言，同样的物品所带来的效用是不同的。甚至对同一个人而言，同一物品在不同时间、地点上的效用也是不同的。例如，同一件棉衣，在冬天或寒冷地区给人带来的效用很大，但在夏天或热带地区也许只能带来负效用。这说明效用完全是一种主观感受，因人、因时、因地而异。

此外，我们要注意效用与使用价值的区别。马克思的经济学中，使用价值是指物能够满足人某种需要的属性，它由物品自身物理的、化学的或生物的属性所决定。使用价值是客观存在的，不以人的感受为转移。例如，水可以供人们饮用解渴，这是由水的物理属性（温度）、化学属性（分子结构）所决定的。无论人们对水是否需要，它的使用价值始终存在。但效用则强调了消费者对某种物品带来满足程度的主观感受。饥渴的人，水如甘霖；即将溺毙的人，则视之为洪水猛兽。当然，使用价值（物理的、化学的或生物的属性）是特定效用存在的基础，但我们在研究消费者行为时，强调的是效用的主观性，更偏重于心理分析。

三、效用的量化与消费者均衡

消费者行为理论要研究幸福最大化（满足程度最大化），是在假定欲望既定的条件下，如何实现效用最大化的问题。研究效用的最大化就需要对效用加以量化。马克思认为，效用（使用价值）是不能比较的，因为物的用途不同。显然，他认为效用不能被量化。其误区在于逻辑的问题，因为效用与用途根本就不是一个概念，不同的用途，却可以有相同的效用，所以才有了人类的交易活动。其实，量化效用的最好的工具只有一个，就是货币。人为了能够如愿以偿，就需要支付足够的货币，所愿意支付的货币越多，就意味着购买对象对他越重要，即效用越大。

当然，在经济学说史上，关于效用量化问题的分歧主要有两种：基数效用论者认为效用可以用具体数字来表示；序数效用论者则认为效用作为一种心理现象，是不能用具体数字来表示的，而只能用序数加以标志。由此就产生了两种不同的消费者行为理论：基数效用论与序数效用论。

（一）基数效用论

基数效用论的基本观点是：效用是可以被计量并加总求和的，因此，效用的大小可以用基数（1、2、3……）来表示。所谓效用可以计量，就是指消费者消费某一物品所得到的满足程度可以用效用单位进行衡量。例如，某消费者吃一块糖果所得到的满足程度是5个或4个效用单位，等等。所谓效用可以加总求和是指消费者消费几种物品所得到的满足程度可以加总而得出总效用。例如，某消费者吃一块糖果所得到的满足程度是5个效用单位，购买一个汉堡所得到的满足程度是6个效用单位，这样，消费者消费这种物品所得到的总满足程度就是11个效用单位。根据这种理论，可以用具体数字来研究消费者效用的最大化问题。

基数效用论采用的是边际效用分析法。

（二）序数效用论

序数效用论是为了弥补基数效用论的缺点，而提出的另一种研究消费者行为的理论。20 世纪 30 年代，序数效用的概念为大多数西方经济学家所使用。其基本观点是：效用作为一种心理现象无法计量，也不能加总求和，只能表示出满足程度的高低与顺序，因此，效用只能用序数（第一、第二、第三……）来表示。消费者要回答的是偏好哪一种消费，即哪一种消费的效用第一，哪一种消费的效用第二。例如，消费者消费了糖果与汉堡，他从中得到的效用不能用基数来表示，也无法加总求和，而只能通过顺序或等级来表示。如果他认为消费糖果所带来的效用大于消费汉堡所带来的效用，那么就可以说，糖果的效用是第一位的，汉堡的效用是第二位的。其实质是物品对于消费者的重要程度不同。

序数效用论采用的是无差异曲线分析法。

下面，我们将分别介绍这两种理论对消费者行为所进行的分析。需要注意，两种理论所要研究的是同一个问题，即如何实现消费者满足程度的最大化。只不过是所采用的分析方法和工具不同而已，但所得出的结论完全一致，可谓是殊途同归。

第二节　边际效用分析法

我们首先介绍基数效用论者如何运用边际效用分析法来说明消费者均衡的实现，即消费者效用最大化的实现。

一、总效用与边际效用

运用边际效用分析法来分析消费者行为，先要了解两个重要的工具性概念：总效用与边际效用。

总效用是指从消费一定量某种物品中所得到的总满足程度。

边际效用是指某种物品的消费量每增加一单位所增加的满足程度。边际的含义是增量，指自变量增加所引起的因变量的增加量。在边际效用中，自变量是某物品的消费量，而因变量则是满足程度或效用。消费量变动所引起的总效用的变动即为边际效用。

假定消费者对一种商品的消费数量为 Q，则总效用函数为：

$$TU=f(Q) \tag{4-1}$$

相应的边际效用函数为：

$$MU=\frac{\Delta TU(Q)}{\Delta Q} \tag{4-2}$$

当商品的增加量趋向于无穷小，即 $\Delta Q\to 0$ 时有：

$$MU=\lim_{\Delta Q\to 0}\frac{\Delta TU(Q)}{\Delta Q}=\frac{\mathrm{d}TU(Q)}{\mathrm{d}Q} \tag{4-3}$$

在西方经济学中，边际分析方法是最基本的分析方法之一，“边际”概念更是很重要的一个基本概念。边际效用是本书中出现的第一个边际概念。因此，需要注意，边际量的一般含义是表示一单位的自变量的变化量所引起的因变量的变化量。抽象的边际量的公式表示为：

$$边际量=\frac{因变量的变化量}{自变量的变化量}$$

此外，还可以用表4－1来说明总效用与边际效用的关系。

表4－1 糖果的效用表

糖果的消费量	总效用	边际效用
0	0	0
1	30	30
2	50	20
3	60	10
4	60	0
5	55	－5

根据表4－1可以画出表示总效用和边际效用的图4－1与图4－2。

图4－1中，横轴代表糖果的消费量，纵轴代表总效用，*TU* 为总效用曲线。图4－2中，横轴仍然代表糖果的消费量，纵轴代表边际效用，*MU* 为边际效用曲线。

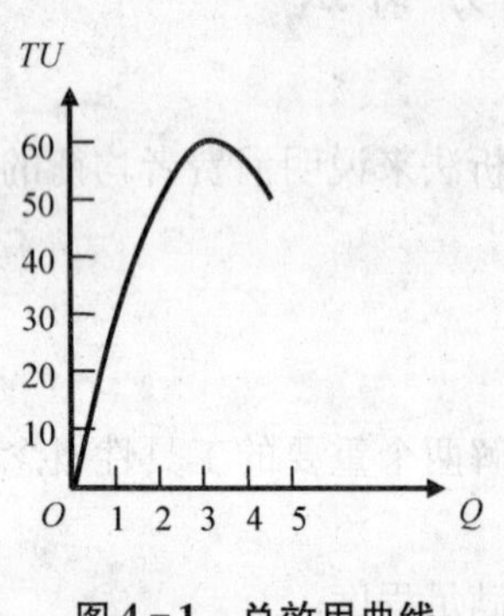

图4－1 总效用曲线

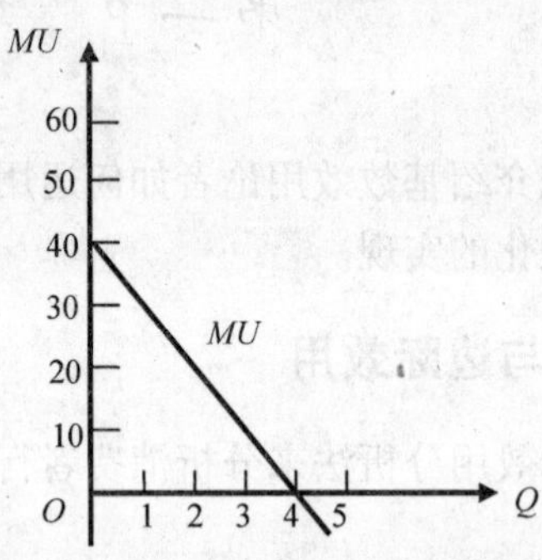

图4－2 边际效用曲线

从表4－1、图4－1与图4－2中可以看出，当消费一单位糖果时，总效用为30效用单位。消费量从无到有增加了一单位，效用增加了30单位，所以，边际效用为30效用单位。当消费两单位糖果时，总效用为50效用单位，消费量增加了一单位，总效用从30效用单位增加到50效用单位，所以，$MU=TU_2-TU_1=50-30=20$，*MU* 为20效用单位。依次类推，当消费5单位糖果时，总效用为55效用单位，而 *MU* 为－5效用单位。即增加第五个单位糖果的消费所带来的是负效用。由此可以看出，当 *MU* 为正数时，总效用是增加的；当 *MU* 为零时，总效用达到最大；当 *MU* 为负数时，总效用减少。

二、边际效用递减规律

从表4－1和图4－2中还可以看出，边际效用是递减的。这种情况普遍存在于一切物品的消费中，所以被称为边际效用递减规律。这一规律的基本内容是：在一定时间内，在其他商品的消费数量保持不变的条件下，随着消费者对某种商品消费量的增加，消费者从该商品连续增加的每一消费单位中所得到的效用增量即边际效用是递减的。

为什么在消费过程中会存在边际效用递减规律呢？据基数效用论者解释，该规律成立的原因如下。

(1) 生理或心理的原因。随着一种物品消费的数量增加，物品对感官反复刺激的结果必然导致人在生理上或心理上的反应程度递减，从而满足程度递减。我们在消费同一种物品，例如连续吃糖果时，都会有这种感觉。这是人的本能反应，“喜新厌旧”就是人的本能。

(2) 物品本身用途的多样性。每一种物品都有多种用途，这些用途的重要性不同。消费者总是先把物品用于最重要的用途，而后用于次要的用途。当他有若干这种物品时，把第一单位用于最重要的用途，其边际效用就大，把第二单位用于次重要的用途，其边际效用就小了。以此顺序用下去，用途越来越不重要，边际效用就递减了。例如，某消费者有三块糖果，他把第一块用于最重要的充饥（满足生理需要），把第二块用于赠送朋友（满足爱的需要），把第三块用于施舍（满足自我实现中对善的追求）。这三块糖果的重要性是不同的，从而其边际效用也就不同。

实际上，边际效用递减规律的存在，除了用人的本能反应加以解释之外，根本原因在于人类的生存单位（个人、家庭、团体、国家等）对消费对象的需求是有限的，绝非多多益善。随着消费对象数量的增加，它对于生存主体的重要程度是递减的，满足程度当然递减了。

(3) 关于货币的边际效用。基数效用论者认为，货币如同商品一样，也具有效用。消费者用货币购买商品，就是用货币的效用去交换商品的效用。商品的边际效用递减规律对于货币也同样适用。对于一个消费者来说，随着货币收入量的不断增加，货币的边际效用是递减的。也就是说，随着某消费者货币收入的逐步增加，每增加1元钱给该消费者所带来的边际效用是越来越小的。

但是，在分析消费者行为时，基数效用论者又通常假定货币的边际效用是不变的。据基数效用论者的解释，在一般情况下，消费者的收入是既定的，而且，单位商品的价格只占消费者总货币收入量中的很小部分，所以，当消费者对某种商品的购买量发生很小的变化时，所支出货币的边际效用的变化非常小。对于这种微小的货币边际效用的变化，可以忽略不计。这样，货币的边际效用便成为一个不变的常数。

三、消费者均衡

消费者均衡是研究单个消费者如何把有限的货币收入分配在各种商品的购买中以获得最大的效用。也可以说，它是研究单个消费者在既定收入下实现效用最大化的均衡条件。这里的均衡是指消费者实现最大效用时既不想再增加、也不想再减少任何商品购买数量的一种相对静止的状态。

研究消费者均衡时，需要假设：第一，消费者的嗜好是既定的。也就是说，消费者对各种物品效用与边际效用的评价是既定的，不会发生变化。第二，消费者的收入是既定的，每1元货币的边际效用对消费者都是相同的。第三，物品的价格是既定的。消费者均衡就是要说明在这些假设条件下，消费者如何把有限的收入分配于各种物品的购买与消费上，以获得最大的满足程度。

在运用边际效用分析法来说明消费者均衡时，消费者均衡的条件是：消费者用全部收入所购买的各种物品所带来的边际效用，与为购买这些物品所支付的价格的比例相等，或者说每1单位货币所得到的边际效用都相等。

假设消费者的收入为M，消费者购买并消费X与Y两种物品，X与Y的价格为P_X与P_Y，所购买的X与Y的数量为Q_X与Q_Y，X与Y所带来的边际效用为MU_X与MU_Y，每1单位货币的边际效用为MU_m。这样，可以把消费者均衡的条件写为：

$$P_X \cdot Q_X + P_Y \cdot Q_Y = M \qquad (4-4)$$

$$\frac{MU_x}{P_x} = \frac{MU_y}{P_y} = MU_m \qquad (4-5)$$

式（4-4）是限制条件，说明收入是既定的，购买X与Y物品的支出不能超过收入，也不能小于收入。超过收入的购买是无法实现的，而小于收入的购买也达不到既定收入时的效用最大化。式（4-5）是实现消费者均衡的条件，即所购买的与Y物品带来的边际效用与其价格之比相等，也就是说，每1单位货币不论用于购买X商品，还是购买Y商品，所得到的边际效用都相等。

如果所消费的不是两种物品，而是多种物品，则可以把消费者均衡条件写为：

$$P_1 \cdot Q_1 + P_2 \cdot Q_2 + P_3 \cdot Q_3 + \cdots\cdots + P_n \cdot Q_n = M \qquad (4-6)$$

$$\frac{MU_1}{P_1} = \frac{MU_2}{P_2} = \frac{MU_3}{P_3} \cdots\cdots = \frac{MU_n}{P_n} = MU_m \qquad (4-7)$$

需要指出的是：第一，消费者均衡作为一种理想化的状态，取决于消费者的感受；第二，消费者实现均衡是一个过程，是消费者不断调整消费活动的过程。作为一个消费者，无论你是否了解这种理论，实际上都在自觉或不自觉地遵循这一理论，从事和不断调整消费行为的。循着这样的思路，我们或许永远也达不到幸福的极点，但我们一定会离它越来越近。我想，这就是消费者均衡理论的现实意义。

四、边际效用与需求定理

边际效用递减规律是解释消费者行为的基本规律。在这里，我们仍需借用这个规律来进一步解释需求定理与消费者剩余。

（一）边际效用与需求定理

需求定理表明，需求量与价格成反方向变动。这个规律的根源在于边际效用递减规律。

商品的需求价格是指消费者在一定时期内对一定量的某种商品所愿意支付的最高价格。基数效用论者认为，商品的需求价格取决于商品的边际效用。具体地说，如果某一单位的某种商品的边际效用越大，则消费者为购买这一单位的该种商品所愿意支付的最高价格就越高；反之，如果某一单位的某种商品的边际效用越小，则消费者为购买这一单位的该种商品所愿意支付的最高价格就越低。由于边际效用递减规律的作用，随着消费者对某种商品消费量的连续增加，该商品的边际效用是递减的，相应地，消费者为购买这种商品所愿意支付的最高价格即需求价格也是越来越低的，这意味着，建立在边际效用递减规律上的需求曲线是向右下方倾斜的。因此，需求量与价格必然成反方向变动。可以用

表4－2说明这一点。

表4－2　边际效用与价格

边际效用（MU）	某物品数量	需求价格（元）
20	1	10
15	2	7.5
10	3	5.0
5	4	2.5
1	5	0.5

在表4－2中，当某物品量为1时，边际效用为20效用单位，消费者愿为这20效用单位支付10元。当某物品数量增加至2时，消费者从第二单位中所得到的边际效用为15效用单位，消费者只愿为15效用单位支付7.5元。当某物品量增加至3时，消费者从第三单位中所得到的边际效用为10效用单位，消费者只愿为10效用单位支付5.0元。随着物品量的增加，消费者愿意支付的价格越来越低。这是因为，随着物品数量的增加，每增加一单位物品所带来的边际效用在递减，消费者所愿付出的价格就下降了。所以说，消费者对某物品的需求量与该物品的价格成反方向变动，就是因为边际效用递减的缘故。

（二）边际效用与消费者剩余

边际效用递减还可以解释另一个重要的经济学概念：消费者剩余。

消费者剩余这一概念是19世纪末20世纪初英国经济学家马歇尔提出的，他给这一概念的定义是："他宁愿付出而不愿得不到此物的价格，超过他实际付出的价格的部分，是这种剩余满足的经济衡量。这个部分可称为消费者剩余。"① 消费者按他对物品效用的评价来决定他愿意支付的价格，也就是需求价格。但市场上真正的成交价格并不一定等于他愿意支付的价格。消费者对某物品的需求价格（对价格的判断）与成交价格的差额就是消费者剩余。

可以用表4－3说明消费者剩余。

表4－3　文竹的消费者剩余

消费者愿付的价格（元）	文竹的数量	市场价格（元）	消费者剩余（元）
5	1	1	4
4	2	1	3
3	3	1	2
2	4	1	1
1	5	1	0

① 马歇尔．经济学原理（上册）[M]．北京：商务印书馆，1981．

对某个消费者来说，他愿意付出的需求价格取决于他对该物品效用的评价。边际效用递减决定了他所愿意付出的需求价格随该物品数量的增加而递减。在表4－3中，随着消费者购买文竹数量从1增加到5，消费者愿付出的价格从5元下降为1元。但市场价格是由整个市场的供求关系所决定的，不以某一消费者的愿望为转移，是固定的。在表4－3中，文竹由供求关系所决定的市场价格是1元。当该消费者买1棵文竹时，他愿意付出的价格为5元，但实际付出的市场价格仅为1元，这样，消费者剩余就是4元。随着该消费者购买文竹数量的增加，他所愿付出的价格在下降，而市场价格始终不变。这样，随着某消费者购买物品的增加，他从每单位物品购买中所获得的消费者剩余在减少。

还可以用根据表4－3所做出的图4－3来进一步说明消费者剩余：

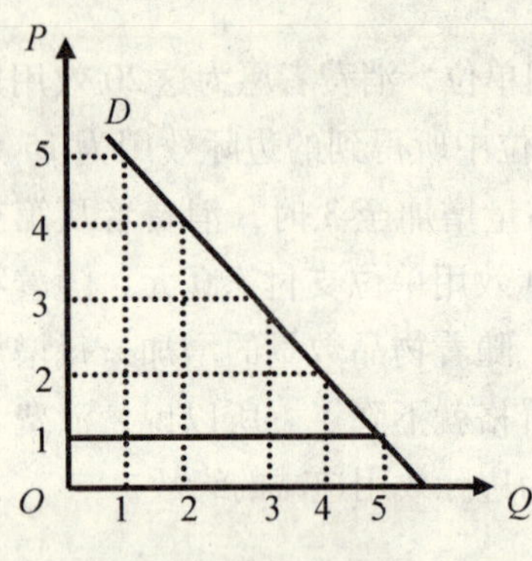

图4－3 文竹的消费者剩余

在图4－3中，横轴代表购买文竹的数量，纵轴代表文竹的价格，D为某消费者的需求曲线。文竹市场价格为1元。购买1棵文竹时，消费者剩余为4（图中1元实线以上的格，每格为1单位消费者剩余，共四格），购买2棵文竹时，消费者剩余为3。依次类推，购买5棵文竹时，没有消费者剩余。

理解消费者剩余需要注意：第一，消费者剩余并不是实际收入的增加，只是消费者的一种心理感觉和主观心理评价，它反映消费者在购买商品过程中所感受到的状态的改善（节省了货币的支出）。因此，消费者剩余通常被用来度量和分析社会福利问题。第二，生活必需品的消费者剩余一般较大。因为消费者对这类物品的效用评价高，愿付出的价格也高，但这类物品的市场价格一般并不高。

消费者剩余的概念实际上仍然是边际效用递减规律的运用。正因为如此，边际效用递减规律在解释消费者行为时是至关重要的。

第三节 无差异曲线分析法

序数效用论用无差异曲线分析法来说明消费者均衡的实现。我们首先介绍两个基本的工具性概念：无差异曲线与消费可能线。

一、无差异曲线

（一）什么是无差异曲线

无差异曲线是用来表示能够给消费者带来相同的效用水平或满足程度的两种商品的所有组合的一条曲线。

为了简化分析，假定消费者只消费两种商品。这样，我们就可以直接在两维平面图上讨论无差异曲线了。假如有X与Y两种商品，它们有a、b、c、d、e、f六种组合方式，这六种组合方式能给消费者带来相同的效用。这样，可做出表4－4。

表4－4　商品组合表

组合方式	X商品	Y商品
a	5	30
b	10	18
c	15	13
d	20	10
e	25	8
f	30	7

根据表4－4可以画出图4－4。

在图4－4中，横轴代表X商品的数量，纵轴代表Y商品的数量，I为无差异曲线，线上任何一点X与Y两种商品不同数量的组合给消费者所带来的满足程度（效用）都是相同的。

如前所述，序数效用理论认为效用是不能用基数来计量的。因此，无差异曲线就是用来表示X与Y商品的现有组合给消费者带来的满足程度都是相同的，而不管这种组合所能带来的具体效用是多少。

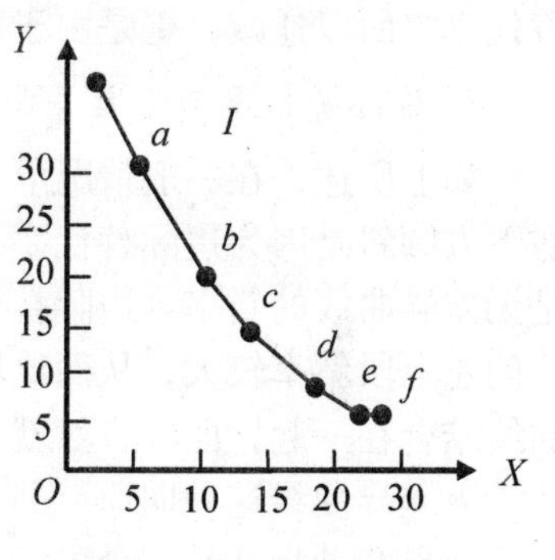

图4－4　无差异曲线

（二）无差异曲线的特征

无差异曲线具有四个重要特征。

（1）无差异曲线是一条向右下方倾斜的曲线，斜率为负值。这说明，在收入与价格既定的条件下，消费者为了得到相同的总效用，在增加一种商品的消费时，必须减少另一种商品的消费。两种商品不能同时增加或减少。

（2）在同一平面图上可以有无数条无差异曲线。同一条无差异曲线代表相同的效用，不同的无差异曲线代表不同的效用。离原点越远的无差异曲线代表的效用程度越高，离原点越近的无差异曲线代表的效用程度越低。

（3）在同一平面坐标上的任何两条无差异曲线不会相交。因为在交点上两条无差异曲线代表了相同的效用，与第二个特征相矛盾。

（4）无差异曲线是凸向原点的。也就是说，无差异曲线不仅向右下方倾斜，即无差异曲线的斜率为负值，而且，无差异曲线是以凸向原点的形状向右下方倾斜的，即无差异曲线的斜率的绝对值是递减的。为什么无差异曲线具有凸向原点的特征呢？这取决于商品的边际替代率递减规律。

（三）边际替代率

在无差异曲线分析中，边际替代率递减规律与边际效用递减规律联系密切，存在着因果关系。

1. 边际替代率

在维持效用水平不变的前提下，消费者增加1单位某种商品的消费数量时所需要放弃的另一种商品的消费数量，被称为商品的边际替代率。或者说，边际替代率是消费者在保持相同的效用时，减少的一种商品的消费量与增加的另一种商品的消费量之比。

以 ΔX 代表 X 商品的增加量，ΔY 代表 Y 商品的减少量，MRS_{XY} 代表以 X 商品代替 Y 商品的边际替代率，则边际替代率的公式是：

$$MRS_{XY}=\frac{\Delta Y}{\Delta X}$$

例如，增加1单位 X 商品，减少2个单位 Y 商品，则以 X 商品代替 Y 商品的边际替代率为2。应该注意的是，在保持效用相同时，增加一种商品要减少另一种商品。因此，边际替代率应该是负值。无差异曲线的斜率就是边际替代率，无差异曲线向右下方倾斜就表明边际替代率为负值，但一般取其绝对值。

无差异曲线上的边际替代率递减，实际上是边际效用递减规律的又一表述形式。边际替代率之所以递减，正是由于随着 X 商品的增加，其边际效用在递减的结果。

2. 边际替代率与无差异曲线的形状

如上所述，在一般情况下，无差异曲线是一条向右下方倾斜，且凸向原点的曲线。向右下方倾斜是因为边际替代率为负值，凸向原点则是因为边际替代率递减。边际替代率就是无差异曲线的斜率。边际替代率递减也就是无差异曲线的斜率在减小。这样，无差异曲线的左上段斜率较大，从而比较陡峭，而其右下段斜率较小，从而比较平坦。这样两部分曲线结合在一起，曲线自然就凸向原点了。

无差异曲线这种向原点凸出的弯曲程度完全取决于两种物品替代性的大小。

如果两种物品是完全可以互相替代的（例如，百氏与可口），则一种物品增加一单位，另一种物品减少同样的数量，边际替代率不变，从而无差异曲线就是一条直线。因为完全替代是指两种商品之间的替代比例是固定不变的，因此，两种商品之间的边际替代率是一个常数，相应的无差异曲线就是一条斜率不变的直线，如图4－5所示。

反之，如果两种物品完全不能替代，而是完全互补的（例如，眼镜片与镜架），这时无差异曲线与原点成90°凸出。完全互补指两种物品必须按固定不变的比例同时被组合、使用的关系。例如，一副眼镜架必须和两个眼镜片同时配合，才能构成一副可供使用的眼镜，则相应的无差异曲线如图4－6所示。图4－6中水平部分的无差异曲线部分表示，对于一副眼镜架而言，只需要两个眼镜片即可，任何超量的眼镜片都是多余的。图4－6中垂直部分的无差异曲线表示，对于两个眼镜片而言，只需要一副眼镜架即可，任何超量的眼镜架也是多余的。眼镜片与镜架之间的边际替代率为零。

总之，边际替代率作为无差异曲线的斜率决定了无差异曲线的形状。

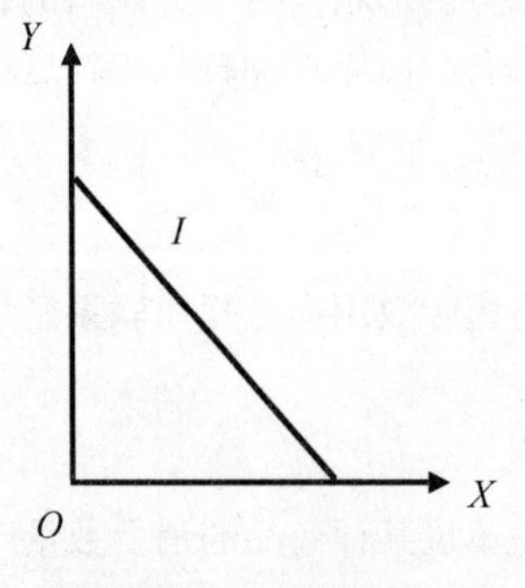

图4－5 完全替代品

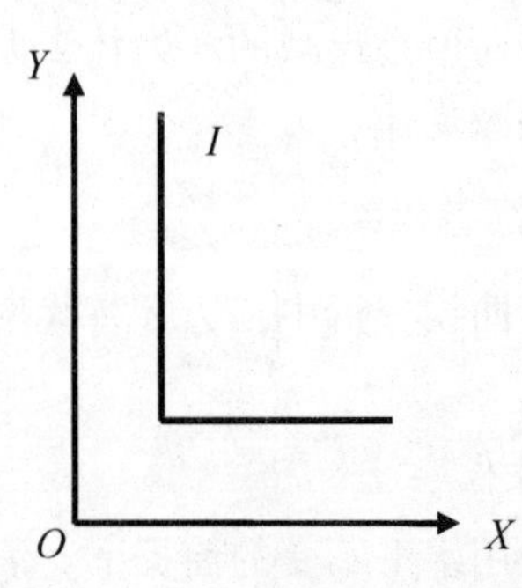

图4－6 互补品

二、消费可能线

消费可能线又称预算约束线，或等支出线，它用来表示在消费者收入与商品价格既定的条件下，消费者所能购买到的两种商品数量的最大组合线。

消费可能线表明了消费者消费行为的限制条件。这种限制就是购买物品所花的钱不能大于收入，也不能小于收入。大于收入是在收入既定条件下无法实现的，小于收入则无法实现效用最大化。

这种限制条件可以写为：

$$M = P_X \cdot Q_X + P_Y \cdot Q_Y \qquad (4-8)$$

式（4－8）也可以写为：

$$Q_Y = \frac{M}{P_Y} - \frac{P_X}{P_Y} \cdot Q_X \qquad (4-9)$$

这是一个直线方程式，其斜率为 $-\frac{P_X}{P_Y}$。

因为 M、P_X、P_Y 为既定的常数，所以，给出 Q_X 的值，就可以解出 Q_Y，反之亦然。

如果 $Q_X = 0$，则 $Q_Y = \frac{M}{P_Y}$。

如果 $Q_Y = 0$，则 $Q_X = \frac{M}{P_X}$。

据此，可以在平面坐标的纵轴与横轴上找到两个点，连成的直线即为消费可能线。

假设，$M = 60$ 元，$P_X = 20$ 元，$P_Y = 10$ 元。如果 $Q_X = 0$，则 $Q_Y = 6$；如果 $Q_Y = 0$，则 $Q_X = 3$。这样就可以画出图 4－7。

在图 4－7 中，连接 AB 两点的直线就是消费可能线。线内的任何一点（如 D 点），仅需支付 40 元；线外的任何一点（如 E 点），则需支付 80 元，超过了既定收入。而该线上的任何一点都是在收入与价格既定的条件下，能购买到的 X 商品与 Y 商品的最大数量的组合。

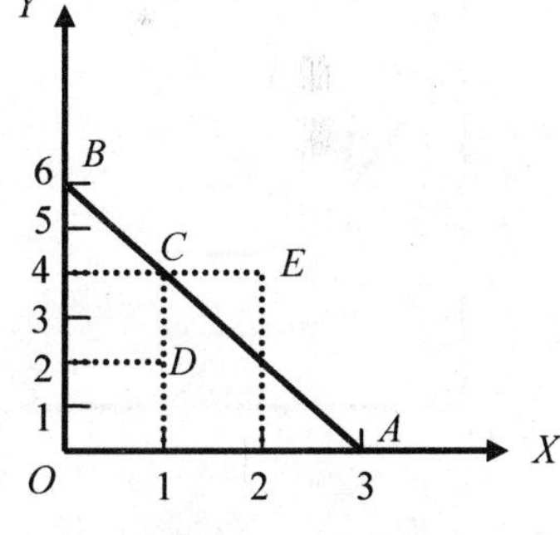

图 4－7 消费可能线

图 4－7 中的消费可能线是在消费者的收入和商品价格既定条件下画出的，如果消费者的收入和商品的价格改变了，则消费可能线就会变动。

如果商品价格不变而消费者的收入变动，则消费可能线会平行移动。收入增加，消费可能线向右上方平行移动；收入减少，消费可能线向左下方平行移动，如图 4－8 所示。

在图 4－8 中，AB 是原来的消费可能线。当收入增加时，消费可能线移动为 A_1B_1；当收入减少时，消费可能线移动为 A_2B_2。

如果收入不变，而两种商品的价格同比例上升或下降，则消费可能线同样会平行移动。

如果收入不变，而两种商品的价格变动幅度不同，则消费可能线也要移动，但并不是平行移动的。假如 X 商品的价格下降，而 Y 商品的价格与消费者收入不变，则消费可能线的变动如图4-9所示。

在图4-9中，消费者的收入与Y商品的价格不变，而X商品价格下降，则消费可能线由AB移动为A_1B。

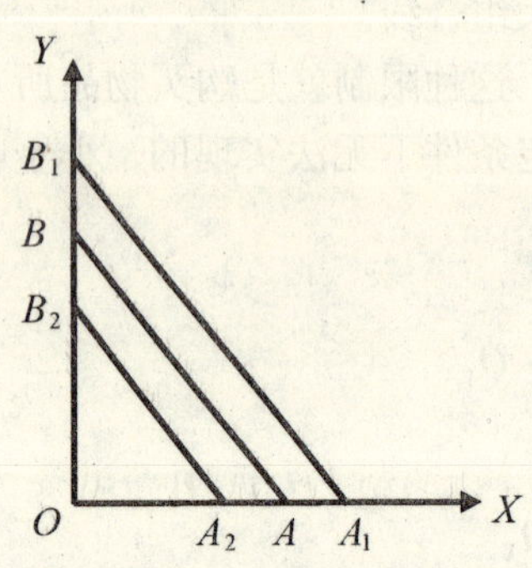

图4-8 消费可能线平行移动

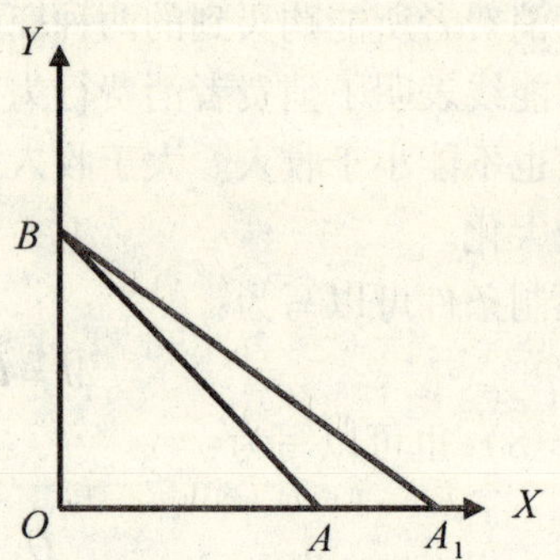

图4-9 消费可能线的移动

三、消费者均衡

下面，我们把无差异曲线与消费可能线结合在一起，来分析消费者均衡的实现。

（一）消费者均衡

如果把无差异曲线与消费可能线结合在一个平面坐标中，那么，消费可能线必定与无数条无差异曲线中的一条相切于一点，在这个切点上，就实现了消费者的均衡。可以用图4-10来说明这一点。

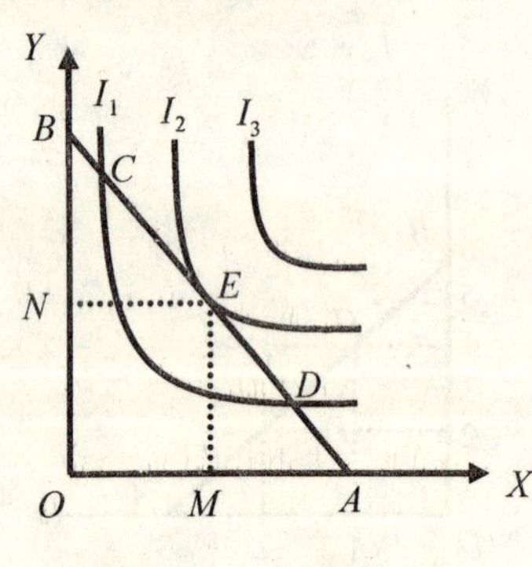

图4-10 消费者均衡

在图4-10中，I_1、I_2、I_3为三条无差异曲线，它们效用大小的顺序为$I_1<I_2<I_3$。AB为消费可能线。AB线与I_2相切于E，这时实现了消费者均衡。也就是说，在收入与价格既定的条件下，消费者购买OM的X商品，ON的Y商品，就能获得最大的效用。

为什么只有在E点时才能实现消费者均衡呢？从图4-10上可以看出，I_3所代表的效用大于I_2，但I_3与AB线既不相交也不相切，说明达到I_3效用水平的X商品与Y商品的数量组合在收入与价格既定的条件下是无法实现的。AB线与I_1相交于C和D，在C和D点上所购买的X商品与Y商品的数量虽然花完了所有的收入，但$I_1<I_2$，C和D点上X商品与Y商品的组合并不能达到最大效用。此外，I_2除E之外的其他各点也在AB线之外，即所要求的X商品与Y商品数量的组合也是收入与价格既定条件下无法实现的。所以，只有在E点时才能实现消费者均衡。

由此可见，消费者的最优购买行为必须满足两个条件：第一，最优的商品购买组合必须是消费者最偏好的商品组合。也就是说，最优的商品购买组合必须是能够给消费者带来最大效用的商品组合。第二，最优的商品购买组合必须位于既定的预算线上。

（二）无差异曲线分析法

如前所述，通过边际效用分析方法，得出消费者均衡的条件是：

$$\frac{MU_x}{P_x}=\frac{MU_y}{P_y} \tag{4-10}$$

式（4－10）也可以写为：

$$\frac{MU_x}{MU_y}=\frac{P_x}{P_y} \tag{4-11}$$

根据无差异曲线分析，消费者均衡是无差异曲线与消费可能线的相切之点，即过该点所作切线（就是消费可能线）的斜率等于该点在无差异曲线上的边际替代率。

从图 4－10 可知，消费可能线 AB 的斜率是 OB 与 OA 之比。OB 是全部收入 M 购买价格为 P_Y 的 Y 商品的数量，所以：

$$OB=\frac{M}{P_Y} \tag{4-12}$$

OA 是全部收入 M 购买价格为 P_X 的 X 商品的数量，所以：

$$OA=\frac{M}{P_X} \tag{4-13}$$

这样，消费可能线 AB 的斜率就是：

$$\frac{OB}{OA}=\frac{M/P_Y}{M/P_X}=\frac{M}{P_Y}\cdot\frac{P_X}{M}=\frac{P_X}{P_Y} \tag{4-14}$$

无差异曲线在该点上所作切线的斜率就是以 X 商品代替 Y 商品时的边际替代率，即 MRS_{XY}。所以，根据无差异曲线分析，消费者均衡的条件又可以写为：

$$MRS_{XY}=\frac{P_X}{P_Y} \tag{4-15}$$

$$MRS_{XY}=\frac{\Delta Y}{\Delta X} \tag{4-16}$$

且

$$MU_x=\frac{\Delta TU}{\Delta X};\ MU_y=\frac{\Delta TU}{\Delta Y} \tag{4-17}$$

于是可以得出，消费者均衡的条件是：

$$\frac{MU_x}{P_x}=\frac{MU_y}{P_y} \tag{4-18}$$

式（4－10）是边际效用分析法得出的消费者均衡的条件，式（4－18）是无差异曲线分析法得出的消费者均衡的条件。可见，两种不同的分析方法所得出的结论是完全一致的。

复习思考

一、填空题

1. 序数效用论分析消费者均衡采用的是________分析法。
2. 当边际效用为正数时，总效用为________。

3. 在研究消费者均衡时，有三点假设：第一，________；第二，________；第三，________。

4. 无差异曲线是一条向________倾斜的曲线，其斜率为________。

5. 消费者均衡实现的条件是________、________。

二、单项选择题

1. 如果某种商品的总效用最大，这意味着这种商品的（　　）。
   A. 边际效用达到最大
   B. 边际效用降到最小
   C. 边际效用为零

2. 消费可能线（　　）。
   A. 向右上方倾斜
   B. 向右下方倾斜
   C. 是一条垂线

3. 在同一个平面图上有（　　）。
   A. 三条无差异曲线
   B. 无数条无差异曲线
   C. 许多但数量有限的无差异曲线

4. 消费行为本身（　　）。
   A. 仅仅是个人消费问题
   B. 仅仅是社会消费问题
   C. 既是个人决策又是社会决策问题

5. 劣等品是指（　）。
   A. 劣质商品
   B. 收入弹性系数为负的商品的统称
   C. 收入弹性系数为正的商品的统称

三、判断题

1. 同样商品的效用，因人、因时、因地而异。（　　）

2. 效用即使用价值。（　　）

3. 基数效用论采用的分析方法是无差异曲线分析法。（　　）

4. 只要商品的数量在增加，消费者得到的总效用就一定在增加。（　　）

5. 当消费者所获得的总效用不断增加时，边际效用总是正的。（　　）

四、案例分析题

案例 1：

【案例名称】：感受文竹的价格

【案例适用】：消费者剩余

【案例来源】：自编

【案例内容】：

春节将至，到花鸟鱼虫市场一游。想买些花草布置家居，粉饰吉祥罢了。进得市场，一看那些名贵花木，方才觉得囊中羞涩。左盼右顾之时，忽见一老妇人在角落中闲坐，脚下摆了几棵文竹。文竹虽小，走近细看，甚是不俗。细细的枝干，挺拔者有之，委婉错节者亦有之，冠头浓密的翠绿让人心怡。我暗想：每棵怎么也要两三块钱。可当上前细问：什么价钱？老妇人却答道：一块一棵。我不由心头窃喜，随口说道：给我来三棵。当时，自己的感觉真是好极了，如同捡了天大的便宜。我想，这就是消费者剩余了。

【案例讨论】：

1. 消费者剩余的实质是什么？

2. 生活必需品的消费者剩余一定大吗？

3. 消费者剩余为零，交易停止吗？消费者剩余为负，就不会产生交易活动吗？

案例2：

【案例名称】：烟与酒的选择

【案例适用】：消费者均衡

【案例来源】：自编

【案例内容】：

我常常感慨于西方人思想的怪异和高深，如此简单、生动的消费活动，竟然可以用数理的方式加以表达，抽象得让人莫名其妙。随着年与时驰，常常有所顿悟：简单的问题复杂化，是理论形成的手段；复杂的问题简单化，是理论向现实的回归。许多情况下，后者更为重要。15年前，保定卷烟厂生产“赤鹿”牌香烟，零售价每盒1元；保定啤酒厂与北京联营生产“燕京”啤酒，每瓶1元。暑假闲暇，炎热难当，我时常用7元人民币到门口的小商店，购买5瓶啤酒、2包香烟，回得家来，支烟杯酒，电视为伴，空调打开，自比神仙。之所以产生如此美妙的感觉，原因在于“我的行为符合了消费者均衡的实现条件”。

【案例讨论】：

1. 边际效用的本质是什么？

2. 我为什么不购买1包香烟、6瓶啤酒或者4瓶啤酒、3包香烟？

3. 消费者实现均衡是一个怎样的过程？

4. 7元钱购买两种商品，你会如何选择？我为什么不会知道你将做出怎样的选择？

第五章　生产者收益理论

关键词汇：

边际收益变动规律　规模收益变动规律　等产量线　等成本线　最适生产要素的组合　内在经济与不经济　适度规模

生产者称为厂商。厂商是指能作出统一生产决策的单位。根据资产组织形式的不同，厂商可分为个人独资企业、合伙企业和公司制企业，在经济中都是能做出统一决策的单位。三者共同的本质在于：作为经济主体，都必须通过供给的手段满足社会需求，借以实现价值增值——获取利润。

从本章开始研究生产者的行为，我们假定生产者都是具有完全理性的经济人，生产目的在于实现利润最大化，即在既定的产量之下实现成本最小，或者在既定的成本下达到产量最大。

围绕生产者利润最大化的实现，对生产者行为的分析主要包括三个方面的内容：

（1）厂商的收益理论。研究在不同的前提下（短期或长期），生产过程中收益的变动规律，即如何确定生产要素的投入以达到产量（收益）最大化，实现经济效率。

（2）厂商的成本理论。研究在不同的前提下（短期或长期），生产过程中成本的变动规律。其实，成本理论与收益理论所要研究的是同一个问题，即生产过程中的经济效率及其变化规律问题，只不过是分析的角度不同。在此基础上，还进行了成本—收益分析，并确定一个利润最大化的原则。

（3）市场结构理论。市场有各种结构，即竞争与垄断的程度不同。当厂商处于不同的市场上时，应该如何确定自己产品的产量与价格，以实现利润最大化，就是该理论所要解决的内容。

我们共分三章来介绍生产者行为理论。本章的生产者收益理论要说明如何合理地投入生产要素，随着生产要素的不断投入，收益变动的规律性问题。

第一节　生产与生产函数

一、生产要素

生产也就是把投入变为产出的过程。

生产要素是指生产中所使用的各种资源。这些资源可以分为劳动、资本、土地与企业家才能四种。劳动是指劳动力所提供的服务，可以分为脑力劳动与体力劳动。劳动力是劳动者的能力，由劳动者提供。资本在生产中可以表现为实物形态或货币形态。资本的实物形态又称为资本品或投资品，如厂房、机器设备、动力燃料、原材料等。资本的货币形态通常称为货币资本。土地是指生产中所使用的各种自然资源，是在自然界所存在的，如土地、水、自然状态的矿藏、森林等。企业家才能指企业家对整个生产过程的组织与管理工作。产品则是这四种生产要素共同努力的结果。

对于生产过程而言，四种生产要素不可或缺，哪一种更为重要呢？例如，马克思的经济学中只看到了工人的劳动，无视资本家的才能；重农主义者视“土地为财富之母”；资本家则自恋于经营的才能和资本的力量。又如，发展中国家的工业化急需的是资本，缺少的是人才；发达国家人口的负增长，竟然出现劳动力短缺；新加坡人填海造地，荷兰人围海造田等。可见，它们的重要程度是历史的、具体的。

二、生产函数

生产过程中生产要素的投入和产品数量之间的关系，可以用生产函数来表示。生产函数表示在一定时期内，在技术水平不变的情况下，生产中所使用的各种生产要素的数量与所能生产的最大产量之间的对应关系。任何生产函数都以一定时期内特定的技术水平作为前提条件，一旦生产技术水平发生变化，原有的生产函数就会发生变化，从而形成新的生产函数。

以 Q 代表总产量，L、K、N、E 分别代表劳动、资本、土地、企业家才能这四种生产要素，则生产函数的一般形式为：

$$Q=f\ (L、K、N、E)$$

在分析生产要素与产量的关系时，一般认为土地是固定的，企业家才能又难以计量，因此为了分析方便，常假定只使用劳动和资本两种生产要素，因此，生产函数又可以简化为：

$$Q=f\ (L、K)$$

这一函数式表明，在一定技术水平时，生产一定数量的产品 Q，需要一定数量劳动与资本的组合。同样，生产函数也表明，在劳动与资本的数量为已知时，可以推算出最大的产品数量。

三、技术系数

技术系数是指生产一定量的产品所需的各种生产要素的配合比例。在不同行业的生产中，各种生产要素的配合比例是不同的。例如：我国在三十多年以前，安排一个劳动力在商业企业就业，需要国家财政投入 6000 元人民币；安排一个劳动力在机械行业就业，需要国家财政投入 10 000 元购置固定资产。这就是技术系数，反映了生产要素的配比关系，体现了技术水平的高低。

技术系数分为可变技术系数和固定技术系数。可变技术系数是指生产一定量的产品所需的各种生产要素的配合比例是可以变动的，表明生产要素之间可以相互替代。固定技术系数是指生产一定量的产品只存在唯一一种生产要素的配合比例，即生产要素之间不可替代，如果要增加产出，要素投入必须按照同一比例增加。

一般而言，技术系数是可变的。例如，在农业中可以多用劳动、少用土地进行集约式经营，也可以少用劳动、多用土地进行粗放式经营。在工业中也有劳动密集型技术与资本密集型技术之分。在生产理论中研究的主要是技术系数可变的情况。技术系数发生变化，并不意味着技术水平一定发生变化。如：牛拉犁式的生产方式中，无论耕牛数量的多少，都只不过是亚细亚式的农耕水平罢了。而技术水平发生变化，通常意味着技术系数也发生了变化。

四、短期分析与长期分析

微观经济学的生产理论可以分为短期生产理论和长期生产理论。短期指生产者来不及调整全部生产要素的数量，至少有一种生产要素的数量是固定不变的时间周期。长期指生产者可以调整全部生产要素的数量的时间周期。相应地，在短期内，生产要素投入可以区分为不变投入和可变投入：生产者在短期内无法进行数量调整的那部分要素投入是不变要素投入。例如，机器设备、厂房等。生产者在短期内可以进行数量调整的那部分要素投入是可变要素投入。例如，劳动、原材料、燃料等。在长期，生产者可以调整全部的要素投入。例如，生产者根据企业的经营状况，可以缩小或扩大生产规模，甚至还可以加入或退出一个行业的生产。由于在长期所有的要素投入量都是可变的，因而也就不存在可变要素投入和不变要素投入的区分。在这里，短期和长期的划分是以生产者能否变动全部要素投入的数量作为标准的，而不是按照生产过程具体的时间长短。对于不同的产品生产，短期和长期的具体时间的确定是不同的。例如，变动一个大型炼油厂的规模可能需要五年，则其短期和长期的划分以五年为界；而变动一个小加工厂的规模可能只需要一个月，则其短期和长期的划分仅为一个月。

第二节　短期收益分析：边际收益递减规律

在分析生产要素投入与产量之间的关系时，先从短期分析开始。我们所要研究的问题是：在其他生产要素不变的情况下，一种生产要素的增加对产量的影响，以及这种可变的生产要素的投入量如何确定。也就是说，在假定资本量不变的条件下，分析劳动量投入的增加对产量的影响，以及劳动量投入多少最为合理。这时的生产函数是：

$$Q = f\ (L、\overline{K})$$

$\overline{K}$ 表示资本量不变，这时的产量只取决于劳动量 L。我们研究的是 Q 与 L 之间的关系，即生产函数也可以写为：

$$Q = f\ (L)$$

这里的产量包括三个不同变量，即总产量、平均产量和边际产量。

通过分析 3 个变量的变化，揭示出一个重要的经济规律：边际收益递减规律。

一、总产量、平均产量和边际产量的关系

为了说明边际收益递减规律，我们首先分析一种生产要素增加所引起的总产量、平均产量与边际产量变动的关系。

总产量是指在资本投入既定的条件下，与一定可变生产要素（劳动）的投入量相对应

的产量总和。平均产量指平均每单位某种生产要素（劳动）所生产出来的产量。边际产量是指每增加一单位可变要素（劳动）的投入量所引起的总产量的变动量。

以 TP 代表总产量，以 AP 代表平均产量，以 MP 代表边际产量，ΔL 代表某种生产要素（劳动）的增加量，则有：

$$TP = AP \cdot L$$

$$AP = \frac{TP}{L}$$

$$MP = \frac{\Delta TP}{\Delta L}$$

假定生产某种产品时所用的生产要素是资本与劳动。其中资本是固定的，劳动是可变的。根据上述关系可画出表 5－1。

表 5－1 短期分析中总产量、平均产量和边际产量

资本量	劳动量	劳动增量	总产量	平均产量	边际产量
10	0	0	0	0	0
10	1	1	3	3	3
10	2	1	10	5	7
10	3	1	24	8	14
10	4	1	36	9	12
10	5	1	40	8	4
10	6	1	42	7	2
10	7	1	42	6	0
10	8	1	40	5	－2

根据表 5－1 可画出图 5－1。

在图 5－1 中，横轴 L 代表劳动量，纵轴 TP、AP、MP 代表总产量、平均产量与边际产量。TP 为总产量曲线，AP 为平均产量曲线，MP 为边际产量曲线，分别表示随着劳动量变动，总产量、平均产量与边际产量变动的趋势。根据此图，我们可以看出总产量、平均产量和边际产量之间的关系有如下几个特点。

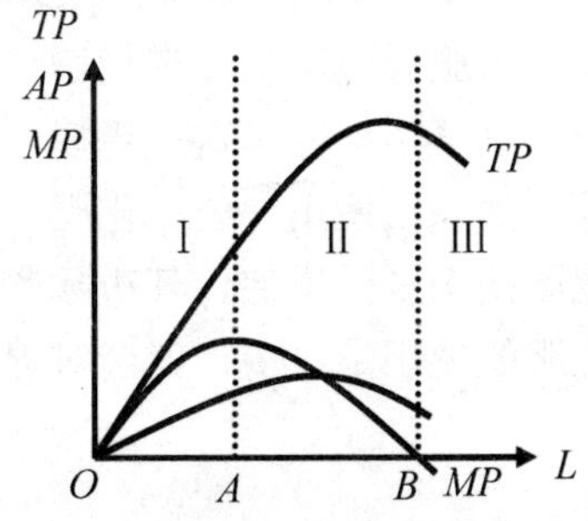

图 5－1 总产量、平均产量和边际产量曲线

（1）在资本量不变的情况下，随着劳动量投入的增加，最初总产量、平均产量和边际产量都是递增的，但增加到一定程度之后都会分别递减。这是边际收益递减规律发生作用的结果。

（2）边际产量曲线与平均产量曲线相交于平均产量曲线的最高点。在相交前，平均产量是递增的，边际产量大于平均产量；在相交后，平均产量递减，边际产量小于平均产量；在相交时，平均产量达到最大，边际产量等于平均产量。

（3）当边际产量为零时，总产量达到最大；当边际产量为负数时，总产量就会绝对减少。

总产量、平均产量和边际产量之间，或者说三条曲线之间，边际产量（收益）的变化起着决定性作用，根源在于边际收益递减规律。

二、边际收益递减规律

短期生产受到生产规律的制约，这一规律就是著名的边际收益递减规律。

边际收益递减规律又简称为收益递减规律，其基本内容是：在技术水平不变的条件下，当其投入不变时，在生产中不断增加某一可变要素的投入量，最初这种生产要素的增加会使产量快速递增，但当它的增加超过一定限度时，产量的增速将会递减，最终还会使总产量绝对减少。

在理解这一规律时，要注意这样如下几点。

（1）边际收益递减规律发生作用的前提是技术水平不变。技术水平不变是指生产中所使用的技术没有发生重大变革。无论在农业还是在工业中，一种技术水平一旦形成，总会有一个相对稳定的时期，这一时期就可以称为技术水平不变。离开了技术水平不变这一前提，边际收益递减规律就不能成立，因为没有可比性。

（2）边际收益递减规律中技术系数是可变的。即所使用的生产要素分为可变的与不变的两种。边际收益递减规律研究的是不断增加一种可变生产要素，其他生产要素不变时，产量或收益的变动规律。

（3）在其他生产要素不变时，一种生产要素增加所引起的产量或收益的变动可以分为三个阶段：第一阶段，产量递增；第二阶段，边际产量递减；第三阶段，产量绝对减少。

边际收益递减规律从科学实验和生产实践中总结而来，是短期生产中的一条基本规律。在农业中的表现最为明显。早在 1771 年，英国农学家杨格就在若干相同的地块上施以不同数量的肥料进行实验，证明了肥料施用量与产量增加之间存在着这种边际收益递减的关系。以后，国内外学者又以大量事实证明了这一规律。例如，耕种一亩地棉花，在技术水平和其他投入不变的前提下，如果只使用一公斤化肥，它所带来的总产量的增加量即边际产量是微不足道的。随着化肥使用量的增加，其边际产量会逐步提高，直至达到最佳的效果即最大的总产量。但若化肥的使用量过多，就会对棉花生长带来不利影响，边际产量为负，引起总产量减少。

三、一种生产要素的合理投入区域

总产量、平均产量和边际产量之间的关系反映了边际收益递减规律。我们就从这种关系出发来说明一种可变生产要素（劳动）的合理投入区域问题。

我们根据总产量、平均产量与边际产量的关系，把图5－1分为三个区域。Ⅰ区域是劳动量从零增加到A这一阶段，这时平均产量一直在增加，边际产量大于平均产量。在此阶段，相对于不变的资本量，劳动量投入不足，劳动量的增加可以使资本得到进一步充分利用，使产量递增。Ⅱ区域是劳动量从A增加到B这一阶段，此时平均产量开始下降，边际产量增速递减，也就是说增加劳动量仍可使边际产量增加，但增加的比率是递减的。由于边际产量仍然大于零，总产量仍在增加。在劳动量增加到B，边际产量为零时，总产量可以达到最大。Ⅲ区域是劳动量增加到B点以后，这时边际产量为负数，总产量绝对减少。由此看来，劳动量的增加超过B之后是不利的。

由以上分析可知，劳动量的最适投入首先排除了Ⅰ和Ⅲ区域的可能性，应在Ⅱ区域为宜。具体位置的确定还要考虑其他因素。

第三节 长期收益分析：规模收益变动规律

两种（或多种）生产要素按原有固定的技术系数增加，也就是生产规模的扩大。所以，我们研究两种生产要素的合理投入，还要确定多大的生产规模是最适宜的。这一问题的解决，涉及经济学中的另一个重要规律：规模经济。

一、规模经济

规模经济是指在技术水平不变的情况下，当两种生产要素按同样的比例增加，即生产规模扩大时，最初这种生产规模扩大会使产量的增加大于生产规模的扩大，但当规模的扩大超过一定限度时，则会使产量的增加小于生产规模的扩大，甚至使产量绝对减少，出现规模不经济。

在理解这一规律时，需要注意以下几点。

（1）这一规律发生作用的前提条件也是技术水平不变。

（2）这一规律所指的是生产中使用的两种生产要素在同比例增加，这时技术系数是不变的。这一规律就是要研究技术系数不变时两种生产要素的增加所引起的生产规模扩大，给产量（收益）所带来的影响。例如，饮食行业开办连锁分店，汽车企业异地办厂都属于这种情况。

（3）两种生产要素增加所引起的产量或收益变动的情况可以分为三个阶段：第一阶段规模收益递增，即产量增加的比率大于生产规模扩大的比率，例如，生产规模扩大了10%，而产量增加了20%；第二阶段规模收益不变，即产量增加的比率与生产规模扩大的比率相同，例如，生产规模扩大了10%，产量也增加了10%；第三阶段规模收益递减，即产量增加的比率小于生产规模扩大的比率，例如，生产规模扩大了10%，而产量增加了5%，或者是负数。

可以用图5－2来表示规模收益的不同情况。

在图5－2中，O_a代表规模收益不变，O_b代表规模收益递增，O_c代表规模收益递减。

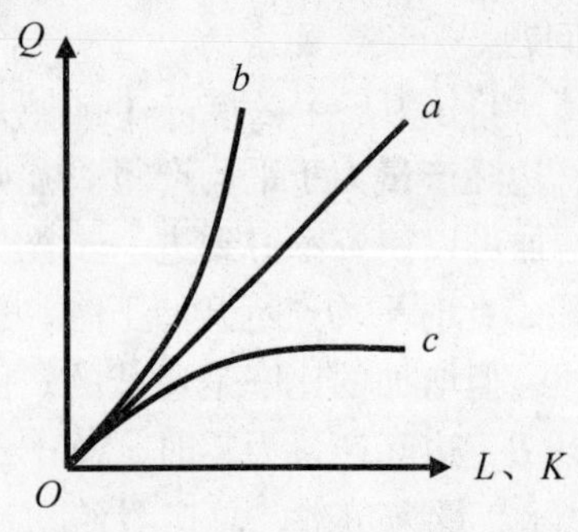

图 5-2 规模收益的变动规律

西方经济学认为，一般而言，随着企业生产规模的扩大，最初往往是规模报酬递增，然后可能有一个规模报酬不变的阶段；如果厂商继续扩大生产规模，就会出现规模报酬递减。在长期内，追求利润最大化的厂商的主要任务是，通过调整生产规模，尽可能地降低长期平均成本。例如，我国的知名企业格兰仕，在 1992 年引进了当时最先进的东芝微波炉生产线，在半年内建成投产。10 年时间里，格兰仕的生产规模不断扩大，产量从投资建厂当年生产微波炉 1 万台到 1996 年增至 60 万台，1997 年激增至接近 200 万台，目前已拥有全球最大的微波炉生产基地，年生产能力达 1500 万台。格兰仕从 1996 年开始屡屡掀起“降价风暴”，大量小规模的厂家被迫退出市场。几年后，能与格兰仕一争高下的仅剩下处于市场第二位的韩国 LG。目前格兰仕垄断了国内 60%、全球 35% 的市场份额，成为中国乃至全世界的“微波炉大王”。由此可见，规模经济的形成对于企业的生存是多么重要。

二、内在经济与内在不经济

生产规模的扩大之所以会引起产量的不同变动，可以用内在经济与内在不经济来解释。

内在经济是指一个厂商在生产规模扩大时由自身内部所引起的产量增加。引起内在经济的原因主要有以下几点。

（1）可以使用更加先进的机器设备；

（2）可以实行专业化生产；

（3）可以提高管理效率；

（4）可以对副产品进行综合利用；

（5）在生产要素的购买与产品的销售方面也会更加有利。

但是，在生产规模扩张的同时，企业内部也存在着不经济的因素，即内在不经济。引起内在不经济的原因有以下两个：

（1）管理效率的降低；

（2）生产要素价格与销售费用增加。

三、外在经济与外在不经济

以上我们分析了厂商生产规模扩张时对产量与收益的影响。但对一个厂商的产量与收益产生影响的，除了其本身的生产规模之外，还有行业的生产规模。行业生产规模的大小，影响着厂商的产量与收益，可分为外在经济与外在不经济。

外在经济是指随着整个行业生产规模的扩张，个别厂商的产量与收益受其影响，得以增加的情况。引起外在经济的原因主要有：个别厂商可以从整个行业的扩张中得到更加方便的交通辅助设施、更多的信息、更好的人才、更好的广告效应、更低的交易成本等，从而使产量与收益增加。但是，行业的生产规模过大，对厂商的产量与收益也存在着不利的影响，这种情况称为外在不经济。引起外在不经济的原因主要有：行业的规模过大会使厂商之间竞争更加激烈。厂商为了争夺生产要素与销售市场，必须付出更高的交易成本。此外，行业的扩张，也会引起环境污染、交通紧张等社会问题，厂商也要为此支付更多的代价。

总之，对于一个厂商而言，内在经济、内在不经济与外在经济、外在不经济的因素是同时存在的，就如同两对矛盾。经济的因素居于主导地位时，规模收益递增；不经济的因素居于主导地位时，规模收益递减。

四、适度规模

由以上的分析可知，生产规模并非越大越好。厂商和行业都要根据产品的特点、生产条件、市场状况等因素确定各自的适度规模。对厂商来说，就是两种生产要素的增加应该适度。

适度规模就是使两种生产要素的增加，即生产规模的扩张能够实现收益的最大化。当收益递增达到最大时就不再增加生产要素，并使这一生产规模维持下去。

对于不同行业的厂商来说，适度规模的大小是不同的。在确定适度规模的大小时应该考虑的因素主要有以下两个。

（1）本行业的技术特点。一般来说，飞机、机械、造船等重工行业的厂商，需要的投资大，生产周期长，适度规模就大。生产规模越大，均摊成本越低，经济效益就越高。相反，投资少，所用的设备比较简单的行业，适度规模就小。例如服务类行业，生产规模小能更灵活地适应市场需求的变动，对生产更有利，所以适度规模也就小。

（2）市场条件。拿汽车厂商来说，市场需求量大，而且标准化程度高，适度规模就大。相反，如服装企业，市场需求量小，且标准化程度低，适度规模就小。

当然，在确定适度规模时要考虑的因素还很多。例如，在确定煤矿企业的规模时，还要考虑储藏量的多少。此外，诸如交通条件、能源供给、原料供给、政府政策等，都是在确定适度规模时必须考虑的因素。

一些重要行业，国际上都有通行的规模经济标准。而且随着技术进步，规模经济的标准也是在变化的。例如，在20世纪50年代时，汽车企业的规模经济标准为年产30万辆，但到了1977年，这一标准已达到年产200万辆。又如，从前钢铁企业的规模经济标准为年产钢材600万吨，而目前我国钢材产能规模经济的标准约为1800万吨。

另外，规模经济并不一定都采用集中的方式。在生产连续性强的工业生产中，集中是扩大规模的主要方式，但在餐饮业中，实现规模经济并非要盖越来越大的酒楼，而是进行连锁经营，如麦当劳、肯德基等。连锁经营的优势在于：适应了消费者居住分散的特点，经营所需原料由总部统一配送，其投资成本远远低于普通经营性投资，能获得规范统一的营销培训，更易取得消费者的信赖等。

第四节　两种生产要素的最适组合

在技术系数即两种生产要素的配比可以变动的情况下，如何确定二者的最适组合呢？本节就来分析这个问题。

生产要素的最适组合，是研究生产者如何把既定的成本（即生产资源）分配于两种生产要素的购买与生产上，以达到利润最大化。

一、生产要素最适组合的边际分析

为了实现生产要素的最适组合，厂商一定要考虑购买各种生产要素所能获得的边际产量与所付出的价格（代价）的对比关系，其实质是成本与收益的比较，也就是收与支的比较。因此，实现生产要素最适组合的原则就是：在成本与生产要素价格既定的前提下，应该使所购买的各种生产要素的边际产量与价格的比例相等，即要使每一单位货币无论购买何种生产要素都能得到相等的边际产量。

假定所购买的生产要素是资本与劳动。我们用 K 代表资本，MP_K 代表资本的边际产量，P_K 代表资本的价格，Q_K 代表购买的资本量；用 L 代表劳动，MP_L 代表劳动的边际产量，P_L 代表劳动的价格，Q_L 代表购买的劳动量；用 M 代表成本，MP_m 代表货币的边际产量，则生产要素最适组合条件可写为：

$$P_K \cdot Q_K + P_L \cdot Q_L = M \qquad (5-1)$$

$$\frac{MP_K}{P_K} = \frac{MP_L}{P_L} = MP_m \qquad (5-2)$$

式（5－1）是限制条件，说明厂商所拥有的货币量是既定的，购买资本与劳动的支出不能超过这一货币量，也不能小于这一货币量；式（5－2）是生产要素最适组合的条件，要求所购买的生产要素的边际产量与其价格之比相等。生产要素的最适组合也可以称为生产者均衡。

本节中，我们主要介绍如何用等产量曲线分析法来解决两种生产要素的最适组合问题。我们首先来了解两个基本概念：等产量线与等成本线，二者是等产量曲线分析法的两个分析工具。

二、等产量曲线

（一）等产量线的含义

等产量线是表示在技术水平不变的条件下，两种生产要素的不同数量的组合可以带来相等产量的一条曲线。

假如，现在有资本与劳动两种生产要素，它们有四种组合方式，这四种组合方式都可以达到相同的产量，如表5－2所示。

表5－2 生产要素的组合

组合方式	资本（K）	劳动（L）
a	6	1
b	3	2
c	2	3
d	1	6

根据表5－2，可画出图5－3。

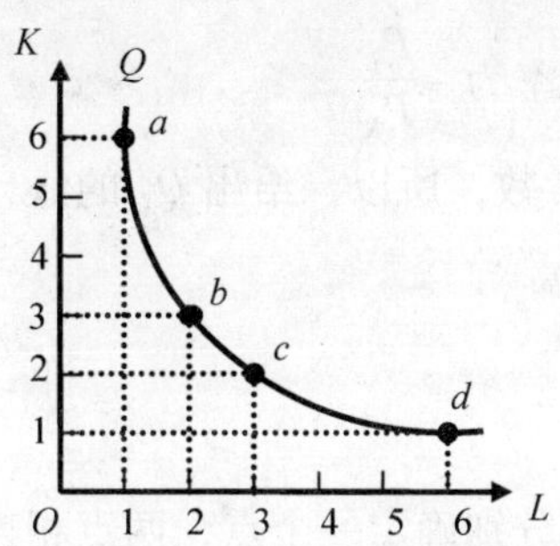

图5-3　等产量线

在图5-3中，横轴OL代表劳动量，纵轴OK代表资本量，Q为等产量线，即线上任何一点所表示的资本与劳动不同数量的组合，都能生产出相等的产量。等产量线与无差异曲线相似，所不同的是，它所代表的是产量，而不是效用。

（二）等产量线的特征

（1）等产量线是一条向右下方倾斜的线，其斜率为负值。

（2）在同一平面图上，可以有无数条等产量线。每一条等产量线代表相同的产量，离原点越远，代表的产量水平越高；反之，离原点越近的等产量线所代表的产量水平越低，可用图5-4来说明这一点。

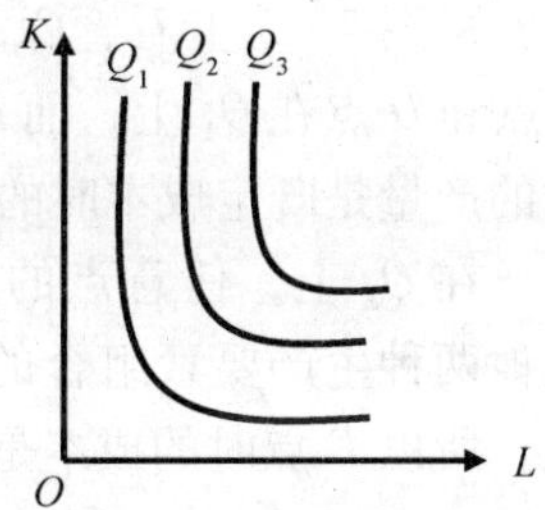

图5-4　等产量线的特征

（3）在同一平面图上，任意两条等产量线不能相交。

（4）等产量线是一条凸向原点的线，这是由边际技术替代率递减所决定的。

三、等成本线

等成本线又称企业预算线，它是一条表明在生产者的成本与生产要素价格既定的条件下，生产者所能购买到的两种生产要素的最大数量组合线。

等成本线表明了厂商进行生产的限制条件，即它对生产要素的支出不能大于或小于所拥有的货币成本。大于货币成本是无法实现的，小于货币成本又无法实现产量最大化。等成本线可以写为：

$$M=P_L\cdot Q_L+P_K\cdot Q_K$$

M为货币成本，P_L、P_K、Q_L、Q_K分别为劳动与资本的价格与购买量。上式也可以写为：

$$Q_K=\frac{M}{P_K}-\frac{P_L}{P_K}\cdot Q_L$$

这是一个直线方程式，其斜率为 $-\frac{P_L}{P_K}$。

因为 M、P_L、P_K 为既定的常数，所以，给出 Q_L 的值，就可以解出 Q_K。反之亦然。

如果 $Q_L=0$，则 $Q_K=\frac{M}{P_K}$。

如果 $Q_K=0$，则 $Q_L=\frac{M}{P_L}$。

这样就可以在纵轴和横轴上分别确定一个点，两点相连即为等成本线。

四、生产要素最适组合

把等产量线与等成本线结合起来，就可以分析生产要素的最适组合。

如果把等产量线与等成本线置于一个平面坐标中，那么，等成本线必定与无数条等产量线中的一条相切于一点。在这个切点上，就实现了生产要素的最适组合。可以用图 5-5 来说明这一点。

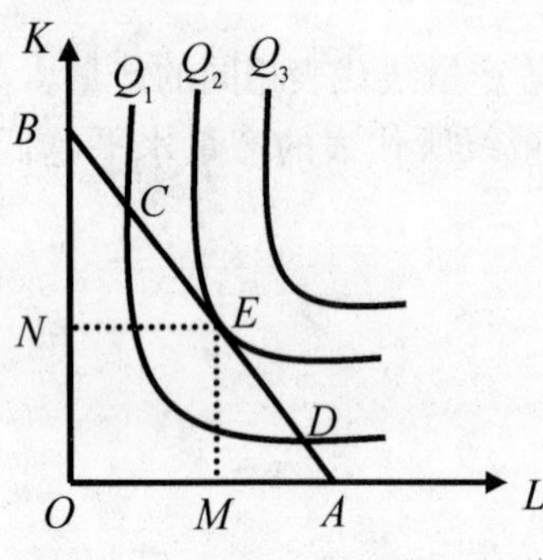

图 5-5 生产要素的最适组合

在图 5-5 中，Q_1、Q_2、Q_3 为三条等产量线，AB 为等成本线。AB 线与 Q_2 相切于 E，这时实现了生产要素的最适组合。

为什么只有在 E 点时才能实现生产要素的最适组合呢？从图 5-5 上看，C、E、D 点都是相同的成本，这时 C 点和 D 点在 Q_1 上，而 E 点在 Q_2 上，$Q_2>Q_1$，所以 E 点时的产量是既定成本时的最大产量。

在 Q_2 上，任意点的产量是相同的，但除了 E 点外，其他两种生产要素组合的点都在 AB 线之外，成本大于 E 点，所以 E 点时的成本是既定产量时的最小成本。

五、生产扩展线

如果生产者的货币成本增加，则等成本线向右上方平行移动，不同的等成本线与不同的等产量相切，形成不同的生产要素最适组合点，将这些点连接在一起，就得出了生产扩展线。可以用图 5-6 来说明生产扩展线。

在图 5-6 中，A_1B_1、A_2B_2、A_3B_3 是三条不同的等成本线，从 A_1B_1 到 A_2B_2，等成本线向右上方移动，说明生产者的货币成本在增加。A_1B_1、A_2B_2、A_3B_3 分别与等产量线 Q_1、Q_2、Q_3 相切于 E_1、E_2、E_3。把 E_1、E_2、E_3 与原点连接起来的 OC 就是生产扩展线。

生产扩展线的含义是：当生产者沿着这条线扩大生产时，可以始终实现生产要素的最适组合，从而使生产规模沿着最有利的方向扩大。生产扩展线是对生产规模扩张轨迹的描述。

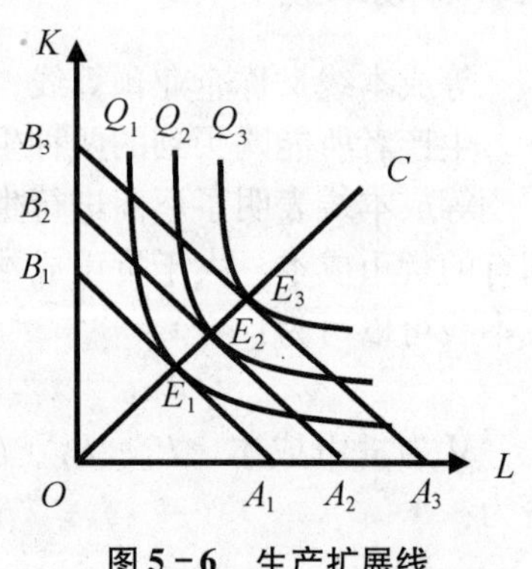

图 5-6 生产扩展线

复习思考

一、填空题

1. 生产要素分为________、________、________和________。

2. 规模收益递减规律发生作用的前提是________。

3. 当边际产量为零时，________达到最大。

4. 产量增加的比率大于生产规模扩大的比率称为________。

5. 等产量线是一条________原点的曲线。

6. 等成本线是一条表明在________与________既定的条件下，生产者所能购买到的两种生产要素的最大组合的线。

二、单项选择题

1. 边际收益递减规律的适用条件是（　）。
   A. 生产技术发生重大变化
   B. 不考虑生产技术是否变化
   C. 技术水平不变

2. 边际收益递减规律所研究的问题是（　）。
   A. 各种生产要素同时变动对产量的影响
   B. 其他生产要素不变，一种生产要素变动对产量的影响
   C. 一种生产要素不变，其他几种生产要素变动对产量的影响

3. 边际产量曲线与平均产量曲线相交之点是在（　）。
   A. 边际产量大于平均产量时
   B. 边际产量小于平均产量时
   C. 边际产量等于平均产量时

4. 当总产量达到最大时（　）。
   A. 边际产量为正
   B. 边际产量为负
   C. 边际产量为零

5. 在下列行业中，企业规模最大的行业是（　）。
   A. 服装业　　B. 钢铁业　　C. 饮食业

三、判断题

1. 当其他生产要素不变时，一种生产要素投入越多，则产量越高。(　)

2. 只要总产量减少，边际产量一定是负数。(　)

3. 生产规模大可以实行专业化生产并提高管理效率，这样所引起的产量或收益的增加属于外在经济。(　)

4. 一个企业生产规模过大会引起管理效率降低，这样所引起的产量或收益的减少属于内在不经济。(　)

5. 在一条等产量线上，产品的成本相同。（ ）

四、案例分析题

案例1：

【案例名称】：分工与专业化

【案例适用】：收益规律

【案例来源】：http://baike.baidu.com/view/868338.htm

【案例内容】：

亚当·斯密在其名著《国民财富的性质和原因的研究》中根据他对一个扣针厂的参观描述了一个例子。斯密所看到的工人之间的专业化和引起的规模经济给他留下了深刻印象。他写道："一个人抽铁丝，另一个人拉直，第三个人截断，第四个人削尖，第五个人磨光顶端以便安装圆头。做圆头要求有两三道不同的操作，装圆头是一项专门的业务，把针涂白是另一项，甚至将扣针装进纸盒中也是一门职业。"斯密说，由于这种专业化，扣针厂每个工人每天生产几千枚针。他得出的结论是：如果工人选择分开工作，而不是作为一个专业工作团队，那他们肯定不能每人每天制造出20枚扣针，或许连一枚也造不出来。换句话说，由于专业化，大扣针厂可以比小扣针厂实现更高人均产量和每枚扣针更低的平均成本。斯密在扣针厂观察到的专业化在现在经济中普遍存在。例如，如果你想盖一个房子，你可以自己努力去做每一件事。但大多数人找建筑商，建筑商又雇用木匠、瓦匠、电工、油漆工和许多其他类型工人。这些工人专门从事某种工作，而且，这使他们比作为通用型工人时做得更好。实际上，运用专业化实现规模经济是现代社会实现繁荣的一个原因。

【案例讨论】：

1. 企业提高生产效率的手段有哪些？

2. 本案例中生产效率得以提高的原因是什么？

3. 马克思认为旧的社会分工（体力劳动和脑力劳动）会局限人的发展，谈谈你的认识。未来社会分工会消失吗？

案例2：

【案例名称】：请谈谈"三季稻不如两季稻"的经济学原理

【案例适用】：边际收益递减规律

【案例来源】：梁小民．微观经济学纵横谈［M］．北京：中国人民大学出版社，2004.

【案例内容】：

1958年的"大跃进"时代是一个不讲理性的年代，当时时髦的口号是"人有多大胆，地有多高产"。于是一些地方把传统的两季稻改为三季稻，结果总产量反而减少了。在农业生产仍采用传统生产技术的情况下，土地、设备、水利资源、肥料等都是固定生产要素。两季稻改为三季稻并没有改变这些固定生产要素，只是增加了可变生产要素劳动与种子。但两季稻是农民长期生产经验的总结，它行之有效，说明在传统农业技术条件下，固定生产要素已经得到了充分利用。改为三季稻之后，土地过度利用引起肥力下降，设备、肥料、水利资源等由两次使用改为三次使用，每次使用的数量都不足。这样，三季稻的总产量就低于两季稻了。四川省把三季稻改为两季稻之后，全省粮食产量反而增加了。江苏省邗江县 1980 年的试验结果表明，两季稻每亩总产量达 2014 斤，而三季稻只有 1510 斤。更不用说两季稻还节省了生产成本。群众总结的经验是“三三见九，不如二五一十”。

【案例讨论】:

请根据本案例分析国有企业“减人增效”的必要性。

案例 3:

【案例名称】: 王永庆的成功之路

【案例适用】: 规模收益递减规律

【案例来源】: 梁小民. 微观经济学纵横谈 [M]. 北京：生活 · 读书 · 新知三联书店，2000.

【案例内容】:

台塑集团老板王永庆被称为“主宰台湾的第一大企业家”、“华人经营之神”。王永庆不爱读书，小学时的成绩总在最后 10 名之内，但他吃苦耐劳、勤于思考，终于成就了一番事业。王永庆大概也没有读过什么经济学著作，但他的成功之路却与经济学原理是一致的。

王永庆的事业是从台塑生产塑胶粉粒 PVC 开始的，每月 PVC 产量仅为 100 吨，是世界上规模最小的。当时台塑产量低是受台湾需求有限的制约。王永庆敏锐地发现，这实际上陷入了一种恶性循环：产量越低成本越高，越打不开市场；越打不开市场，产量越低，成本越高。打破这个恶性循环的关键就是提高产量，降低成本。只有这样，才有可能进入世界市场，以低价格与其他企业进行竞争。于是，他冒着产品积压的风险，把产量扩大到 1200 吨，并以低价格迅速占领了世界市场。

【案例讨论】:

1. 王永庆获得成功的秘诀是什么?
2. 举例说明规模经济在现实生活中是普遍存在的。

第六章 生产者成本理论

关键词汇：

机会成本　经济利润　短期成本及变动规律　长期成本及变动规律　利润最大化原则

经济学中的成本又称生产费用，是生产中所使用的各种生产要素的支出。成本是企业、政府乃至消费者个人进行经济决策的重要依据。

本章的成本分析是第五章收益理论的延伸，与生产收益分析相对应，从成本的角度对生产效率的变动规律进行解构。当生产要素价格既定时，与投入的各种生产要素对应的有总产量、平均产量和边际产量，而与这些产量相对应的则是总成本、平均成本和边际成本；与边际收益递减规律相对应的是边际成本递增规律。它们都是对企业生产过程中效率变化的描述，角度不同而已。

第一节 经济学中的成本与利润

厂商的生产成本是指生产一定数量产品时所支付的费用。然而，西方经济学家指出，在经济学的分析中，仅从这样的角度来理解成本是不够的。为此，他们提出了机会成本以及显成本和隐成本的概念。

一、会计成本与机会成本

经济学研究的是一个经济社会如何对稀缺资源进行合理的配置。从经济资源的稀缺性这一前提出发，当一个社会或一个企业用一定的经济资源生产一定数量的一种或几种产品时，这些经济资源就不能同时被使用在其他的生产用途上。也就是说，这个社会或企业所获得的一定数量的产品收入，是以放弃其他产品生产收入为代价的。由此，便产生了机会成本的概念。

所谓机会成本是指厂商将既定资源用作某种用途时所放弃的其他各种用途时所能获得的最大收入，或是做出一项决策时所放弃的其他可供选择的最好用途。例如，某人有 100 万元资金，可供选择的用途及各种用途可能获得的收入是：开商店可获利 20 万元，开饭店可获利 15 万元，炒股可获利 30 万元，进行期货投机可获利 40 万元。如果某人选择将 100 万元用于期货投机，则放弃的其他可供选择的用途是开商店、开饭店和炒股票。在所放弃的用途中，最好的用途是炒股票（可获利 30 万元）。所以，在选择了期货投机时，该决策的机会成本就是炒股票所能获得的 30 万元。

在理解机会成本这一概念时，要注意这样几个问题：

（1）机会成本不同于实际成本，它不是做出某项选择时实际支付的费用，而是一种观念上的成本或损失。由于资源是有限的，你做出了一项投资决策，就必须以放弃其他的投资可能为代价。

（2）机会成本是做出一种选择时所放弃的其他若干种可能性中的最好的一种。

（3）机会成本并不全是由个人选择所引起的。其他人的选择也会给你带来机会成本，你的选择也会给其他人带来机会成本。例如，当家长为孩子选择学校，并支付学费2万元时，2万元的投入是存在机会成本的，家长为孩子所作出的选择，客观上也给孩子带来了机会成本。当然，我们从个人的角度作出某项投资决策时，所考虑的主要是自己的机会成本，又有多少人会为别人的机会成本而自寻烦恼呢？一般所说的机会成本正是这种含义。

我们做出任何决策，都要使收益大于或至少等于机会成本。如果机会成本大于收益，则这项决策从经济的角度分析就是非理性的。也就是说，在作出某项决策时，不能只考虑获利的情况，还要考虑机会成本，这样，才能实现投资行为的最优化。例如，在决定修建一座火力发电厂时，不仅应该考虑这座发电厂可以发多少电，带来多少收益，还应考虑用同样的资金可以建多少水力电站、风力电站等，这些水力电站、风力电站又能发多少电，带来多少其他收益。后者是前者的机会成本，只有前者的收益大于后者，即修建火力电站的机会成本小于其收益，这项投资才是理性的。否则，如果后者的收益大于前者，即修建火力电站的机会成本大于其收益，那么，这项投资的收益无论多大，从经济的角度看就是非理性的。

由于未来的不确定性、信息的不完全性，导致机会成本有时难以客观、精确地加以量化。但是，“机会成本”这一概念在理论上的存在，使人们能够基于现实，透过利益的比较与权衡，力图作出一种更为有利于自身的选择。这一点，无论在理论上还是在现实中，都是十分有益的。

关于会计成本与机会成本的关系，我们可举例说明。假设王某用银行存款50万元创办了一家独资企业，如果这50万元继续存在银行，在存款利率5%的情况下他每年可以得到2.5万元的利息。王先生为了创办企业，放弃了每年2.5万元的利息收入。在经济学家看来，这2.5万元就是王先生创办企业的机会成本。然而，王先生手下的会计师并不会把这2.5万元计入成本，因为在会计的账面上并没有货币的流出。再假如，王先生银行存款仅有10万元，又以5%的利率从银行贷款40万元。王先生的会计师会把每年向银行支付的2万元利息计入成本，因为这是从企业流出的货币量。而根据经济学家的看法，王先生创办企业的机会成本仍然是2.5万元。

二、显成本和隐成本

在实际经济分析中，要注意显成本与隐成本。企业的生产成本可以分为显成本和隐成本。

显成本就是一般会计学上的成本概念，是指厂商在生产要素市场上购买或租用所需要的生产要素的实际支出，是作为成本计入会计账目上的各项费用支出。它包括厂商所支付的雇用管理人员和工人的工资、借贷资金的利息、租借土地的租金以及用于购买原材料或机器设备等支出的总额，即厂商对投入要素的全部货币支付。从机会成本角度讲，这笔支出的总价格（总收益）必须等于相同的生产要素用作其他用途时所能得到的最大收入，否则企业就不能购买或租用这些生产要素并保持对它们的使用权。

隐成本是对厂商自有的，且被用于本企业生产过程的那些生产要素所应支付的费用。这些费用并没有在企业的会计账目上反映出来，所以称为隐成本。例如厂商将自有的房屋建筑作为厂房，在会计账目上并无租金支出，不属于显成本。但西方经济学认为，既然租用他人的房屋需要支付租金，那么使用厂商自有的房屋时，也应支付这笔租金，只不过是厂商在向自己支付租金。从机会成本的角度看，隐成本必须按照企业自有生产要素用于其他最佳用途中所能得到的收入来支付，否则，厂商就会把自有的生产要素转移到其他用途上，以获得更多的收益。

经济学中的成本概念与会计学中的成本概念之间的关系，可以用下列公式表示：

会计成本 = 显成本

经济成本 = 显成本（会计成本）+ 隐成本（机会成本）

三、经济利润与正常利润

经济学中的利润概念是指经济利润，等于总收入减去总成本的差额。而总成本既包括显成本也包括隐成本。因此，经济学中的利润概念与会计中的利润概念并不一样。

西方经济学中隐成本又被称为正常利润。将会计利润再减去隐成本，就是经济学中的利润概念，即经济利润。企业所追求的利润就是最大的经济利润。可见正常利润相当于中等的或平均的利润，如果生产某种产品连正常或平均的利润都得不到，资源就会转移到其他用途上去，该产品就不可能被生产出来。而经济利润相当于超额利润，亦即利润超过正常利润的部分。

经济利润可以为正、负或零。在西方经济学中经济利润对资源配置具有重要意义。如果某一行业经济利润大于零，就意味着该行业存在着超额利润，投资者将会把资源从其他行业转移到这个行业中。因为他们在该行业中获得的收益，可能超过该资源的其他用途。反之，如果一个行业的经济利润为负，资源将会从该行业退出。只有经济利润为零时，企业才没有进入某一行业或从中退出的动机。经济利润是资源配置和重新配置的信号。这种观点，类似于马克思的平均利润理论，利益的差异会导致资源在部门之间的流动。

上述利润与成本之间的关系，可用下列公式加以表示：

会计利润 = 总收益 − 会计成本

经济利润 = 总收益 − 会计成本 − 机会成本 = 总收益 − （显成本 + 隐成本）

西方经济学认为：正常利润是指厂商对自己提供企业家才能所支付的报酬。

第二节　短期成本分析

在第五章收益分析中，分为短期和长期两种情况。与之相对应，成本分析也要分为短期和长期两种情况。对一切生产要素均可得到调整的时期称为长期；短期则是指厂商不能根据它所要达到的产量来调整其全部生产要素的时期。本节中，我们分析各种短期成本的变动规律及其相互之间的关系。

在短期中，由于生产要素分为固定投入和可变投入，因此短期中的成本相应地区分为总成本、固定成本、变动成本、平均成本、平均固定成本、平均变动成本和边际成本等七个成本概念。它们的英文缩写顺次为：*TC*、*FC*、*VC*、*AC*、*AFC*、*AVC* 和 *MC*。

一、短期成本分类

（一）短期总成本

指短期内生产一定数量产品所需要的成本总和。短期总成本包括固定成本与可变成本。

固定成本是指那些短期内无法改变的固定投入所带来的成本，这部分成本不随产量的变化而变化。一般包括厂房和资本设备的折旧费、地租、利息、保险费等项目支出。即使企业停产，也必须支付这些费用。

变动成本是指短期内随产量的变化而变化的成本。例如：原材料、燃料、动力支出、雇用工人的工资等。当产量为零时，变动成本为零，产量越多，变动成本也就越多。

以 *STC* 代表短期总成本，以 *FC* 代表固定成本，以 *VC* 代表可变成本，则有：

$$STC = FC + VC$$

（二）短期平均成本

指短期内生产每一单位产品平均所需要的成本。短期平均成本分为平均固定成本与平均可变成本。平均固定成本是指平均每单位产品所消耗的固定成本。平均变动成本是指平均每单位产品所消耗的变动成本。

如果以 *Q* 代表产量则有：

$$\frac{STC}{Q} = \frac{FC}{Q} + \frac{VC}{Q}$$

如果以 *SAC* 代表短期平均成本，以 *AFC* 代表平均固定成本，以 *AVC* 代表平均变动成本，则上式可写为：

$$SAC = AFC + AVC$$

（三）短期边际成本

指在短期内厂商每增加 1 单位产量所导致的总成本的增加量。

如果以 *SMC* 代表短期边际成本，以 ΔQ 代表增加的产量，则有：

$$SMC = \frac{\Delta STC}{\Delta Q} = \frac{\Delta FC + \Delta VC}{\Delta Q} = \frac{\Delta VC}{\Delta Q}$$

这里要注意的是，短期固定成本并不随产量的变动而变动，即 $\Delta FC = 0$。所以，短期边际成本实际上是针对变动成本而言的。

二、各类短期成本变动规律

为了分析各类短期成本的变动规律及其关系，列表如表 6－1 所示。

表 6-1 短期成本变动规律

产 量	固定成本	可变成本	总成本	边际成本	平均固定成本	平均可变成本	平均成本
0	100	0	100	—	∞	0	∞
1	100	30	130	30	100	30	130
2	100	59	159	29	50	29.5	79.5
3	100	86	186	27	33.3	23.7	57
4	100	112	212	26	25	28	53
5	100	141	241	29	20	28.2	48.2
6	100	176	276	35	16.7	29.3	46
7	100	226	326	50	14.3	32.3	46.6
8	100	300	400	74	12.5	37.6	50.1
9	100	416	516	116	11.1	46.2	57.3

（一）短期总成本、固定成本与变动成本

固定成本在短期内不随产量的变动而变动，即使产量为零时，也仍然存在固定成本。

变动成本随产量的变化而变化。其变动规律是：随着产量从无到有，变动成本曲线由原点出发，随着产量开始递增，由于固定生产要素与可变生产要素的效率未得到充分发挥，变动成本的增加率要大于产量的增长率，曲线陡峭。之后，随着产量的增加，固定生产要素与可变生产要素的效率逐渐得到充分发挥，变动成本的增加率小于产量的增加率，变动成本曲线变得平缓。最后，由于边际收益递减规律的作用，变动成本的增加率又会大于产量的增加率，曲线斜率又会增大。

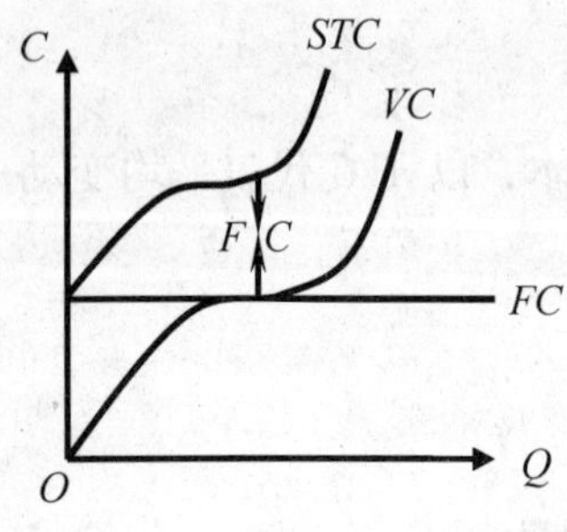

图 6-1 *STC*、*FC*、*VC* 曲线

总成本等于固定成本与变动成本之和。虽然变动成本从无到有，但固定成本不会等于零，而且是既定不变的，因此，总成本必然大于零。因为总成本中包括可变成本，所以，总成本的变动规律与可变成本相同。可用图 6-1 来说明这三种成本的变动规律与关系。

在图 6-1 中，横轴代表产量，纵轴代表成本，*FC* 为固定成本曲线，它与横轴平行，表示不随产量的变动而变动。*VC* 为变动成本曲线，它从原点出发，表示没有产量时变动成本为零。该曲线向右上方倾斜，说明产量与成本同方向变动。特别应该注意，它最初比较陡峭，表示变动成本的增加率大于产量的增加率。然后较为平缓，表示变动成本的增加率小于产量的增加率，说明效率递增。最后又比较陡峭，表示变动成本的增加率又大于产量增加率，说明效率递减。*STC* 为短期总成本曲线，它不从原点出发，而是从固定成本出发，表示没有产量固定成本也存在。*STC* 曲线向右上方倾斜也表明了总成本随产量的增加而增加，其形状与 *VC* 曲线相同，说明总成本与变动成本变化趋势相同，总而言之，短期总成本曲线与短期变动成本曲线的形状，体现了短期生产过程中效率的变化规律。

（二）短期平均成本、平均固定成本与平均变动成本

平均固定成本随着产量的增加而减少，这是因为固定成本总量不变，产量增加，平均到每1单位上的固定成本就会越来越少。它变动的规律是最初递减的幅度很大，随后递减的幅度越来越小。在曲线上体现为斜率由大变小，揭示了生产效率由递增到递减的转变。

平均变动成本最初随着产量的增加而递减，但产量增加到一定程度后，平均变动成本由于边际收益递减规律而递增。该曲线呈*U*形变化。

短期平均成本的变化是由平均固定成本与平均变动成本的变化所决定的。随着产量的增加，平均固定成本迅速递减，加上平均可变成本也在递减，因此短期平均成本迅速下降。之后，随着平均固定成本越来越小，它在平均成本中所占份额越来越少，这时平均成本随平均变动成本的变动而变动，平均变动成本的变化对平均成本的变化起着支配作用，即随产量的增加而下降，产量增加到一定程度之后，由于效率递减，又随着产量的增加而增加。

平均固定成本、平均变动成本与短期平均成本的变动规律和关系，可以用图6-2来说明。

在图6-2中，*AFC*为平均固定成本曲线，它起先比较陡峭，说明在产量开始增加时，它下降的幅度很大，表示效率很高。以后越来越平缓，说明随着产量的增加，它下降的幅度越来越小，表示效率递减。*AVC*为平均变动成本曲线，它先下降而后上升，呈*U*形，表明随着产量增加成本先递减后递增的变动规律，也就是效率先递增后递减。*SAC*为短期平均成本曲线，它也是先递减后递增的*U*形曲线，表明随着产量增加先下降而后上升的变动规律。

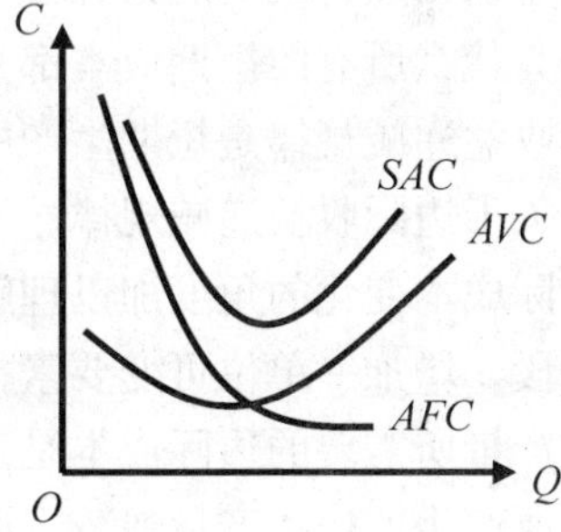

图6-2 *SAC*、*AFC*、*AVC* **曲线**

关于三条曲线之间的关系，还可举例说明。例如，个体工商户生产纽扣，固定资产投入1万元，生产一枚纽扣，*AFC*=10 000元，生产两枚纽扣，*AFC*=5000元，*AFC*下降速度之快，体现了生产效率提高，曲线陡峭；生产达到100万枚纽扣，*AFC*=0.01元，效率递减，曲线平缓。*AVC*曲线先递减后递增，体现了边际收益先递增后递减，同样是效率的变化问题。*SAC*曲线之所以先递减，是由*AVC*和*AFC*曲线的递减变化所决定的，尤其是*AFC*曲线起了关键性的作用；*SAC*曲线之所以后递增，原因在于*AFC*在纽扣的*SAC*中所占比重越来越小，影响日微。而*AVC*在纽扣的*SAC*中所占比重越来越大，取代了*AFC*的主导地位，对*SAC*曲线的变化起着关键作用。*AVC*曲线的递增最终决定了*SAC*曲线的递增。这一切都是边际收益递减规律作用的结果。

（三）短期边际成本、短期平均成本与短期平均变动成本

短期边际成本，即增加1单位产品所增加的成本。短期边际成本的变动取决于变动成本，因为固定成本的变化为零，所增加的成本只有变动成本。边际成本开始时随产量的增加而减少，当产量增加到一定程度后，随产量的增加而增加，因此，图6-3中的短期边际成本曲线*SMC*也是一条先下降而后上升的*U*形曲线。

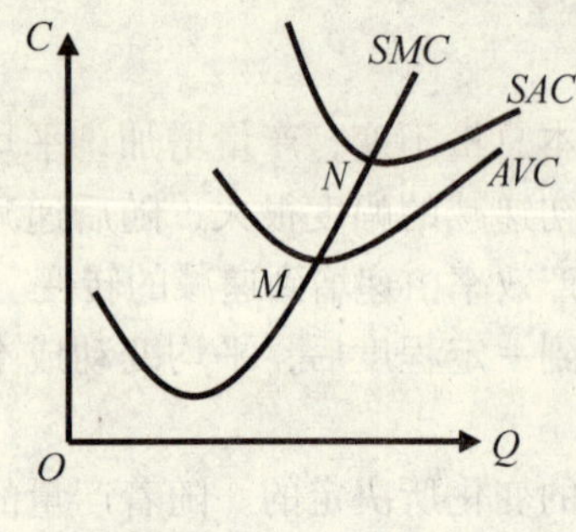

图 6-3 SMC、SAC、AVC 曲线

可以用图 6-3 来说明短期边际成本与平均成本、平均变动成本之间的关系。

从图 6-3 中可以看出，短期边际成本曲线 SMC 与短期平均成本曲线 SAC 相交于 SAC 的最低点 N。在 N 点上，短期边际成本等于平均成本。在 N 点之左，SAC 在 SMC 之上，$SAC > SMC$，即短期边际成本小于平均成本。在 N 点之右，SAC 在 SMC 之下，短期边际成本大于平均成本。SMC 与 SAC 相交的 N 点称为收支相抵点。这时价格为平均成本，平均成本等于边际成本，即：$P = SMC = SAC$，生产者的成本（包括正常利润）与收益相等。

短期边际成本 SMC 与平均变动成本 AVC 相交于 AVC 的最低点 M。在 M 点上，$SMC = AVC$，即短期边际成本等于平均变动成本。在 M 点之左，短期边际成本小于平均变动成本。在 M 点之右，短期边际成本大于平均变动成本。M 点被称为停止营业点，即在这一点上，价格只能弥补平均可变成本，这时所损失的是不生产也要支付的平均固定成本。如果低于这一点，就不能弥补可变成本，生产者就会停止生产。

为什么所有的短期成本都具有以上的变动规律？原因在于边际收益递减规律的作用，边际收益递减规律是短期生产中的一个基本规律。

关于边际收益递减规律，我们可以从收益的角度加以分析，也可以从产量变化所引起的边际成本变化的角度加以理解：假定生产要素的价格固定不变，生产初始的边际收益递增阶段，增加一单位可变要素投入所产生的边际产量递增，则意味着在这一阶段每增加 1 单位产量所需要的边际成本是递减的。在以后的边际收益递减阶段，增加 1 单位可变要素投入所产生的边际产量递减，则意味着在这一阶段增加 1 单位产量所需要的边际成本是递增的。显然，边际收益递减规律作用下的短期边际产量和短期边际成本之间存在着一定的对应关系。这种对应关系可以简单地表述如下：在短期生产中，边际产量的递增阶段对应的是边际成本的递减阶段，边际产量的递减阶段对应的是边际成本的递增阶段，与边际产量的最大值相对应的是边际成本的最小值。正因为如此，在边际收益递减规律作用下的边际成本 MC 曲线呈现出先降后升的 U 形特征。

第三节　长期成本分析

长期中的成本没有固定成本与变动成本之分，一切生产要素都是可以调整的，一切成本都是可变的。我们分析长期成本时，可以分为长期总成本、长期平均成本和长期边际成本三种。它们的英文缩写顺次为：LTC、LAC 和 LMC。

一、长期总成本

长期总成本是长期中生产一定数量产品所需要的成本总和。长期中，没有产量时总成本为零。随着产量的增加，总成本增加。在开始生产时，要投入大量生产要素，而产量少时，这些生产要素无法得到充分利用，因此，总成本增加的比率大于产量增加的比率，曲线较为陡峭。当产量增加到一定程度后，生产要素开始得到充分利用，这时成本增加的比率小于产量增加的比率，这体现了规模经济的效率（收益递增、成本递减）变化，曲线较为平缓。最后，由于规模收益递减，成本的增幅又会大于产量的增幅，曲线又变得较为陡峭，可用图 6-4 来说明长期总成本的变动规律。

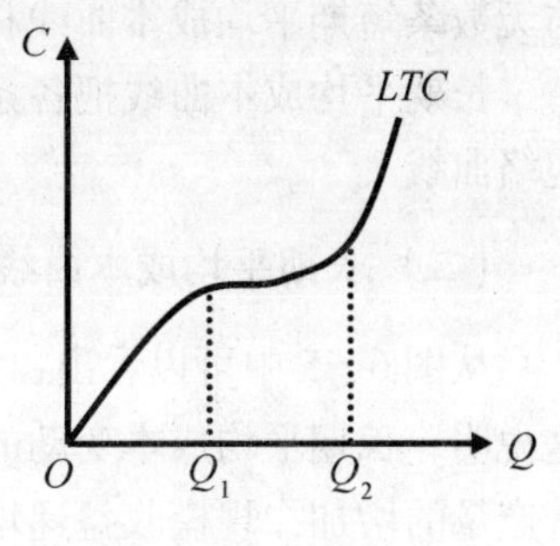

图 6-4　LTC 曲线

在图 6-4 中，LTC 曲线从原点出发，向右上方倾斜，表示长期总成本随产量的增加而增加。产量在 $O \sim Q_1$ 之间时，长期总成本曲线比较陡峭，说明成本的增幅大于产量的增幅；产量在 $Q_1 \sim Q_2$ 之间时，长期总成本曲线比较平缓，说明成本的增幅小于产量的增幅，效率递增；产量在 Q_2 以后，长期总成本曲线比较陡峭，说明成本的增幅又大于产量的增幅，效率递减。

二、长期平均成本

长期平均成本是在长期生产中平均到每一单位产品中的成本。

（一）长期平均成本曲线的构成

在长期中，厂商可以根据短期平均成本来对长期平均成本进行调整。因此，我们就可以在短期平均成本曲线的基础上引申出长期平均成本曲线，可用图 6-5 来说明。

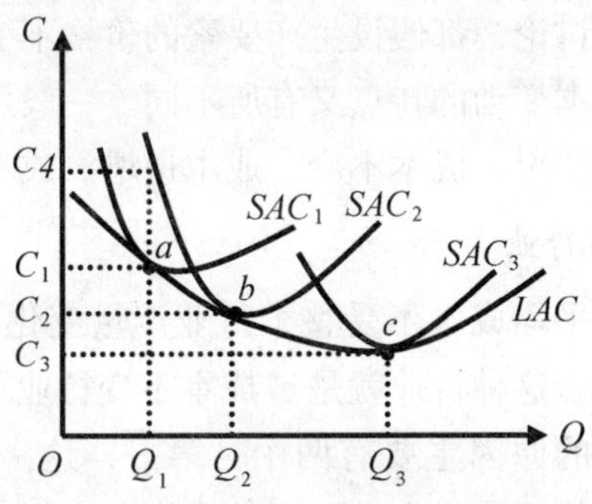

图 6-5　LAC 曲线

假设某生产者在不同时期存在有不同的短期生产规模。这些规模的短期平均成本曲线如图 6-5 中的 SAC_1、SAC_2、SAC_3 所示。

生产者要根据产量的大小来决定生产规模，其目标是使长期平均成本达到最低。在产量为 OQ_1 时，要选择 SAC_1 这一规模，因为这时平均成本 OC_1 是最低的，如果选择 SAC_2 这一规模，则平均成本为 OC_2，$OC_2 < OC_1$。依次类推，当产量为 OQ_3 时，则要选用 SAC_3 这一规模，这时平均成本 OQ_3 是最低的，等等。

在长期中，生产者要根据它所要达到的产量来调整生产规模，以使长期平均成本达到最低（相对的）。如果每个短期中平均成本都达到了最低（相对的），那么，长期中平均成本也就达到了最低。因此把短期平均成本曲线 SAC_1、SAC_2、SAC_3……的 a、b、c 等点连接起来就是长期平均成本曲线。短期平均成本曲线是无数的，长期平均成本曲线就是一条与无数条短期平均成本曲线相切的曲线，如图 6 - 5 中的 *LAC* 所示。

长期平均成本曲线把各条短期平均成本曲线包在其中，因此，长期平均成本曲线又称包络曲线。

（二）长期平均成本曲线的特征

从图 6 - 5 中可以看出，长期平均成本曲线 *LAC* 也是一条先下降而后上升的 *U* 形曲线。这说明，长期平均成本变动的规律也是随着产量的增加，先递减而后递增，其原因在于随着产量的增加，规模收益递增，平均成本递减；以后，随着产量的增加，出现规模收益递减，平均成本递增。这种变化趋势与短期平均成本相同，只不过导致这种趋势的原因是不同的。

长期平均成本曲线 *LAC* 呈 *U* 形特征，是由长期生产中存在的规模经济与不经济所决定的。规模经济是指厂商由于扩大生产规模而使经济效益得到提高，此时产量增加倍数大于成本增加倍数。规模不经济是指厂商由于生产规模扩大而使经济效益下降。此时，产量增加倍数小于成本增加倍数。

长期平均成本曲线与短期平均成本曲线存在着区别，长期平均成本曲线比较平缓，这说明在长期中平均成本无论是减少还是增加都变动较慢。原因在于长期中全部生产要素可以随时调整，从规模收益递增到规模收益递减有一个较长的规模收益不变的阶段。

（三）不同行业的长期平均成本

以上对长期平均成本的讨论，都假设生产要素的价格不变；如果考虑生产要素价格的变动，则各行业长期平均成本变动的特点又有所不同。一般可以根据长期平均成本变动的情况把不同的行业分为三种情况：成本不变、成本递增、成本递减。

1. 长期平均成本不变的行业

该行业中各厂商的长期平均成本不受整个行业产量变化的影响，无论产量如何变化，长期平均成本是基本不变的。这种行业就是“成本不变行业”。

形成这些行业成本不变的原因主要有两个：第一，这一行业在经济中所占的比重很小。这样，它的产量的变化就不会对生产要素的价格产生影响。因此，这一行业中各厂商的长期平均成本也就不会随着该行业产量的变动而变动了。第二，这一行业所使用的生产要素的种类与数量与其他行业成反方向变动。例如，其他行业都在增加对资本的使用，减少对劳动的使用，而某一行业却恰恰相反。这样，其产量的变动也就不会引起生产要素价格的变动，从而保持长期平均成本不变。具有成本不变特点的行业并不多见，一般是一些小商品生产或特殊行业。

2. 长期平均成本递增的行业

是指行业中各个厂商的长期平均成本随着整个行业产量的增加而增加。这种情况在经济社会中较为普遍。

形成成本递增的原因在于，由于生产要素的有限，整个行业产量的增加就会导致生产要素价格上升，从而引起厂商的长期平均成本增加。也就是说，行业的扩张给一个厂商带来了“外在不经济”。这种情况在以自然资源为主要生产要素的行业，例如，渔业、矿业中尤为突出。

3. 长期平均成本递减的行业

指行业中各厂商的长期平均成本随着整个行业产量的增加而减少。也就是规模经济中所谓的外在经济。

形成行业成本递减的原因是：外在经济对这种行业特别重要。例如，保定白沟的箱包市场，由于规模的形成，各厂商就会由于在交通、市场服务、广告等方面的节约而产生成本递减。但在长期中，外在经济与外在不经济的因素同时并存，二者的对立决定了成本的变化。

三、长期边际成本

长期边际成本是长期中每增加 1 单位产品所导致的成本增量。长期边际成本也是随着产量的增加先递减而后递增的，因此，长期边际成本曲线是一条先下降而后上升的 *U* 形曲线。

长期边际成本与长期平均成本的关系同短期边际成本与短期平均成本的关系一样，在长期平均成本的最低点，长期边际成本等于长期平均成本，这一点可用图 6－6 来说明。长期边际成本曲线 *LMC* 与长期平均成本曲线 *LAC* 相交于 *LAC* 的最低点，相交之前，*LAC* 在 *LMC* 之上，说明长期边际成本小于长期平均成本；相交之后，*LAC* 在 *LMC* 之下，说明长期边际成本大于长期平均成本；在 *N* 点上，说明长期边际成本等于长期平均成本。

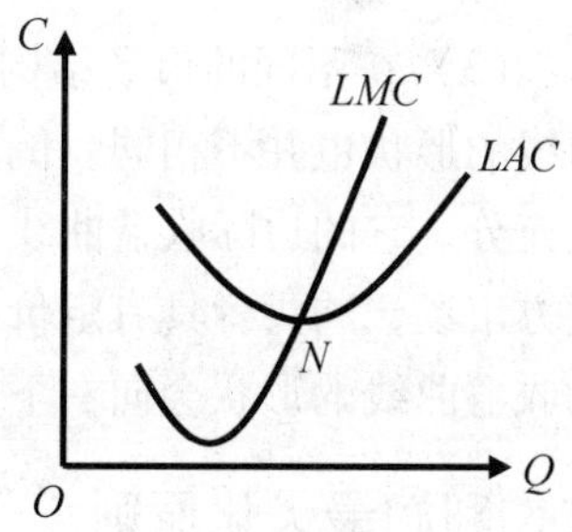

图 6－6 *LMC*、*LAC* 曲线

第四节 企业利润最大化

一、收益的概念

厂商生产的目的是实现利润最大化。理解这一原则，就需要对成本和收益进行综合分析。

总收益、平均收益与边际收益

收益是价格与销售量的乘积。收益中既包括了成本，又包括了利润。收益可以分为总收益、平均收益和边际收益。总收益是指厂商生产并销售一定数量商品和劳务所获得的货币收入总额，即全部销售收入。平均收益是厂商销售每一单位产品平均获得的收益。边际收益是指厂商每增加 1 单位产品的销售所导致的收入增量。

以 *TR* 代表总收益，*AR* 代表平均收益，*MR* 代表边际收益，*Q* 代表销售量，ΔQ 代表增加的销售量，*P* 代表价格，则总收益、平均收益与边际收益的关系可以表示为：

$$TR = Q \cdot P$$

$$AR = \frac{TR}{Q}$$

$$MR = \frac{\Delta TR}{\Delta Q}$$

在理解收益的概念时要注意这样几个问题：

（1）收益并不等于利润。所有的销售收入中，既有用于购买各种生产要素而支出的成本，也有减去成本后所剩余的利润。需要强调的是，用于企业家才能的成本就是正常利润。按西方经济学的观点，正常利润是成本的一种。

（2）收益与产量的关系。收益是产量与价格的乘积。

以 P 代表价格，则总收益 TR 与总产量 TP、平均收益 AR 与平均产量 AP、边际收益 MR 与边际产量 MP 之间的关系应该是：

$$TP \cdot P = TR$$

$$AP \cdot P = AR$$

$$MP \cdot P = MR$$

（3）在不同的市场结构中，收益变动的规律并不完全相同，边际收益曲线与平均收益曲线的形状也并不相同。例如，对于销售者而言，酱油的价格大多随行就市，因为竞争比较充分，它的边际收益曲线与平均收益曲线的形状就会是一条垂直于纵轴的直线；如果在买方市场，购买者具有定价权，购买量越大支付的价格会越低，此时，边际收益曲线与平均收益曲线的形状会向右下方倾斜，边际收益曲线处在平均收益曲线的下方。

二、利润最大化原则

在经济分析中，利润最大化的原则是边际收益等于边际成本。为什么在边际收益等于边际成本时能实现利润最大化呢？

如果边际收益大于边际成本，表明厂商每多生产一单位产品所增加的收益大于生产这1单位产品所增加的成本。这时，对该厂商来说，还有潜在的利润没有得到，厂商增加生产是有利的，也就是说没有达到利润最大化。

如果边际收益小于边际成本，表明厂商每多生产一单位产品所增加的收益小于生产这一单位产品所增加的成本。这对该厂商来说就会造成亏损，更谈不上利润最大化了，因此厂商必然要减少产量。

无论是边际收益大于边际成本还是小于边际成本，厂商都要调整其产量，说明这两种情况下都没有实现利润最大化。只有在边际收益等于边际成本时，厂商才不会调整产量，表明已把该赚的利润都赚到了，即实现了利润最大化。厂商对利润的追求要受到市场条件的限制，不可能实现无限大的利润。这样，利润最大化的条件就是边际收益等于边际成本。厂商要根据这一原则确定自己的产量。

复习思考

一、填空题

1. 短期成本分为________、________、________。

2. 短期平均成本分为________与________。

3. 短期边际成本曲线与短期平均成本曲线相交于________曲线的最低点。

4. 收益可分为________、________、________。

5. 利润最大化的基本原则是________。

二、单项选择题

1. 经济学分析中所说的短期是指（　　）。

A. 1 年之内

B. 全部生产要素都可随产量而调整的时期

C. 只能根据产量调整可变成本的时期

2. 下列项目中可称为可变成本的是（　　）。

A. 管理人员的工资

B. 生产工人的工资

C. 厂房和机器设备的折旧

3. 已知产量为 9 单位时，总成本为 95 元，产量增加到 10 单位时，平均成本为 10 元，由此可知边际成本为（　　）。

A. 5 元　　　B. 10 元　　　C. 15 元

4. 随着产量的增加，短期平均固定成本（　　）。

A. 先减少后增加

B. 递减

C. 按一定的固定比率在递减

5. 随着产量的增加，长期平均成本的变动规律是（　　）。

A. 先减少而后增加

B. 先增加而后减少

C. 按一固定比率减少

三、判断题

1. 厂商增加 1 单位产量时所增加的可变成本等于边际成本。（　　）

2. 在不同的行业中，短期与长期的年限都是一样的。（　　）

3. 在长期中无所谓固定成本与可变成本之分。（　　）

4. 平均收益就是单位商品的价格。（　　）

5. 边际收益等于边际成本时，厂商的经济利润为零。（　　）

四、案例分析题

案例 1：

【案例名称】：引进自动分拣机是好事还是坏事

【案例适用】：成本收益分析

【案例来源】：梁小民．微观经济学纵横谈［M］．北京：生活·读书·新知三联书店，2000.

【案例内容】：

近年来我国邮政行业实行信件分拣自动化，引进自动分拣机代替工人分拣信件。从纯经济学的角度，即从技术效率和经济效率的同时实现来看，这是一件好事还是坏事呢？假设某邮局引进一台自动分拣机，只需一人管理，每日可以处理10万封信件。如果用人工分拣，处理10万封信件需要50个工人。在这两种情况下都实现了技术效率，但是否实现了经济效率还涉及价格。处理10万封信件，无论用什么方法，收益是相同的，但成本如何则取决于机器与人工的价格。假设一台分拣机为400万元，使用寿命10年，每年折旧为40万元，再假设利率为每年10%，每年利息为40万元，再加分拣机每年维修费与人工费用5万元，这样使用分拣机的成本为85万元。假设每个工人工资1.4万元，50个工人共70万元，使用人工分拣成本为70万元。在这种情况下，使用自动分拣机实现了技术效率，但没有实现经济效率；而使用人工分拣既实现了技术效率，又实现了经济效率。

从上面的例子中可以看出，在实现了技术效率时，是否实现了经济效率就取决于生产要素的价格。如果仅仅从企业利润最大化的角度看，可以只考虑技术效率和经济效率。这两种效率的同时实现也就是实现了资源配置效率。当然，如果从社会角度看问题，使用哪种方法还要考虑每种方法对技术进步或就业等问题的影响。

【案例讨论】：

1. 我国邮政行业信件分拣采用人工方式，固然有经济效率的考虑，但导致这种结果出现的社会根源是什么？

2. 德国或澳大利亚应该采用怎样的信件分拣方式？为什么？

3. 经济危机爆发时，应该采用怎样的信件分拣方式？为什么？

案例2：

【案例名称】：一个高职院校学生的成本

【案例适用】：成本收益分析

【案例来源】：自编

【案例内容】：

一个高职院校的学生，学制三年，每年的学费5000元，共计15 000元；书费三年共计1000元；住宿费2400元；伙食费每月按400元计算，每年在校时间9个月，三年合计10 800元。不计其他，加总求和，一个家庭供养一名高职生，三年总计支出29 200元。这还只是看得见的会计成本，如若加上机会成本，可谓代价惨重。这里的机会成本是指因就读高职这一现实选择，而失去的若干机会中最为理想的那一种机会所可能带来的收益。机会成本不是一个抽象的概念，没有抽象到无法精确计量的地步。人们对于机会成本的理解总是基于现实的考虑，而不会不着边际。例如：学生家长张三，对于是否供养孩子就读高职，总要费一番思量——考虑各种选择的可行性。他不仅要考虑会计成本的支出，还会对各种可行性选择进行利益的权衡，即对成本和预期收益进行比较。邻居李四的孩子没有上学，做生意每年纯利10 000元，3年共收入30 000元；王五的孩子搞家庭养殖，3年可获利 60 000 元；蒋某的孩子当兵，每年给家里寄来生活费 5000 元等。如果张三做出了供养孩子就读高职的决定，那么，这一现实选择的机会成本就是 60 000 元。郭某的孩子彩票中奖，偶然所得 400 万元，它不会成为张三的机会成本，因为这样的想法对于张三而言是非理性的。

张三不仅花费了 29 200 元，还失去了 60 000 元的机会，成本不可谓不大。之所以如此，是因为他的预期收益大于其成本，但预期收益能否成为现实却是不确定的。由此可见，“父望子成龙”期许之殷切，与其说这是一次投资，还不如说是一场豪赌，真是“可怜天下父母心”。

【案例讨论】：

1. 机会成本的实质是什么？会计成本与机会成本哪个大？

2. 如果机会成本巨大，为什么有人却放弃这样绝好的机会呢？

案例 3：

【案例名称】：客运公司的选择

【案例适用】：成本收益的边际分析

【案例来源】：自编

【案例内容】：

假设一辆 50 个座位的客车，运输里程 50 公里，客运公司的成本是 400 元。在这种情况下，每个座位的平均成本是 8 元。有人会得出结论：客运公司的票价不应该低于 8 元。但客运公司可以通过考虑边际量而增加利润。假设一辆客车在距离目的地 25 公里处仍有 10 个空位，一个路人拦车，售票员提出票价 4 元，而这个人只愿意支付 1 元的票价，售票员应该卖给他票吗？当然应该。如果客车有空位，多增加一名乘客的成本微乎其微。虽然一位乘客的平均成本是 4 元，但边际成本近乎为零。只要该乘客所支付的票价大于边际成本，即客车刹车、起步所带来的变动成本，增加乘客就有利可图。

【案例讨论】：

1. 结合本案例，分析保龄球馆星期一上午十点价格低于平均成本的原因。

2. 航空公司的直航飞机为什么不会半途搭载乘客？什么情况下直航飞机才会半途搭载乘客？

第七章 市场结构理论

关键词汇：

市场结构的类型 完全竞争市场上短期均衡与长期均衡的条件 完全垄断市场上短期均衡与长期均衡的条件 寡头垄断市场上价格的决定方式

前面几章在讨论消费者行为和生产者行为时，都假定产品的价格是既定的，是由供求均衡所决定的。但在现实中，厂商所面临的供求状况会因市场类型的不同而存在差异。在各种不同的市场条件下，厂商如何确定它的产量与价格，正是市场结构理论将要进一步分析的主要内容。市场结构理论是美国经济学家张伯伦与英国经济学家琼·罗宾逊对马歇尔均衡价格理论作出的重要补充。

在经济学分析中，根据厂商之间竞争与垄断的结合程度，将市场结构分为四种类型，即完全竞争、完全垄断、垄断竞争、寡头垄断。在不同的市场结构中，厂商追求利润最大化的行为（产量和价格的决定方式）也会不同。

第一节 完全竞争市场上的厂商均衡

一、完全竞争的含义及特征

完全竞争又称纯粹竞争，指一种竞争不受任何阻碍和干扰的市场结构。是理论假设中的一种市场结构，实现完全竞争的条件（特征）如下所述。

（一）为数众多的小规模的买方与卖方

在完全竞争市场上，由于买方和卖方的数量众多，且各自规模都很小，这样作为个体的买方与卖方的需求量与供给量都只在市场总需求量与总供给量中占据极小的份额。个体需求与供给的改变对市场需求与供给的影响微不足道，从而不会影响由市场需求与市场供给所决定的市场价格。因此，完全竞争市场上的买方或卖方不具备控制或影响市场价格的能力，只是市场价格的被动接受者。

（二）产品同质

同一行业中，每个厂商生产的产品都是无差异的。这种无差异不仅指产品的质量完全相同，甚至产品在销售条件、包装、商标等方面也都是一样的。即同一行业中的产品既不存在实质性差异也不存在非实质性差异。因此，不同厂商生产的产品具有完全替代的性质。这样，对消费者而言，选择的只是商品而非厂商，对商品的消费是绝对随机的。那么，在既定价格下，相对于消费者的随机选择，每个厂商销售商品的机会是相同的。而厂商稍微的提价就会失去全部的市场份额，降价也无必要。

（三）自由进出该行业

在完全竞争市场上，不存在进入或退出该行业的壁垒，厂商总是可以自由地调整生产规模，或进入获利行业或退出亏损行业，以此来保证利润最大化目标的实现。而且通过生产要素在行业间的自由流动，实现市场的优胜劣汰，使资源得到最有效率的配置。

（四）完全信息与交易成本为零

完全信息与交易成本为零是完全竞争市场的重要假定。完全信息的假定，保证了所有的消费者与厂商对市场状况以及未来走势都有相同的、充分的了解，能作出理性的选择。交易成本为零的假定，保证了消费者对所有厂商的产品能够进行随机选择，并使所有的厂商处于平等的竞争地位。例如，消费者 A 可以不考虑因厂商 x 和厂商 y 与其距离的远近所导致的运输成本，而以相同的代价获得两个厂商生产的产品。

在如此苛刻的条件下，完全竞争市场于现实中绝无存在的可能。在经济学分析中，通常认为农产品市场与完全竞争市场较为相像。

二、完全竞争条件下的价格、平均收益与边际收益曲线

（一）价格与需求曲线

论述这一问题，首先必须区分整个行业与个别厂商。

对整个行业来说，需求曲线是一条向右下方倾斜的曲线，供给曲线是一条向右上方倾斜的曲线。该产品的市场价格由供求决定。

但对个别厂商来说情况有所不同。当市场价格确定之后，相对于个别厂商，无论如何增加产量都不会影响这一既定的市场价格。因此，市场上个别厂商所面临的产品需求曲线是一条由既定市场价格出发的直线，与横轴平行。可用图 7－1 说明市场价格的决定与个别厂商的需求曲线。

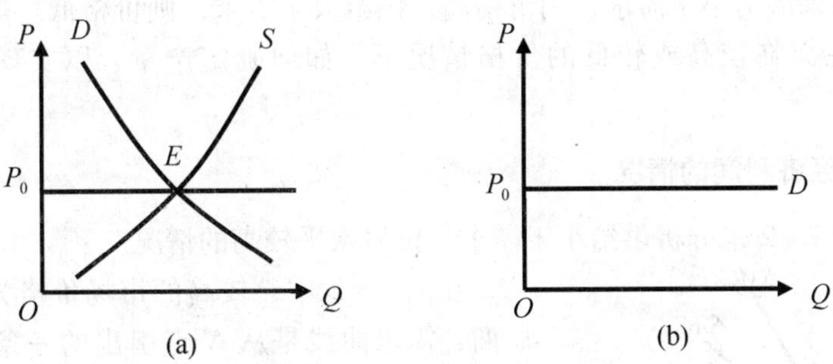

图 7－1　P、AR 与 MR 曲线

（二）平均收益与边际收益

厂商按既定的市场价格出售产品，每单位产品的售价也就是每单位产品的平均收益，所以，价格等于平均收益。

完全竞争条件下，个别厂商销售量的变动，并不能影响市场价格。也就是说，厂商每增加一单位产品的销售，市场价格仍然不变，从而每增加一单位产品销售的边际收益也不会变，所以，平均收益与边际收益相等。

必须注意，在各种类型的市场上，平均收益与价格都是相等的，因为每单位产品的售价就是其平均收益。但只有在完全竞争市场上，对个别厂商来说，平均收益、边际收益与价格才相等。因为只有在这种情况下，个别厂商销售量的增加才不会影响价格。

可以用表7-1说明完全竞争市场上，价格、平均收益与边际收益的相等关系。

表7-1　完全竞争条件下的价格、平均收益与边际收益

销售量	价　格	总收益	平均收益	边际收益
0	15	0	15	15
1	15	15	15	15
2	15	30	15	15
3	15	45	15	15
4	15	60	15	15
5	15	75	15	15
6	15	90	15	15

由表7-1可以得出，在完全竞争条件下，价格、平均收益和边际收益相等的结论。所以，平均收益曲线、边际收益曲线与需求曲线都是同一条线，即图7-1（b）中的D曲线。这条需求曲线的需求价格弹性系数无限大。

三、完全竞争条件下的短期均衡分析

所谓短期分析，是指在短期内厂商不能根据市场需求而调整全部生产要素的条件下，对厂商均衡所进行的分析。因此，从整个行业来看，有可能出现供给小于需求或供给大于需求的情况。如果供给小于需求，则价格高；供给大于需求，则价格低。短期均衡就是要分析个别厂商在面临较高或较低的价格情况下，如何确定产量，以实现利润最大化的问题。

（一）获取经济利润的情况

我们先用图7-2来分析供给小于需求，价格水平较高的情况。

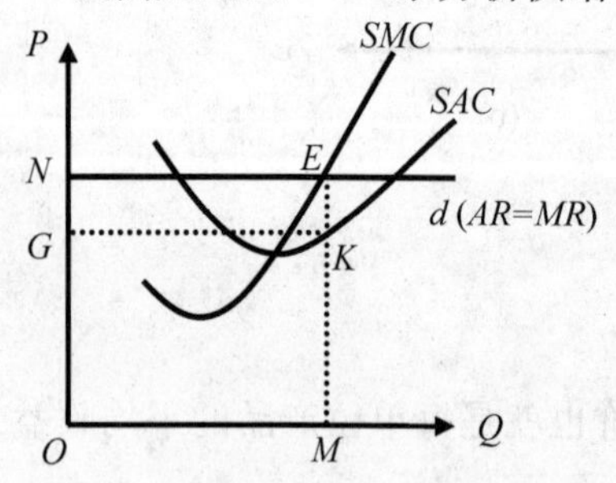

图7-2　完全竞争条件下的短期均衡

在图7-2中，较高的市场价格为N，对于个别厂商，需求曲线是从N点引出的一条与横轴平行的直线。该需求曲线与平均收益曲线AR、边际收益曲线MR一致。SMC为短期边际成本曲线，SAC为短期平均成本曲线。

厂商只有按照边际收益等于边际成本的原则确定产量，才能实现利润的最大化。因此，边际收益曲线与边际成本曲线的交点E就决定了厂商的产量应为

OM。这时，厂商的总收益为平均收益乘产量，即图中的 OMEN。总成本为平均成本乘产量，当产量为 OM 时平均成本为 OG，所以总成本为图中的 OMKG。从图 7－2 看，总收益大于总成本，即 OMEN > OMKG，所以存在超额利润，超额利润就是图中的 GKEN。

在价格较高的情况下，厂商如此的产量安排就会实现利润的最大化，增加或减少产量都会导致超额利润的减少。

（二）亏损的情况

我们利用图 7－3 来分析供给大于需求，厂商面临价格水平较低的情况下，如何实现均衡。

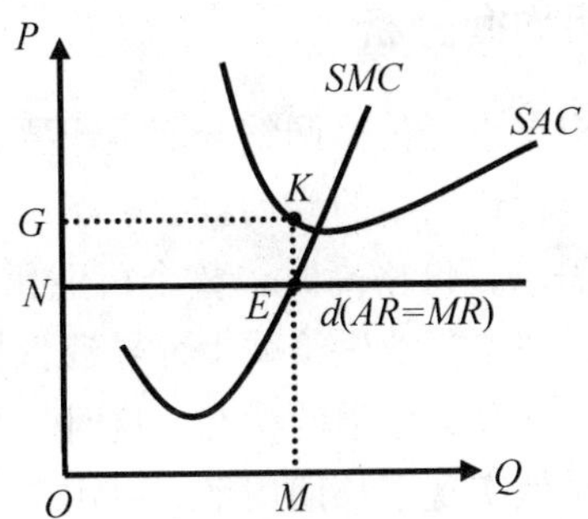

图 7－3　完全竞争条件下的短期均衡

在图 7－3 中，价格水平较低。这时，厂商的产量仍由边际收益曲线与边际成本曲线的交点决定，即为 OM。厂商的总收益仍为平均收益乘产量，即图中的 OMEN。总成本仍为平均成本乘产量，即图中的 OMKG。OMEN < OMKG，所以厂商存在亏损，亏损表示为图中的 GKEN。在亏损的情况下，厂商确定的产量 OM，能保证亏损额最小，这也是均衡的情况之一，对厂商而言是最有利的选择。

由此可见，短期中厂商均衡的条件是边际收益等于边际成本，即：

$$MR = MC$$

也就是说，个别厂商要想实现利润最大化，就必须按照 MR = MC 的原则来确定产量。

（三）停止营业点

那么，如果整个行业供大于求，市场价格极低，个别厂商处于严重亏损状态，它还会生产吗？这就涉及停止营业点的问题。我们用图 7－4 加以说明。

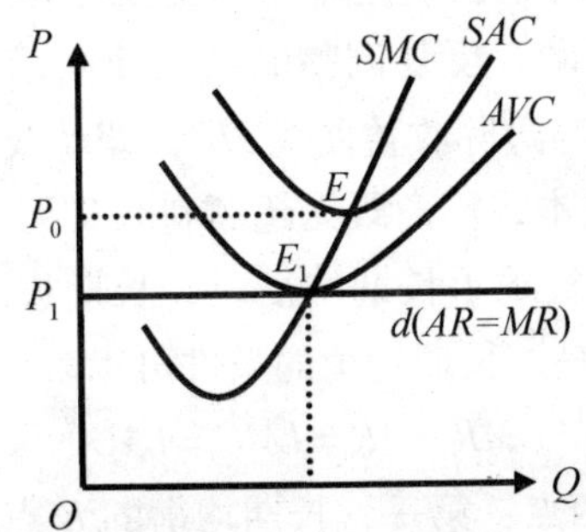

图 7－4　完全竞争条件下的短期均衡

在图 7－4 中，市场价格 P_1 低于均衡价格 P_0，厂商有亏损。这时，厂商是否生产取决于平均变动成本 AVC 的状况。价格 P_1 所决定的需求曲线 dd 与 AVC 相切于 E_1，E_1 就是停止营业点。即当价格为 P_1 时，所得到的收益正好抵偿平均变动成本。只要收益可以弥补变动成本，厂商就可以生产。但如果价格低于 P_1，厂商连变动成本也无法弥补，它就不会再生产了。也就是说，E_1 点是一个营业与否的临界点。

此外需要说明，如果厂商面临的价格水平（需求曲线）一般，在图 7－4 中为 P_0，与短期平均成本曲线 SAC 相切于 E 点，该点为盈亏平衡点，厂商可获得正常利润。具体内容，不再赘述。

四、完全竞争条件下的长期均衡分析

在长期中，各个厂商可以根据市场价格调整全部生产要素和生产的产量，也可以自由进入或退出该行业。这样，整个行业供给的变动就会影响市场价格，进而影响各个厂商的均衡。具体来说，当供给小于需求，价格高时，整个行业供给增加，导致价格水平下降；当供给大于需求，价格较低时，整个行业供给减少，导致价格水平上升。最终，价格水平会稳定在使各个厂商既无超额利润又无亏损的状态。这时，整个行业的供求实现均衡，各个厂商的产量也不再调整，于是就实现了长期均衡。可用图 7－5 来说明这种长期均衡。

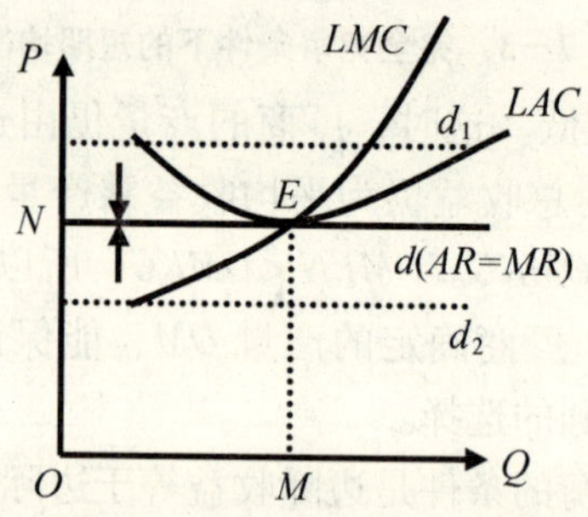

图 7－5 完全竞争条件下的长期均衡

在图 7－5 中，LMC 是长期边际成本曲线，LAC 是长期平均成本曲线。虚线 d_1 为整个行业供给小于需求时个别厂商的需求曲线，虚线 d_2 为整个行业供给大于需求时个别厂商的需求曲线。价格高时，会引起整个行业供给增加，最终导致价格下降，个别厂商的需求曲线 d_1 向下方移动。当价格低时，会引起整个行业供给减少，最终导致价格上升，个别厂商的需求曲线 d_2 会向上方移动。反复调整的结果使需求曲线最终移动至 d，并稳定下来。这时，边际成本曲线 LMC 与边际收益曲线 MR，即 d 线相切于 E 点，决定了产量水平为 OM。这时，总收益等于总成本，厂商既无超额利润又无亏损，即实现了长期均衡。

由图 7－5 还可以看出，当实现了长期均衡时，长期边际成本曲线 LMC、长期平均成本曲线 LAC 都相汇于 E 点。于是，长期均衡的条件可以表示为：

$$MR = AR = LMC = LAC$$

在理解长期均衡时要注意两点：第一，长期均衡的 E 点就是上一章中所说的收支相抵点（盈亏平衡点），这时成本与收益相等。厂商所能获得的只是作为生产要素之一的企业家才能的报酬，即正常利润。正常利润作为用于生产要素（企业家才能）的支出之一，表现为成本。所以，收支相抵中就包含了正常利润在内。第二，实现了长期均衡时，长期平均成本与长期边际成本相等。我们知道，长期平均成本与长期边际成本相等，也就是这两条曲线相交时，长期平均成本一定处于最低点。这就说明了，在完全竞争条件下，可以实现成本最小化，从而实现经济效率最高。

五、关于完全竞争市场的评价

根据对完全竞争市场厂商均衡的分析，西方经济学认为，完全竞争市场是一种最优的市场结构，因为在完全竞争市场中，通过市场机制的自发调节，就可以实现资源的最优配置和社会福利的最大化。这主要表现在以下几方面：

（1）完全竞争市场能够实现最优的经济效率，使经济资源获得最充分的利用。因为在完全竞争市场中，厂商能够以最低的平均成本进行生产。

（2）完全竞争市场能够实现资源最优配置。因为在完全竞争市场中，通过自由竞争和资本转移，所有行业、所有产品的生产厂商都获得了正常利润，没有也不存在超额利润，这意味着生产要素和经济资源在全社会实现了最优配置。

（3）完全竞争市场能够实现福利最大化。因为在完全竞争市场上，厂商按最低的平均成本确定商品的卖价，消费者可以以最低的价格购买商品，这有利于消费者满足程度最大化的实现。

但是，社会经济发展的历史以及经济理论的繁荣，从实证与理论两方面，对完全竞争市场能够实现资源最优配置的理论做出了否定的回答。现实中，完全竞争市场是不可能存在的，而且，即使近乎于完全竞争的市场，也并不能使社会的经济资源得到最优配置。在现实经济活动中，由于各种原因，一方面厂商除了追求最大利润以外，还有一些其他方面的考虑，从厂商主观上来说，不一定要以追求最大利润为企业目标；另一方面，在现实经济活动中，由于计算上的困难，比如对边际成本、边际收益难以测定等问题，使厂商很难精确地计算出企业最大利润究竟是多少。西方学者也承认，即使所有厂商都以最大利润为经营目标，但边际收益与边际成本的计算并非易事。因此，$MR=MC$ 的公式有更多抽象的理论意义，缺乏实际的可操作性。

但是，西方经济理论关于完全竞争市场的分析，对整个经济理论的完整性而言，对帮助人们认识复杂的经济活动来说，是有益的。

第二节　完全垄断市场上的厂商均衡

一、完全垄断的含义与条件

完全垄断市场是指整个行业中只有唯一的一个厂商的市场状态。

（一）完全垄断市场形成的条件

具体讲，完全垄断市场形成的条件主要有：

（1）市场上只有唯一的一个厂商生产和销售商品。

（2）该厂商生产和销售的商品没有任何相近的替代品。

（3）其他任何厂商进入该行业都极为困难或不可能。在这样的市场中，排除了任何的竞争因素，独家垄断厂商控制了整个行业的生产和市场的销售，所以，垄断厂商可以控制和操纵市场价格。

（二）完全垄断市场形成的原因

形成垄断的原因主要有：

（1）独家厂商控制了生产某种商品的全部资源或基本资源的供给。这种对生产资源的独占，排除了经济活动中的其他厂商生产同类产品的可能性。

（2）独家厂商拥有生产某种商品的专利权。这样，独家厂商可以在一定时期内垄断该产品的生产。

（3）政府的特许。政府往往在某些行业实行垄断的政策，如铁路运输部门、邮电部门、供电供水部门等，于是，独家厂商就成了这些行业的垄断者。

（4）自然垄断。有些行业的生产具有这样的特点：生产的规模效益需要在一个很大的产量范围和巨额资本设备投入的生产运行水平上才能得到充分的体现，以至于只有在整个行业的产量都由一个企业生产时，才有可能实现规模效益。而且，只要实现该企业在这一生产规模上的生产能力，就完全可以满足整个市场的需求。在这类产品的生产中，行业内总会有某个厂商凭借雄厚的经济实力或其他优势，最先达到这一生产规模，从而垄断整个行业的生产与销售。

垄断市场的假设条件是很严格的。在现实的经济生活里，垄断市场几乎是不存在的。但垄断模型对于研究现实世界中存在的近似完全垄断或控制市场的垄断力量是有相当价值的。

二、完全垄断条件下的价格、平均收益与边际收益曲线

（一）需求曲线

在完全垄断市场上，整个行业只有一家厂商。因此，整个行业的需求曲线也就是该厂商的需求曲线。这时，需求曲线就是一条表明需求量与价格成反方向变动的向右下方倾斜的曲线。

（二）平均收益与边际收益

在完全垄断市场上，每一单位产品的销售价格同它的平均收益相等。

但是，在完全垄断市场上，当销售量增加时，产品的价格会递减，从而边际收益递减，这样，平均收益就会大于边际收益。

可以用表 7－2 来说明平均收益、价格与边际收益之间的关系。

表 7－2　完全垄断条件下的平均收益、价格与边际收益

销售量	价　格	总收益	平均收益	边际收益
0	—	0	—	—
1	10	10	10	10
2	9	18	9	8
3	8	24	8	6
4	7	28	7	4
5	6	30	6	2
6	5	30	5	0

由表 7－2 可画出图 7－6。

从表 7－2、图 7－6 中可以看出，价格 P 随销售量增加而下降，价格与平均收益相等，需求曲线与平均收益曲线是一条重合的向右下方倾斜的线。但边际收益小于平均收益，边际收益曲线是平均收益曲线下方一条向右下方倾斜的线。

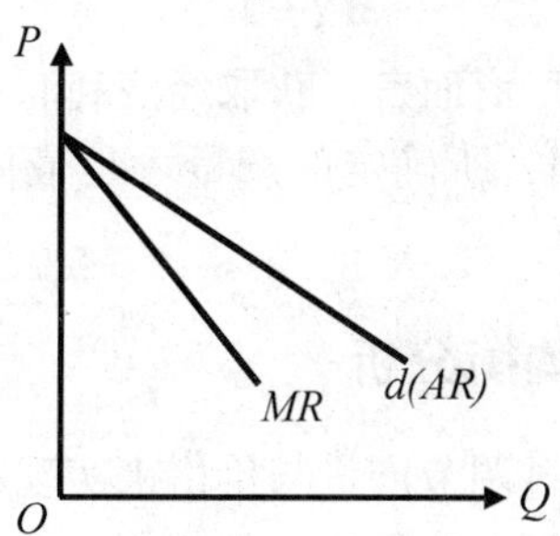

图 7－6　完全垄断条件下的 P、AR 和 MR 曲线

三、完全垄断条件下的短期均衡分析

在完全垄断市场上，厂商可以通过对产量和价格的控制实现利润最大化。但即使如此，居于完全垄断地位的厂商的行为也要受市场供求规律的限制。如果价格太高，消费者会减少其需求量，或停止购买。在短期内，厂商对产量的调整也要受到固定生产要素（厂房、设备等）无法调整的限制。在完全垄断市场上，厂商仍然根据边际收益与边际成本相等的原则来确定产量，产量一旦确定，短期内就难以进行调整。这样，也可能出现供大于求或供小于求的状况，当然也可能是供求相等。在供大于求的情况下，价格低会有亏损；在供小于求的情况下，价格高会有超额利润；供求相等时，就只能获得正常利润。

可以用图 7－7（a）、（b）、（c）分别说明存在超额利润、收支相抵、亏损的三种情况下，均衡是如何实现的。

在图 7－7（a）中，边际收益曲线 MR 与边际成本曲线 MC 的交点 E 决定了产量为 OM，从 M 点向上作垂线，它与需求曲线 d 相交于 G，决定了价格水平为 ON。这时总收益大于总成本，$KFGN$ 为超额利润。

在图 7－7（b）中，总收益与总成本相等，都为 $OMGN$，收支相抵，只有正常利润。

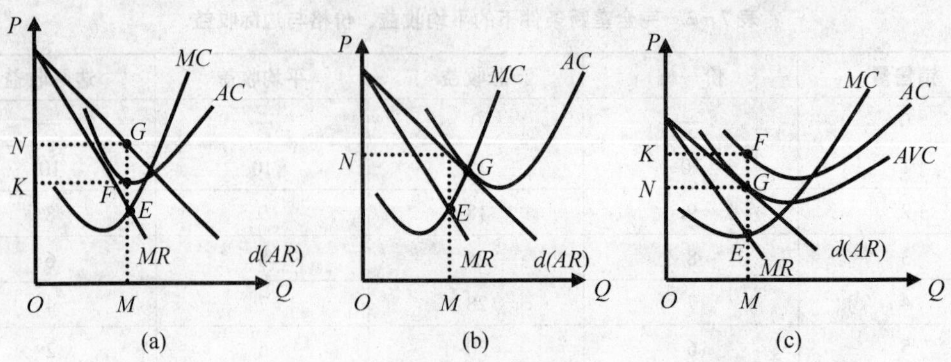

图7-7 完全垄断市场上的短期均衡

在图7-7（c）中，总成本 *OMFK* 大于总收益 *OMGN*，亏损为 *NGFK*。这时，如图所示，平均变动成本曲线 *AVC* 与 *G* 点相切，此时的产量下，总成本仅能够弥补变动成本。所以，*G* 为停止营业点，如果价格再低，就无法生产了。

由以上分析可知，完全垄断市场上短期均衡的条件是：

$$MR = MC$$

其实质在于：对于完全垄断厂商而言，获取经济利润并非是必然的。在各种可能的情况下，只有遵循 $MR = MC$ 的原则，所确定的产量才是最优的，均衡才能实现。即使是亏损，也能做到亏得最少。

四、完全垄断市场上的长期均衡分析

在长期中，垄断厂商可以通过调节产量与价格来实现利润最大化。这时厂商均衡的条件是边际收益与长期边际成本和短期边际成本都相等，即：

$$MR = LMC = SMC$$

在短期中，垄断厂商无法调整全部生产要素，因此不一定能实现利润最大化。但在长期中，厂商可以通过调整全部生产要素，实现利润最大化。这时就存在垄断利润。在长期中，垄断厂商在高价少销与低价多销中进行选择，以使所达到的产量能实现利润最大化。

五、垄断厂商的价格歧视

垄断厂商长期均衡时，价格必定高于边际成本。这说明消费者对厂商的边际支付高于厂商追加生产时的边际成本，并且，此时的均衡产量并非在平均成本的最低点。这说明，无论从消费者的角度，还是从厂商的角度，产量都有增加的空间。但厂商并不会增加产量，因为增产会导致产品的价格下降，从而使厂商总收益减少。如果只对增加的产量降低价格，原均衡产量部分价格不变，那么，只要价格高于边际成本，厂商就会增加生产，但这样就造成了差别价格，对买者形成了价格歧视。经济学中把价格歧视定义为对同一种产品实行差别定价的现象。

实行价格歧视需要一定的条件，包括：第一，厂商须拥有一定的市场力量，能操纵价格；第二，厂商能够分解顾客群体，根据消费者支付意愿和能力，将消费者划分为不同的消费阶层；第三，分割市场。厂商能够保证实行不同价格的市场间彼此独立，不会出现倒卖等现象，从而能够维持价格的差别，这一点是实行价格歧视的必要条件。

根据价格歧视的表现，可将其分为三种类型：一级价格歧视、二级价格歧视和三级价格歧视。

一级价格歧视又称完全价格歧视，指对不同买者收取不同价格，并对各买者的不同的购买量也收取不同的价格。这种价格歧视实行的条件比较苛刻，要求：第一，厂商对各买者的需求曲线、各买者之间的需求差别有充分地了解，明确知道每一买者对各购买量愿意支付的最高价格。只有在消费者人数较少的情况下，才有可能猜出他们在各购买量上所能接受的最高价格。第二，厂商根据购买者及销售量的每一变化随时调整价格，但厂商一般都是在销售量变化一定幅度时，才实行调价。

二级价格歧视是指对不同购买量索要不同价格，是一种分段收费的形式：以一定的级差对消费者的购买数量分段，实行差别价格，一般购买数量越多，价格越低，甚至可以享受更好的附加销售服务，如送货上门等。二级价格歧视实行起来比较复杂，技术成本较高。

现实中，普遍存在的是三级价格歧视，指对同一种商品的不同购买者实行不同的价格。

六、关于完全垄断市场的评价

垄断作为对完全竞争的严重背离，在经济效率和经济福利方面带来了一系列负面的影响。

（1）垄断导致资源配置的扭曲，资源的浪费。与完全竞争市场相比，垄断厂商通过高价格、低销量获得超额利润，影响资源的充分利用，使其经济效率低于完全竞争市场。

（2）垄断导致社会福利的净损失。垄断厂商控制了市场，也就控制了价格。消费者付出的价格高于完全竞争市场，导致消费者剩余的减少。

（3）垄断者凭借其垄断地位而获得超额利润，加剧了社会收入分配的不均等。

（4）垄断还会导致其他社会成本。如垄断厂商为获得和维持自己的垄断地位，独立享有高额垄断利润，可以想方设法寻求政府通过法律、法规的形式予以保护，通过颁发许可证限制某些企业的进入，因此垄断厂商不得不支付大量的成本以用于各种法律费用，甚至对官员行贿等。这些成本是为取得和维持垄断地位而支付的，代表了资源的非生产性投入，意味着资源配置的低效率和资源的浪费。

但是，垄断在经济发展中也有两面性。如政府对某些公用事业的垄断并不以追求垄断利润为目的；有些公用事业投资大，建设期长，利润率低，却又是经济发展和人民生活所必需的，在这种情况下，由政府垄断经营是有利于社会的。另外，由于超额利润的存在，可以从经济过程的动态角度诱使厂商进行技术创新，推动厂商从事有风险的技术研究工作。因此，垄断从财力供给方面为社会的技术进步提供支持。

第三节　垄断竞争市场上的厂商均衡

一、垄断竞争的含义与条件

完全竞争市场和完全垄断市场是理论分析中的两种极端的市场组织形式。在现实经济生活中，通常存在的是垄断竞争市场和寡头市场。

垄断竞争市场是这样一种市场组织，指一个市场中有许多厂商生产和销售有差别的同类产品。根据垄断竞争市场的这一基本特征，西方经济学家提出了生产集团的概念。因为，在完全竞争市场和完全垄断市场条件下，行业的含义是很明确的，它是指生产同一种无差别的产品的厂商的总和。而在垄断竞争市场，产品差别这一重要特点使上述意义上的行业并不存在。为此，在垄断竞争市场理论中，把市场上大量的生产非常接近的同类产品的厂商总称为生产集团。例如，汽车加油站集团、快餐食品集团等。

具体地说，垄断竞争市场的条件主要有以下三点：

（1）在生产集团中有大量的企业生产有差别的同类产品，这些产品彼此之间都是非常接近的替代品。例如，牛肉面和鸡丝面是有差别的同类（面食）产品，二者具有较强的替代性。

在这里，产品差别不仅指同一种产品在质量、构造、外观、销售服务条件等方面的差别，还包括商标、广告方面的差别和以消费者的想象为基础的任何虚构的差别。

一方面，由于市场上的每种产品之间存在着差别，从而使市场中带有垄断的因素。一般说来，产品的差别越大，厂商的垄断程度也就越高。另一方面，由于有差别的产品相互之间具有较强的替代性，因此，市场中也存在竞争的因素。如此，便构成了垄断因素和竞争因素并存的垄断竞争市场的特征。

（2）一个生产集团中企业数量较多，以至于每个厂商都认为自己的行为影响很小，不会引起竞争对手的注意和反应，因而自己也不会受到竞争对手报复措施的影响。

（3）厂商的生产规模比较小，因此，进入和退出一个生产集团比较容易。在现实生活中，垄断竞争的市场组织在零售业和服务业中是很普遍的。例如，修理、糖果零售业等。在垄断竞争生产集团中，各个厂商的产品是有差别的，厂商们相互之间的成本曲线和需求曲线未必相同。但是在垄断竞争市场模型中，西方学者总是假定生产集团内的所有的厂商都具有相同的成本曲线和需求曲线。这一假定能使分析得以简化，而又不影响结论的实质。

二、垄断竞争市场上厂商的需求曲线

垄断竞争市场上，由于涉及每个厂商与行业中其他厂商之间的关系，厂商面临着两条需求曲线。一条需求（主观需求）曲线表示的是，当一个厂商改变自己产品的价格，而该行业中其他的厂商并不随之进行价格调整时，该厂商的价格与销售量之间的关系。这种情况下，该需求曲线比较平坦，表示价格小有变动，则需求量变动会很大。另一条需求（客观需求）曲线表示的是，当一个厂商改变自己产品的价格，该行业中其他厂商也随之改变价格的情况下，该厂商的价格与销售量之间的关系。在这种情况下，该厂商的销售量变化不大。可用图7－8说明这两条需求曲线。

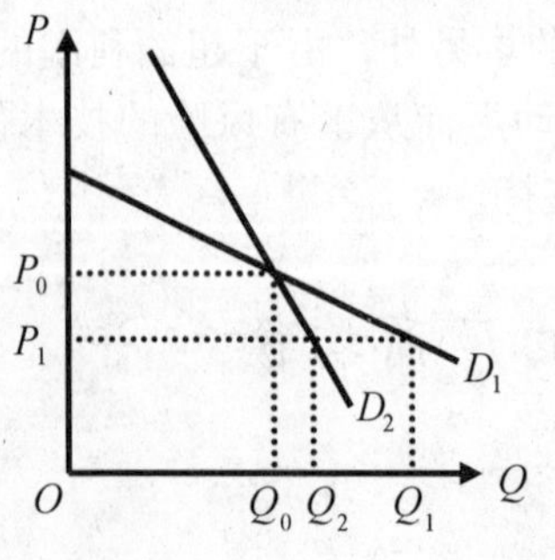

图7－8　垄断竞争市场上厂商的需求曲线

在图 7－8 中，D_1 为一家厂商价格变动而其他厂商价格不变时的需求曲线，D_2 为一家厂商变动价格而其他厂商也随之调整的需求曲线。

三、垄断竞争市场上的短期均衡

可以用图 7－9 说明短期中一个厂商的均衡实现。

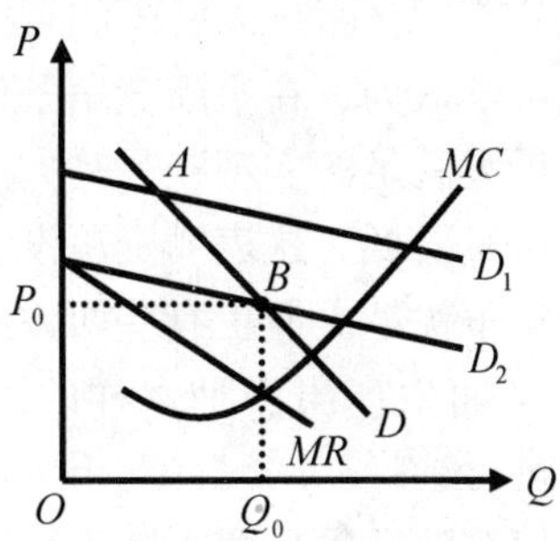

图 7－9　垄断竞争市场上的短期均衡

在图 7－9 中有两条需求曲线 D 与 D_1，各厂商都认为，由于厂商数量众多，所以，如果通过降低价格来增加销售量，其他厂商并不会采取相同的方法，即认为自己的需求曲线为 D_1。在每家厂商都按这种想法行事时，实际上各厂商的需求曲线都是 D。在短期中，厂商所面临的需求曲线 D 是不变的。垄断竞争厂商也要按利润最大化的原则进行决策。结果从价格较高的 A 点开始，不断降低价格，增加销售量，当降到 B 点时，边际收益等于边际成本，所决定的产量为 OQ_0，价格为 OP_0。在这一过程中，D_1 实际上移动到了 D_2。这时就实现了短期均衡。除了有两条需求曲线之外，垄断竞争市场上厂商的短期均衡与完全垄断市场上的相同，均衡条件是：

$$MR = MC$$

和完全垄断市场上一样，垄断竞争市场上实现了短期均衡时，也可能出现超额利润、收支相抵或亏损的情况，在此不做赘述。

四、垄断竞争市场上的长期均衡

在垄断竞争市场上，长期中厂商也可以调整自己的产量，其他厂商也可加入或退出某一行业。通过这些变动会最终实现长期均衡。这种均衡状态如图 7－10 所示。

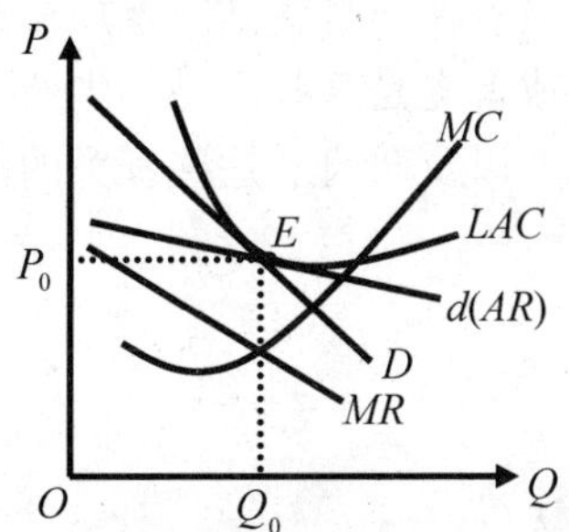

图 7－10　垄断竞争市场上的长期均衡

在图 7－10 中，边际收益 MR 与边际成本 MC 相等决定了产量为 Q_0，价格为 P_0，长期平均成本曲线与需求曲线相切于 E。所以，长期均衡的条件就是：

$$MR = MC，AR = LAC$$

总体而言，垄断竞争条件下的厂商，在长期中只能获得正常利润。

五、关于垄断竞争市场的评价

如上所述，一方面，西方经济学认为，在垄断竞争条件下的产品价格高于完全竞争条件下的产品价格，不利于消费者最大满足的实现；另一方面，垄断竞争条件下的生产成本比完全竞争条件下的成本要高，产量要低，这表明资源没有得到充分利用。因此，从上述两方面来看，垄断竞争不如完全竞争优越。但也有些西方经济学家认为，垄断竞争迫使厂商依靠创造产品差别进行竞争，从而生产出多种多样的产品，能满足消费者多方面的需要，能使消费者根据自己的需求进行选择。同时，对于生产者来说，垄断竞争有利于技术创新。因为一方面竞争的存在迫使垄断竞争厂商不断进行技术创新以巩固其垄断地位；另一方面，垄断的存在又能使技术创新带来高额的利润，利润又会刺激创新。因此，从满足消费者多样化的需求和促进技术创新而言，垄断竞争又优越于完全竞争。

第四节　寡头垄断市场上的厂商均衡

一、寡头垄断的含义与条件

寡头垄断就是少数几家厂商垄断了某一行业，控制了这一行业供给的市场结构。寡头垄断市场不受产品差别的影响，生产无差别产品的寡头称为纯粹寡头（例如，钢铁、石油行业的寡头），生产有差别产品的寡头称为差别寡头（如汽车、香烟、造船等行业的寡头）。

寡头垄断市场在经济中占有十分重要的地位。例如在美国，钢铁、汽车、石油、飞机制造、机械、香烟等重要行业都是寡头垄断市场。如 20 世纪 80、90 年代的日本，生产洗衣机的企业仅有四家，不仅可以满足本国的市场需求，而且畅销世界。

之所以在一些行业中存在寡头垄断，原因就在于这类产品只有在大规模生产时才能实现规模经济。因为这些行业都要使用先进的大型设备，要有精细的专业分工，这样，在开始投资时所需的资金十分巨大，只有在产量达到一定规模后，平均成本才会下降，生产才是有利的。因此，寡头垄断的形成首先是某些产品的生产与技术要求决定的。此外，这些寡头本身采取的种种排他性措施，以及政府对这些寡头的扶植与支持，也促进了寡头垄断市场的形成。

二、寡头垄断市场的特征

（一）寡头厂商之间相互依存

由于厂商数量少而且占据市场份额大，一个厂商的行为都会影响对手的行为，从而影响整个市场，所以每个寡头在进行决策时，都非常重视对手对这一决策的反应。即作为厂商的寡头垄断者是独立自主的经营单位，具有独立的特点，但是它们的行为又是互相影响、相互依存的。这样寡头厂商可以通过某种方式达成共谋或协作。

（二）寡头厂商对产品价格有一定的控制能力

它们既不像完全竞争厂商那样，只能是价格接受者，又不像完全垄断厂商那样，成为价格制定者，而是扮演着价格寻求者的角色。寡头一般不会因为需求的变化而调整价格。贪欲的动机，勾结的活动，追求利润最大的目的，使寡头价格一旦确定，就不会轻易改变。在经济萧条、产品滞销时，寡头宁愿减少产量也不肯降价，或者只稍稍降价，以防止出现暴跌；在经济复苏时，寡头通常采取扩大产量的方式增加利润。

（三）行业进入门槛高

寡头垄断形成的基本原因就是存在着进入障碍，主要表现在以下几个方面：

（1）行业中现有企业可能拥有原材料或者潜在竞争者不能得到的关键技术；

（2）现有企业可能受到政府的保护，如开辟一条航线必须持有政府的许可证；

（3）企业生产的规模经济性。

三、寡头垄断市场上产量的决定

当各寡头之间存在勾结时，产量是由各寡头之间协商确定的。而协商确定的结果有利于谁，则取决于各寡头实力的大小。这种协商可能是对产量的限定（例如，石油输出国组织对各产油国规定的限产数额），也可能是对销售市场的瓜分，即不规定具体产量的限制，而是规定各寡头的市场范围。当然，这种勾结往往是暂时的，当各寡头的实力发生变化之后，就会要求重新确定产量或瓜分市场，从而引起激烈的竞争。

在不存在勾结的情况下，各寡头是根据其他寡头的产量决策来调整自己的产量，借以实现利润最大化的目的。经济学家对此曾做出许多不同的假设，并得出了不同的答案。例如伯兰特解、埃奇沃思解、斯塔克尔贝格解、张伯伦解、对策论解等。

四、寡头垄断市场上的价格决定

寡头垄断市场上价格的确定要区分为存在或不存在勾结两种情况。在不存在勾结的情况下，价格决定的方法是价格领先制和成本加成法；在存在勾结的情况下，则是卡特尔。

（一）价格领先制

又称价格领袖制，指一个行业的价格通常由某一寡头率先制定，其余寡头追随其后。如果产品是无差别的，价格变动可能是相同的，即价格变动幅度相同。如果价格是有差别的，价格变动可能相同，也可能有差别。

作为价格领袖的寡头厂商一般有三种情况：

（1）支配型价格领袖。

（2）效率型价格领袖。

（3）晴雨表型价格领袖。

（二）成本加成法

这是寡头垄断市场上一种最常用的方法，即在估算成本的基础上加一个固定幅度的利润。例如，某产品的平均成本为100元，利润率确定为15%，这样，这种产品的价格就可以定为115元。平均成本可以根据长期中成本变动的情况确定，而所加的利润比率则要参照全行业的利润率情况确定。

（三）卡特尔

各寡头之间进行公开的勾结，组成卡特尔，协调它们的行动，共同确定价格。例如，石油输出国组织就是这样一个国际卡特尔。卡特尔共同制定统一的价格，为了维持这一价格，还必须对产量实行限制。但是，由于卡特尔各成员之间的矛盾，有时达成的协议也很难兑现，或引起卡特尔解体。

五、关于寡头垄断市场的评价

西方经济学认为：一方面，和完全竞争相比，在寡头垄断条件下，厂商的均衡产量较低，而均衡价格较高，资源得不到充分利用；同时由于大量资源用于广告和制造产品差别，还会进一步浪费资源。另一方面由于完全竞争厂商和完全垄断厂商从事技术创新的动因不足，寡头垄断厂商和垄断竞争厂商相似，具有技术创新的内在动力和外在压力。

复习思考

一、填空题

1. 经济学家根据________与________的结合程度，将市场分为四种类型。
2. 完全竞争的实现条件包括：________、________、________、________。
3. 在完全竞争市场上，长期均衡的实现条件是________。
4. 完全垄断市场上短期均衡的条件是________。
5. 寡头垄断市场上价格决定的方式有________、________和________。

二、单项选择题

1. 完全竞争市场一般是指（　）。
   A. 农产品市场
   B. 轻工业品市场
   C. 日用工业品市场
2. 在完全竞争市场上，如果某行业的厂商的价格等于平均成本，那么（　）。
   A. 原有厂商退出该行业
   B. 新的厂商进入该行业
   C. 既无厂商进入该行业，也无厂商退出该行业
3. 在完全垄断市场上，平均收益与边际收益的关系是（　）。
   A. 平均收益大于边际收益

B. 平均收益等于边际收益

C. 平均收益小于边际收益

4. 在完全垄断市场上，厂商（　）。

A. 可以任意定价

B. 价格一旦确定就不能变动

C. 根据市场定价

5. 寡头垄断市场上的厂商数量是（　）。

A. 一家　　B. 几家　　C. 相当多

三、判断题

1. 产品有差别就不会存在完全竞争。(　)

2. 在完全竞争市场上，整个行业的需求曲线是一条与横轴平行的线。(　)

3. 在垄断竞争市场上，当厂商实现了长期均衡时，可获得超额利润。(　)

4. 在完全垄断市场上，边际收益一定大于平均收益。(　)

5. 产品有差别，就会存在垄断。(　)

四、案例分析题

案例1：

【案例名称】：在垄断与竞争之间走钢丝

【案例适用】：市场结构

【案例来源】：理查德·尼克松．领导人 [M]．北京：新华出版社，1983：150.

【案例内容】：

这些美国人还想拆散托拉斯法——不仅仅拆散像三菱这样的巨大的联合公司，即所谓财阀，而且还想拆散一千多个较小的公司。占领当局的许多工作人员错误地认为大企业是20世纪30年代一切弊病的根源，在美国在日本都是如此。吉田正确地认为，如果没有健康的工商部门日本就无法生存。所以，他抵制反垄断运动。许多拆散托拉斯的计划终于放弃了。1953年，吉田政府修改了严厉的反托拉斯法。

【案例讨论】：

1. 垄断能够消除吗？消除了垄断，竞争会更激烈吗？

2. 如何认识垄断与竞争并处理好二者的关系？

案例2：

【案例名称】：西奥多·罗斯福——现代反托拉斯立法的先行者

【案例适用】：市场结构

【案例来源】：http://wenku.baidu.com/view/98916bd4b14e852458fb5746.html

【案例内容】：

美国自从1894年成为世界第一经济强国之后，经济一直保持着持续高速的发展。在这样的时期做总统，或许应该是一件爽快轻松的事情。但西奥多·罗斯福却从上任的第二年开始，实施了一系列政府监管经济的措施，这在一贯倡导自由竞争的美国历史上还从未有过。而且，政府监管的矛头首先指向的是垄断性的大公司和大财团。数年间，美国的几十家托拉斯先后被起诉，其中部分企业被迫拆解。美国最先形成的托拉斯集团——标准石油公司更是首当其冲。约翰·洛克菲勒1870年创建了标准石油公司。1879年，标准石油托拉斯诞生。标准石油公司的市场规模很大，它的单位成本，以每加仑计量的单位成本相对较低，所以具有竞争优势。由于采购量很大，标准石油公司还能够控制石油生产商，决定采购价格。而在与运输石油的铁路公司打交道时，标准石油公司可以保证其他竞争对手无法达到的运输量，因此能够和铁路公司讨价还价，拿到它愿意支付的运费标准。到1890年，这位石油大王已经掌握了全美90%的石油提炼。

19世纪末，像标准石油公司这样富可敌国的大企业和大财团，在各个行业纷纷出现。人们把它们叫做钢铁大王、石油大王、牛肉大王、电讯大王、铁路大王、金融大王。当时，美国铁路总利润的85%被7个垄断集团控制，钢铁产量的65%由摩根钢铁公司掌握。国家财富的60%掌握在占美国人口2%的富人手中。

美国政府对大公司的行为，睁一只眼，闭一只眼，允许它们越来越大。因为政府觉得这样做，对于公司是有利的，对于国家是有利的。

美国在建国后的一百多年中，一直奉行由英国传承而来的私有经济和自由竞争，也就是由市场规律这只看不见的手左右经济运行，任由企业自由发展、优胜劣汰，而政府并不对经济生活加以干预。优势企业通过联合、并购、重组等手段，可以同时控制生产、市场和价格，以追逐高额、稳定的利润。

然而，在垄断经济资源的托拉斯给美国带来繁荣风光的背后，是日益扩大的社会矛盾和危机。宾夕法尼亚州的匹兹堡，曾经是美国的钢铁之城。很长一段时期，匹兹堡的繁荣是通过空气中灰尘的浓度来衡量的。当时，美国是工业化国家中工伤致死率最高的国家。工人们每周工作六天，每天工作12～16个小时，每天的工钱只有两美元。这样的生活连孩子也不能幸免，美国大约有两百万名童工加入到劳工的队伍中，最小的只有四岁。然而，与辛苦劳作相伴随的，却是矿难、火灾的不断发生。纽约曼哈顿一家服装厂发生火灾时，平日为限制工人外出而紧锁的工厂大门，挡住了工人逃生的唯一出路，最终造成146名工人死亡。

垄断的形成是自由竞争的结果。它在聚拢大量经济资源的同时，也造成了尖锐的社会问题。它损害了工人利益和社会公平，也阻碍了中小企业的自由发展。一大批中小企业由于无法在垄断企业的阴影下生存，纷纷破产倒闭，城市贫困人口大量增加。

尽管美国在此之前已经出台了世界上第一部反垄断法——《谢尔曼反托拉斯法》，但是，这部法律自颁布以来，一直没有依据它判定过任何案例。

上任不久的西奥多·罗斯福总统，不得不面对这些疑问，被迫整顿经济。他一开始并不愿意这么做，但公众的压力太大了，他不得不采取行动。总统宣布，标准石油公司要为此付出代价。标准石油公司是其他垄断者的榜样，所以，政府在1911年拿标准石油公司开刀了。1911年，美国最高法院判定标准石油公司垄断违法，妨碍了自由竞争，并下令解散标准石油公司。这个曾经辉煌一时的石油帝国被迫拆分成若干个小公司。今天的埃克森石油公司、美孚石油公司都是由当年标准石油公司拆分后的小公司发展而来的。石油大王洛克菲勒不明白：为什么自己会受到这样的打击？在当时的条件下，洛克菲勒也许真的不清楚自己辛辛苦苦经营壮大的标准石油公司，到底给社会带来怎样的伤害。

垄断之所以不能被人接受，就是因为破坏了机会平等。一个垄断企业在市场中，它已经进入的这种优势，为它占据了一个非常有利的强势地位，这样就隐含地排除了很多人想进入这个领域的权利。因此，从这一点看，机会的平等大大降低。在美国，自由的选择以及平等的机会，被认为是至高无上的，哪怕牺牲一些效率，也要保证机会的平等。

从西奥多·罗斯福任职开始，美国政府先后对40多家公司提起诉讼。牛肉托拉斯、石油托拉斯和烟草托拉斯在司法部的起诉之下被迫解散。政府通过宪法对垄断进行限制的原则也由此被确立起来。西奥多·罗斯福设立了公司管理局，专门处理反托拉斯诉讼。此后，反托拉斯的行动被正式纳入美国政府制度化的长久政策之中。

【案例讨论】：

1. 结合本案例，试分析垄断的优劣。

2. 在解决垄断这样的经济问题时，政府应有怎样的作为？

第八章　分配理论

关键词汇：
生产要素的需求和供给　工资和地租及利息的决定　洛伦斯曲线和基尼系数

如前所述，价格是利益切割与分配的工具。劳动者依靠工资（价格）获取相应社会财富的份额，土地所有者凭借土地所有权收取地租（价格）以获取相应社会财富的份额，等等。所有生产要素的价格之和就是整个社会的财富总额。所以说，分配理论就是生产要素的价格决定理论，研究生产要素的价格形成，就是研究社会财富按照什么样的原则分配给社会各阶层。

19 世纪，西方经济学家习惯于把生产要素分为三类，即劳动、资本和土地。这三类生产要素的价格，被分别称作工资、利息和地租。例如，法国经济学家萨伊就曾提出了一个“三位一体”的分配公式，即：劳动——工资，资本——利息，土地——地租。到 19 世纪末，第四种生产要素——企业家才能被英国经济学家马歇尔“发现”。于是，正常利润被看成是企业家才能的报酬，这样就形成了“四位一体”的分配公式。这个公式概括了经济学分配理论的核心思想，简而言之，就是各种生产要素都要根据自己在生产过程中所作出的贡献而获得相应的报酬（价格）。

生产要素的需求与供给决定了生产要素的价格。本章从生产要素的供求入手，分别介绍工资、利息、地租和利润的决定理论，最后，从社会分配的角度研究收入分配公平的相关政策。

第一节　生产要素的需求与供给

一、生产要素的需求

（一）生产要素需求的性质

西方经济学认为，生产要素的需求是“派生”需求或“引致”需求。也就是说，由于人们对产品（消费资料）的需求才引起了对生产要素（生产资料）的需求。厂商之所以需要生产要素是为了用它生产出各种产品，目的在于实现利润最大化。例如，消费者购买面包，这是直接需求；消费者对面包的直接需求引致生产厂商购买生产要素（例如机器和劳动等）来生产面包。生产厂商对机器和劳动等生产要素的需求是派生或引致需求，是满足终极消费的手段，而不是目的。

此外，生产要素的需求还是一种联合需求或相互依存的需求，即对生产要素的需求是共同的需求。这个特点是由于技术原因造成的，如：生产要素往往不能单独发生作用，劳动者赤手空拳不能生产任何产品；同样，机器本身也无法创造财富。只有人与物（机器以及原材料等）相互结合才能实现生产的目的。对生产要素需求的这种共同性特点带来一个重要后果，即对某种生产要素的需求，不仅取决于该生产要素的价格，而且也取决于其他生产要素的价格。因此，生产要素理论应当是关于多种生产要素共同使用的理论。但是，同时处理多种要素将使分析过于复杂。为了简单起见，我们时常根据某种需要只集中于分析一种生产要素。

从以上生产要素需求的性质可知，影响生产要素需求的主要因素有：

（1）市场对产品的需求及产品的价格。

（2）生产技术的类型。

（3）生产要素的价格。

在以下的分析中，我们说明在不同的产品市场结构中，当生产要素市场为完全竞争时，一家厂商对一种生产要素的需求情况。

（二）完全竞争市场上的生产要素需求

同完全竞争的产品市场一样，完全竞争的要素市场的基本性质可以描述为：要素的供求双方人数众多，要素没有任何区别，要素供求双方都具有完全的信息，要素可以充分自由地流动，等等。显然，完全满足这些要求的要素市场在现实生活中是不存在的。

厂商购买生产要素是为了实现利润最大化。这样，它就必须使购买最后一单位生产要素所支出的边际成本与其所带来的边际收益相等。在完全竞争市场上，边际收益等于平均收益，即等于价格。因此，厂商对生产要素的需求就是要实现边际收益、边际成本与价格相等，即：$MR=MC=P$。在完全竞争市场上，对一家厂商来说，价格是不变的。由此可见，厂商对生产要素的需求取决于生产要素的边际收益（边际贡献），即生产要素的边际效率。

生产要素的边际收益取决于该要素的边际生产力。在其他条件不变的情况下，增加一单位某种生产要素所增加的产量（或者这种产量所带来的收益）就是该生产要素的边际生产力。

根据边际收益递减规律，在其他条件不变的情况下，生产要素的边际生产力是递减的。因此，生产要素的边际收益曲线是一条向右下方倾斜的曲线。这条曲线也是生产要素的需求曲线，如图8－1所示。

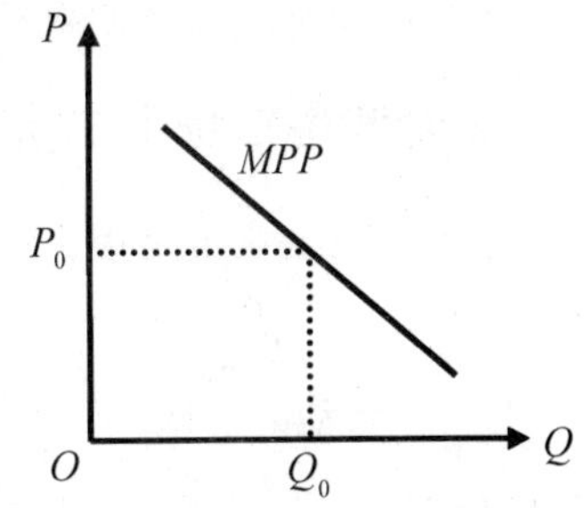

图8－1　生产要素的需求曲线

在图8－1中，横轴为生产要素需求量，纵轴为生产要素价格，MPP为边际物质产品曲线，即向右下方倾斜的边际生产力曲线，也就是生产要素需求曲线。当生产要素的价格为P_0，生产要素的需求量为Q_0时，使用的生产要素量可以实现$MR=MC$。如果生产要素价格高，就是$MR<MC$，从而减少生产要素需求；如果生产要素价格低，就是$MR>MC$，就会增加生产要素需求。

整个行业的生产要素需求以各个厂商的生产要素需求为基础，也是一条向右下方倾斜的线，但不是各个厂商对生产要素需求的简单相加。

（三）不完全竞争市场上的生产要素需求

在不完全竞争（即垄断竞争、完全垄断、寡头垄断）市场上，对一个厂商来说价格并不是不变的。因此，边际收益不等于价格。边际收益取决于生产要素的边际生产力与价格水平。这时，生产要素需求仍取决于 $MR = MC$。因此，生产要素的需求曲线是一条向右下方倾斜的线。这两种市场上的差别在于生产要素需求曲线的斜率不同。完全竞争市场的需求曲线与横轴平行，而不完全竞争市场的需求曲线向右下方倾斜，因此，对同一生产要素的价格，对生产要素的需求量不同。一般情况下，同一价格时完全竞争市场上的生产要素需求量大于不完全竞争市场上的生产要素需求量。

二、生产要素的供给

生产要素可以分为三类：第一类是自然资源，通常假定这类资源的供给是既定的；第二类是资本品，这类生产要素的供给与一般产品的供给一样，与价格同方向变动，供给曲线向右上方倾斜，表明与价格同方向变动；第三类是劳动，这一生产要素的供给有其特殊性，我们在工资理论中会作详细介绍。

生产要素的价格是由其供求所决定的，以下各节分别介绍各种生产要素价格的决定，即各种收入分配理论。

第二节　工资理论

一、工资的性质与种类

工资是劳动力提供劳务的报酬，即提供劳动这种生产要素的价格（工资收入）。可以依据不同的标准对工资进行不同的分类，如计时工资与计件工资、货币工资和实物工资、名义工资和实际工资等。

在工资理论中，我们首先要分析货币工资的决定与变动。

二、完全竞争市场上工资的决定

这里的完全竞争是指劳动市场不存在垄断因素，工资水平完全由劳动的市场供求关系所决定。

（一）劳动的需求

厂商对劳动的需求取决于多种因素，例如：产品的市场需求状况、劳动的价格、生产技术类型、具有替代性的相关生产要素的价格等。但劳动的需求主要还是取决于劳动的边际生产力。劳动的边际生产力是指在其他条件不变的情况下，增加一单位劳动所增加的产量。劳动的边际生产力是递减的。厂商在购买劳动时要使劳动的边际成本（即工资）等于劳动的边际产品。如果劳动的边际产品大于工资，劳动的需求就会增加；如果劳动的边际产品小于工资，劳动的需求就会减少。因此，劳动的需求曲线是一条向右下方倾斜的曲线，表明劳动的需求量与工资水平成反方向变动。可用图8－2说明这一点。

在图8－2中，横轴OL代表劳动的需求量，纵轴OW代表工资水平，D为劳动的需求曲线。一方面，工资水平越高，对劳动的需求量就会越少；工资水平越低，对劳动的需求量就会越多。另一方面，劳动者的数量越多，工资水平越低。反之，就越高。或者换一个角度，我们举例如下，假定市场上需要会计师1000名，已有999名就业。张某2010年取得了会计师资格，可以想见，他的边际贡献小，工资少。如果张某取得了注册会计师的资格，工资相对会高一些。高素质人才稀缺，其边际贡献一定是大的。

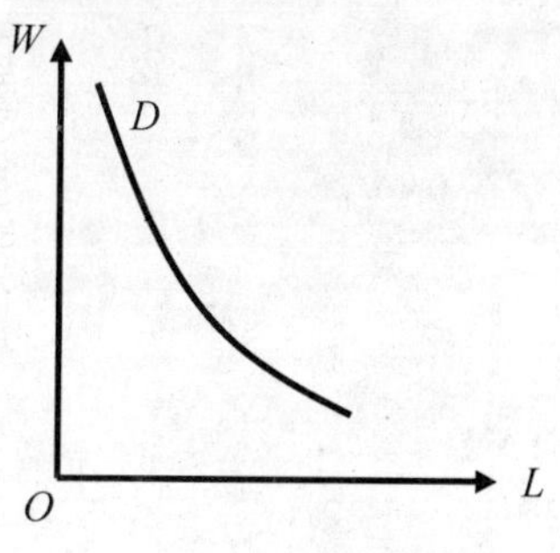

图8－2　劳动的需求曲线

（二）劳动的供给

劳动的供给主要取决于劳动的成本，这种劳动的成本包括两类：一类是实际成本，即维持劳动者及其家庭生活所必需的生活资料的费用，以及培养、教育劳动者的费用；另一类是心理成本。劳动是以牺牲闲暇的享受为代价的，劳动会给劳动者心理上带来负效用，补偿劳动者这种心理上负效用的费用就是劳动的心理成本。

实际上，劳动者的时间可以分为劳动与闲暇两部分。劳动者会选择一部分时间作为闲暇来享受，其余时间作为劳动供给。闲暇直接增加了效用，劳动则可以带来收入，通过收入用于消费再增加效用。因此可以说，劳动者并非是在闲暇和劳动之间进行选择，而是在闲暇和劳动收入之间进行选择。有的人仅仅满足于衣食无忧，有的人则为了金钱忙碌一生，对价值的判断不同导致了取舍不一，其实就是："值"还是"不值"。

劳动的供给有自己的特殊规律。一般来说，当工资增加时劳动量供给会增加，但工资增加到一定程度后如果再继续增加，劳动量供给不但不会增加，反而会减少。这是因为，工资收入增加到一定程度后，货币的边际效用递减，不足以抵消劳动的负效用，从而劳动就会减少。或者说，当工资的提高使人们富足到一定的程度以后，人们会更加珍视闲暇。可用表8－1和根据表8－1画出的图8－3说明这一点。

表8－1　工资水平与劳动的供给量

工资（元/小时）	劳动供给量（小时）
3	1800
4	2000
5	2300
7	2500
9	2500
10	2400

在图8－3中，横轴OL代表劳动的供给量，纵轴OW代表工资水平，S为劳动的供给曲线。

在c点之前，劳动的供给量随工资增加而增加；在c点到d点之间，工资增加而劳动供给量不变，这是一个短暂的过渡；d点之后，工资增加而劳动供给量减少，这时的供给

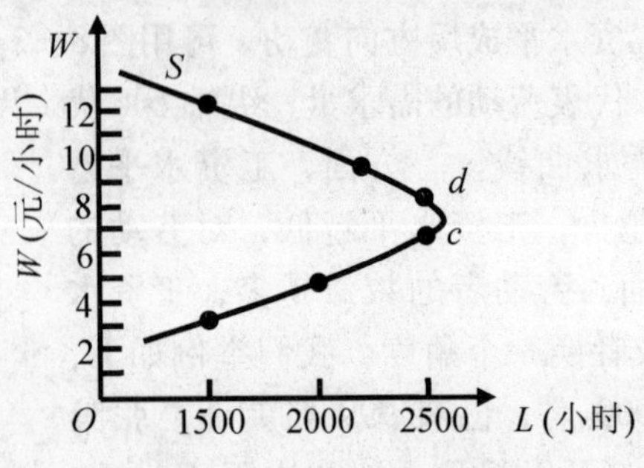

图 8-3 劳动的供给曲线

曲线称为“向后弯曲的供给曲线”。

此外，劳动的供给还取决于人口增长率、劳动力的流动性、移民规模、技术进步等因素。

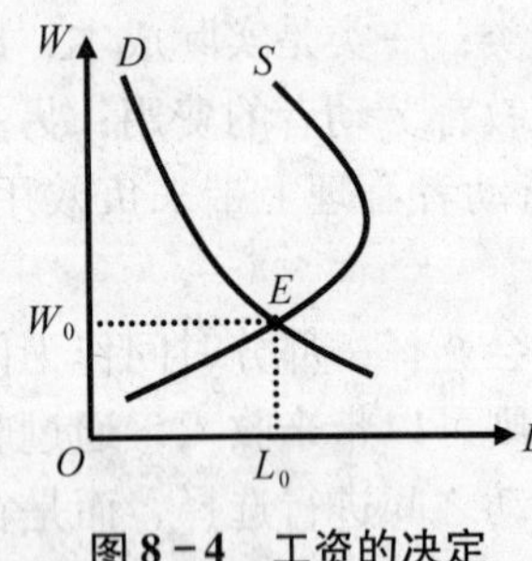

图 8-4 工资的决定

（三）工资的决定

劳动的需求与供给共同决定了完全竞争市场上的工资水平，可用图 8-4 说明这一点。

在图 8-4 中，劳动的需求曲线 D 与劳动的供给曲线 S 相交于 E，这就决定了工资水平为 W_0，这一工资水平等于劳动的边际生产力。此时劳动的需求量与供给量相等，劳动力市场处于均衡状态。

三、不完全竞争市场上工资的决定

不完全竞争是指劳动市场上存在着不同程度的垄断因素，分为两种情况：一是劳动者对劳动的垄断，即劳动者组成工会，借以垄断劳动的供给（卖方垄断）；二是厂商对劳动购买的垄断（买方垄断）。现实中，卖方与买方都存在一定程度的垄断。

在西方国家，工会是工人自己的组织，一般按行业组成。工人需要自己的组织，借以维护自身利益。过于强势的工会，对社会效率也存在着负面影响。在工资决定的问题上，一般是由工会与企业协商确定，政府则是游戏规则的制定者，在其间起一种协调、平衡作用。由于工会控制着一定数量的入会工人，力量相当强大，所以，在经济学中被称为劳动供给的垄断者，并以这种垄断力量对工资水平施加影响。

工会影响工资的方式主要有以下三种。

（一）增加对劳动的需求

在劳动供给不变的条件下，通过增加劳动需求的方法来提高工资，不但会使工资增加，而且还可以增加就业。可用图 8-5 来说明。在图 8-5 中，劳动的需求曲线原来为 D_0，这时，D_0 与 S 相交于 E_0，决定了工资水平为 W_0，就业水平为 L_0。劳动的需求增加后，劳动的需求曲线由 D_0 移动到 D_1，这时 D_1 与 S 相交于 E_1，决定了工资水平为 W_1，就业水平为 L_1，$W_1 > W_0$，说明工资上升了；$L_1 > L_0$，说明就业水平提高了。

工会增加厂商对劳动需求的最主要方法是增加市场对产品的需求，如通过增加出口，限制进口，实行保护贸易政策；反对用机器替代工人等。

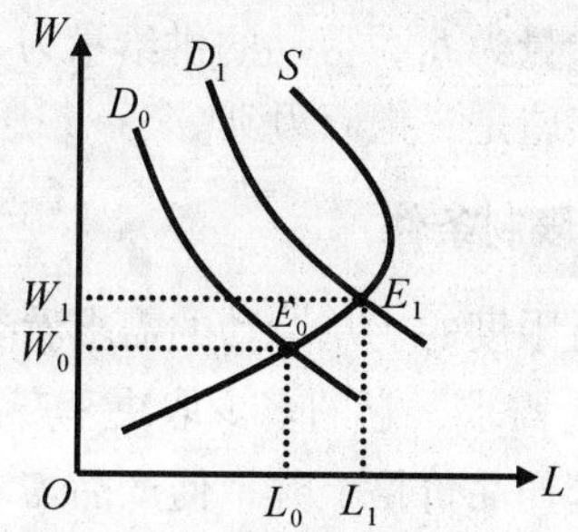

图 8－5　增加劳动需求对工资的影响

（二）减少劳动的供给

在劳动需求不变的条件下，通过减少劳动的供给同样也可以提高工资。但这种情况会使就业减少。可以用图 8－6 加以说明。

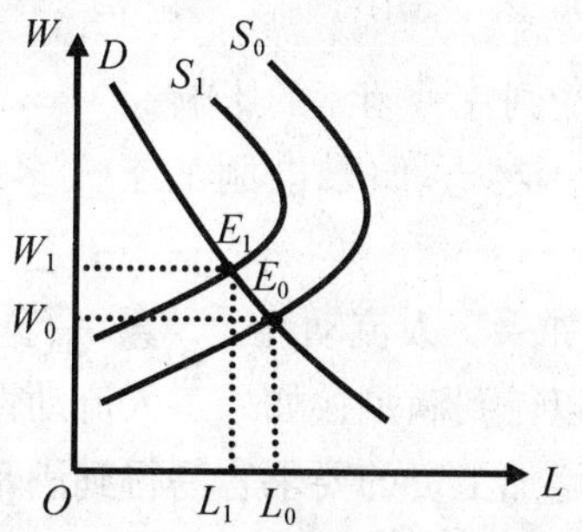

图 8－6　减少劳动供给对工资的影响

工会减少劳动供给的方法主要有：限制非工会会员受雇，迫使政府通过强制退休、禁止使用童工、限制移民、减少工作时间的法律等。

（三）最低工资法

工会迫使政府通过立法规定最低工资，类似于支持价格。这样，在劳动的供给大于需求时，也可以使工资维持在一定的水平上。可以用图 8－7 加以说明。

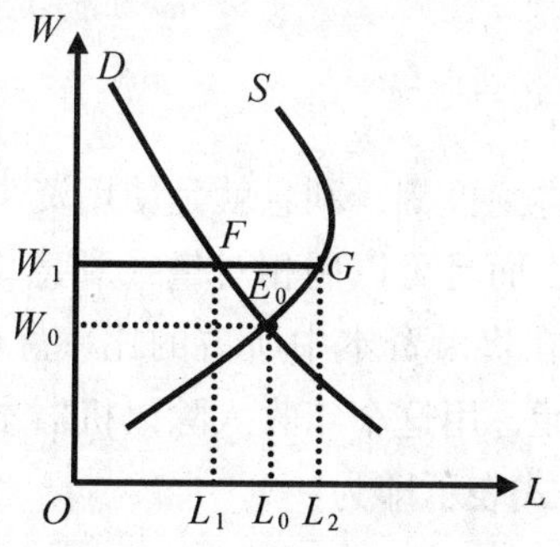

图 8－7　最低工资与就业

在图 8－7 中，劳动的需求曲线 D 与供给曲线 S 相交于 E_0，决定了工资水平为 W_0，就业水平为 L_0，最低工资法规定的最低工资为 W_1，$W_1 > W_0$。这样虽然能使工资维持在较高的水平上，但此时，劳动的需求量为L_1，劳动的供给量为L_2，供大于求，就有可能出现失业。由此可知，最低工资法的实施是一把双刃剑。

（四）工会影响工资决定的限制条件

工会对工资水平的影响是有限度的。从劳动的需求看要受到以下因素的影响：

（1）劳动的需求是一种派生需求，它的多少取决于产品需求弹性的大小，如果产品的需求弹性大，工资增加就会引起产品价格上升，使产品需求大幅度减少，从而抑制工资无法增加；如果产品需求弹性小，增加工资则较为容易。

（2）如果劳动在总成本中占的比例大，则工资增加引起总成本增加较多，工资的增加就有限；如果劳动在总成本中所占比例小，工资增加对总成本影响不大，则增加工资比较容易。

（3）如果劳动不易被其他生产要素代替，则提高工资容易；如果劳动容易被其他生产要素代替，则工资提高就有限。

从劳动的供给来看，也要受到三种因素的影响：

（1）工会所控制的工人的多少。如果控制的工人多，工会力量强大，则易于增加工资。

（2）工人的流动性大小。如果工人流动性大，某一行业或地区可以从其他来源雇佣工人，则工会增加工资的要求难以得到满足；如果工人流动性小，某一行业或地区从其他来源雇佣工人非常困难，则工会增加工资的要求容易得到满足。

（3）工会基金的多少。如果工会保证罢工期间工人生活的基金多，从而使罢工时间长、影响大，则提高工资的要求就较容易得到满足。

虽然劳动市场上的垄断因素对工资的决定有相当大的影响，但从长期看，还是劳动的供求状况在起着决定性作用。劳动的供求是决定工资的关键因素。

第三节 利息理论

一、利息理论

资本家提供了资本，需要得到报酬，利息就是使用资本这种生产要素的价格。利息不仅可以用货币的绝对量来表示，而且可以用相对量（利息率）来表示，利息率是利息在每一单位时间内（例如一年内）在货币资本中所占的比率。例如，一台价值为1000元的机器使用一年得到的收入为100元，用这个年收入除以机器本身的价值就是该资本（机器价值）的价格 r（年利率）。用公式表示即为：

$$r=\frac{Z}{P}=\frac{100}{1000}=10\%$$

该式中，Z 为资本的年收入，P 为资本价值。10% 就是货币资本在一年内提供生产性服务的报酬，即一定量货币资本的价格。

西方经济学还解释了为什么要为资本支付利息，以及为什么资本能够带来利息的问题。

（一）时间偏好与利息

为什么对资本应该支付利息呢？或者说，张三为什么要向李四支付利息呢？产权明晰的市场条件下，资本使用权的转移必须要支付成本，否则李四绝不会向张三放贷。即使是张三的自有资本，他也应该从机会成本的角度为资本支付利息，这是经济决策的必然要求。

西方经济学家对这个问题的认知角度，值得玩味。他们认为，人们对资本的使用具有一种时间偏好，即在未来消费与现期消费中，人们是偏好现期消费的。换而言之，现在多增加一单位消费所带来的边际效用大于将来多增加这一单位消费所带来的边际效用。之所以有这种情况，是因为未来是难以预期的，人们对物品未来效用的评价总要小于现在的效用。或者说人的本性之一就是及时行乐。如此，人们对现在购买还是1年后购买同一款奔驰汽车所带来的效用评价就不同。假定人们总是喜爱现期消费，那么，放弃现期消费把货币作为资本用于放贷或用于别的生产用途，就需要忍受痛苦（因为未来的效用小），作为对痛苦的补偿就应该得到利息。

（二）迂回生产与资本净生产力

为什么资本能够带来利息呢？西方经济学用迂回生产的理论进行了诠释。迂回生产就是先生产生产资料，然后用这些生产资料生产消费资料。迂回生产提高了生产效率，而且迂回生产的过程越长，生产效率越高。例如，在田野里捕捉野兔，赤手空拳是难以做到的，效率极低。而现代人手持猎枪，乘坐越野吉普，并安装了探照灯，携带了备用的蓄电池，捕捉野兔的效率就会很高。其实迂回生产就是意味着分工，分工是最具效率的，分工的细化是未来必然的趋势，有分工就有交易，交易是一种理想的秩序，成本最低。现代生产的特点就在于迂回生产，但迂回生产如何得以实现呢？需要资本。所以说，资本使迂回生产成为可能，从而提高了生产效率，这种由于资本而提高的生产效率就是资本的净生产力，它可以用效率增长的幅度加以表示。资本具有的净生产力是资本衍生的利息源泉。

马克思将创造一切社会财富的源泉归根于人的劳动，利息也不例外，而且还是生产领域的工人劳动所创造的。个中短长，值得思考。

二、利率的决定

利息率的高低取决于资本的需求与供给，对资本的需求主要是企业投资的需求，因此，可以用投资来代表资本的需求。资本的供给主要是储蓄，所以，可以用储蓄来代表资本的供给。这样就可以用投资与储蓄对利息率的决定加以分析。

企业借入资本进行投资，是为了实现利润最大化，借贷规模取决于利润率与利息率的差额。差额越大，利润就越大，借贷规模也就越大；反之，企业就不会更多地通过借贷进行投资。因此，假定利润率不变，利息率就与投资成反方向变动，资本的需求曲线就是一条向右下方倾斜的曲线。

人们进行储蓄，是为了获得利息，利息率越高，储蓄越多；利息率越低，储蓄越少。这样，利率与储蓄就成同方向变动，因此，资本的供给曲线是一条向右上方倾斜的曲线。

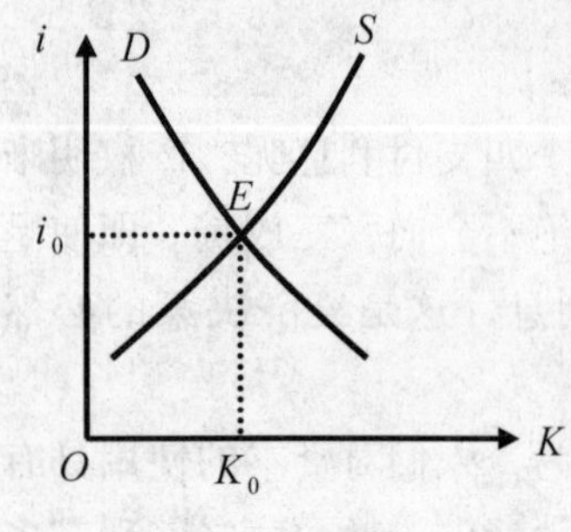

图 8-8 利息率的决定

可用图 8-8 说明利息率的决定。在图 8-8 中，横轴 *OK* 代表资本量，纵轴 *Oi* 代表利息率，*D* 为资本的需求曲线，*S* 为资本的供给曲线，这两条曲线相交于 *E*，决定了利息率水平为 i_0，资本量为 K_0。

单纯由资本供求关系所决定的利息一般称为“纯利息”，它反映了资本的净生产力。但在资本市场上债权人对债务人所收取的利息中还包括了货款时风险的收入，例如，不能偿还的风险，或者通货膨胀使货币贬值的风险等。对这些风险，债权人要收取一定的费用。这种包括风险收入在内的实际收取的利息称为借贷利息，借贷利息与“纯利息”在量上是存在差别的。因此，纯利息是剔除其他因素，纯粹由资本的市场供求关系所决定的利息。

三、利息在经济中的作用

经济社会中，通过利率的调节作用，资本市场实现了均衡。这也是价格调节经济的作用形式之一。当资本的需求大于供给时，利息率会上升，从而减少资本的需求，增加资本的供给。当资本的需求小于供给时，利息率会下降，从而增加资本的需求，减少资本的供给。所以，利息率的调节会使资本市场处于均衡状态。

正是由于利息率的这种调节功能，所以它在经济中发挥着十分重要的作用。

首先，利息的存在可以鼓励少消费，多储蓄。增加储蓄是发展经济的关键，大多数国家在经济开始发展时，总要采取高利息率的政策。其次，利息的存在可以使资本得到更有效的利用。最后，当一个社会出现了通货膨胀时，提高利息率可以减少对借贷资金的需求，刺激借贷资金的供给，从而抑制通货膨胀。

第四节 地租理论

“劳动是财富之父，土地是财富之母”，经济学中的土地，泛指一切自然资源。自然界可以为人类带来财富，人类的劳动绝非是创造财富的唯一源泉。

一、地租的性质

地租是土地这一生产要素的价格，所有者转让了土地的使用权，目的在于获取地租。

地租的产生与归属是两个不同的问题。地租产生的源泉在于以下两个原因：第一，在于土地本身具有生产力，这也就是说地租是利用“土壤原始的、不可摧毁的力量”的报酬；第二，土地作为一种自然资源具有稀缺性的特点。其实，前者是指土地对人有用，后者是指土地数量有限，二者缺一，地租就不可能产生。当然，在马克思的地租理论中，只看到了人的劳动，土地的作用被忽视了。

关于地租的归属问题，在私有制社会里，地租归土地的所有者所有。在公有制社会里，地租归国家或集体所有。地租必然存在于产权明晰的社会里。

二、地租的决定

地租的多少取决于土地的供求关系，土地的需求则取决于土地的边际生产力。土地的边际生产力是递减的，所以，土地的需求曲线是一条向右下方倾斜的曲线。但土地的供给是固定的，因为经济社会中可以利用的土地总有一定的限度。这样，土地的供给曲线就是一条与横轴垂直的线。地租的决定可以用图8-9说明。

在图8-9中，横轴代表土地数量，纵轴 *OR* 代表地租，垂线 *S* 为土地的供给曲线，表示土地的供给量固定为 N_0，*D* 为土地的需求曲线，*D* 与 *S* 相交于 *E*，决定了地租为 R_0。

随着社会的发展，如城镇化的进程等因素，使社会对土地的需求不断增加，由于土地的供给不变，地租就有不断上升的趋势。可用图8-10加以说明。

在图8-10中，由于土地价格以外的因素，导致土地的需求曲线由 D_0 移动到 D_1，这表明土地的需求增加了，但土地的供给仍为 *S*，*S* 与 D_1 相交于 E_1，决定了地租提高为 R_1。反之，地租就会减少。

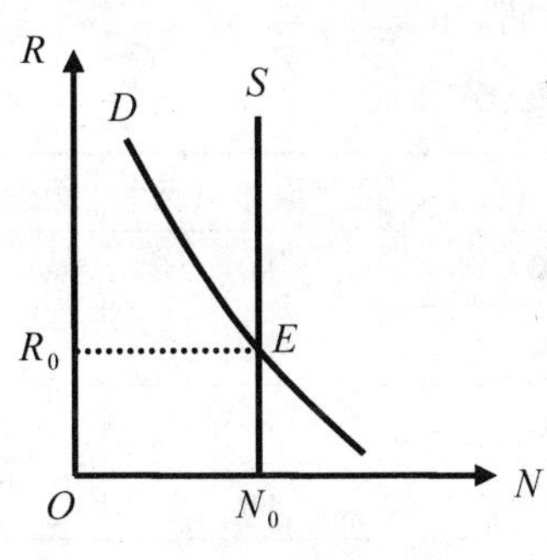

图8-9 地租的决定

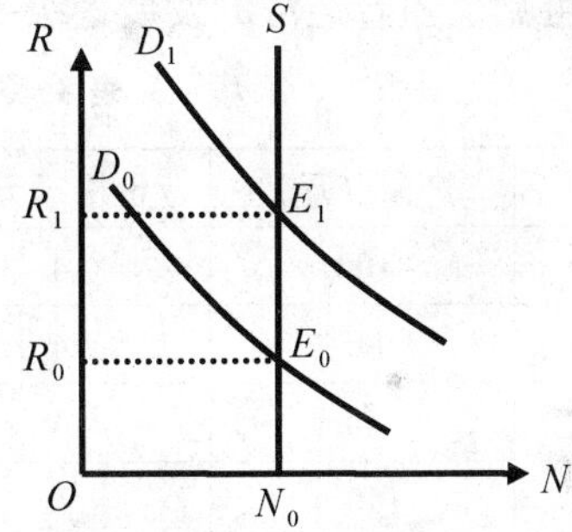

图8-10 地租的决定

三、级差地租的形成与决定

在马克思的地租理论中，地租有多种形式。如，级差地租的两种形态、绝对地租、垄断地租等。其实，地租是土地使用权交易的价格，是交易双方妥协的产物，对于双方而言，地租只有一个。只不过交易双方都要从各自的角度，对所接受的价格的影响因素加以考虑罢了。在实际中，我们很难对某种因素给土地所有者带来的利益在地租总量中进行精确地切割。理论上进行如此的分析，只不过是说理的需要罢了。

下面，我们就来分析级差地租的形成与决定。级差地租表明了地租的形成是以土地的等级与差别为基础的。例如，土地的肥沃程度与地理位置的差别是相当大的，这种差别对地租的形成相当重要。由于土地在肥沃程度和地理位置等方面的差别而引起的地租在经济学上称为级差地租。

我们可用表8-2说明级差地租的形成与决定。

表 8-2 级差地租的形成与决定

土 地	产量（斤）	价格（元）	总产值（元）	成本（元）	级差地租（元）
A	100	2	200	80	120
B	80	2	160	80	80
C	50	2	100	80	20
D	40	2	80	80	0
E	20	2	40	80	-40

表 8-2 中，*A*、*B*、*C*、*D*、*E* 是五块肥沃程度依次递减的土地。在其他条件不予考虑的情况下（假定相同且不变），*A*、*B*、*C*、*D*、*E* 的产量不同。在市场上，农产品的市场价格是 2，从而各块土地的总收益就不相同。这样，*A*、*B*、*C* 三块土地由于条件好、产量高，就分别产生了 120、80 和 20 的级差地租。*D* 块土地没有级差地租，被称为“边际土地”。*E* 块土地连生产成本都无法弥补，不会被利用。由此可以看出，级差地租是由于土地肥沃程度或地理位置的不同而引起的。

从表 8-3 中可以看出，当价格上升到 4 元时，*A*、*B*、*C* 三块土地的级差地租分别增加到 320、240、120，*D* 块土地有了级差地租 80，而 *E* 块土地收支相抵，成为可以利用的边际土地。可见，随着经济的发展，级差地租也在增加。

表 8-3 级差地租的变化

土 地	产量（斤）	价格（元）	总产值（元）	生产成本（元）	级差地租（元）
A	100	4	400	80	320
B	80	4	320	80	240
C	50	4	200	80	120
D	40	4	160	80	80
E	20	4	80	80	0

四、租金、准地租与经济租

从对地租的分析中还可引申出三个重要的经济概念：租金、准地租与经济租。

（一）租金

地租是当土地供给固定时使用权的交易价格，因而地租只与固定不变的土地相关。但许多情况下，大量的资源也可以被看成是固定不变的，例如矿藏，就像土地一样供给有限。这些固定不变的资源也会产生相应的价格，如转让矿藏的开采权等。这种价格显然与土地的地租非常类似，为了与之相区别，可以将其称为“租金”。换而言之，地租对应的是土地，而租金则是一般化的地租，对应的是其他固定有限的资源。

（二）准地租

准地租又称准租金或准租，指固定资产在短期内所得到的收入，因其性质类似于地租，被英国经济学家马歇尔称为准地租。在现实生活中，有些生产要素尽管在长期中可变，但在短期中却是固定的。例如，由于厂商的生产规模在短期不能变动，其固定生产要素的供给对厂商来说就是固定的，它不能从现有的用途中退出而转移到收益较高的其他用途中去，也不能从其他相似的生产要素中得到补充。这时，只要产品的销售价格能够补偿平均变动成本，就可以利用这些固定资产进行生产。在这种情况下，产品价格超过其平均变动成本的余额，代表着固定资产的收入。这一收入看似由于固定资产的使用而产生，其性质类似于地租。实际是因为产品价格超过了平均变动成本，而且还有余额，这时的固定资产使用才是经济的，可以图 8－11 说明准地租。

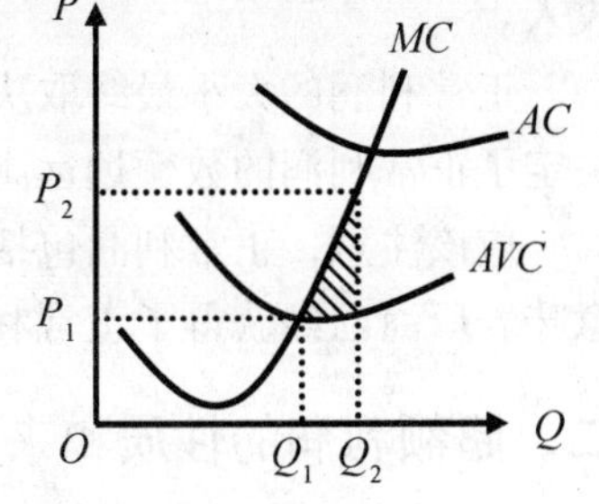

图 8－11　准地租

在图 8－11 中，如果价格为 P_1，产量为 Q_1，则收益只能弥补平均变动成本，这时不存在准地租，如果价格上升为 P_2，产量为 Q_2，这时，收益除了弥补平均变动成本外尚有剩余，剩余部分（即图上的阴影部分）就是准地租。

需要注意，准地租只在短期内存在，在长期内固定资产是可变的，与土地不同，因此，也就不能称为准地租了。

（三）经济租

如果生产要素的所有者所得到的实际收入大于他们的预期，则超过的这部分收入就被称为经济租，也被称为生产者剩余。

例如，国有垄断企业的劳动者，素质参差不齐，按照工作能力，他们的工资水平会存在很大差距。但即使如此，由于对工资的攀比心理、工资刚性或工资体制的不完善等因素，素质差的人最后的工资收入也许会高于他的预期，这个差额就是经济租。其他生产要素所有者也可能会得到这种经济租，可用图 8－12 说明经济租。

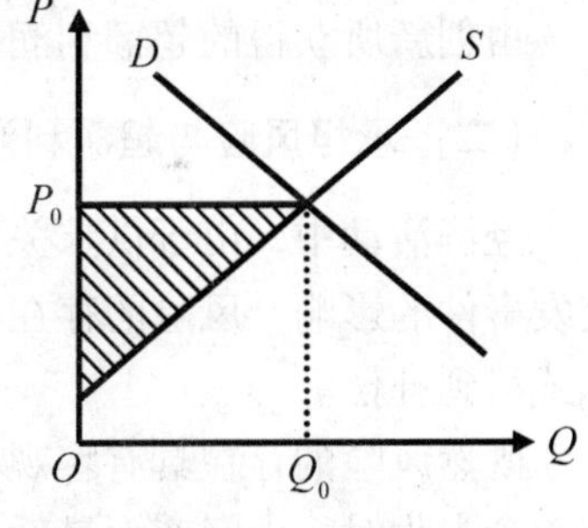

图 8－12　经济租

在图 8－12 中，供给曲线表示了每增加一单位供给所要求的价格，市场价格为 P_0，在此以下的各单位生产要素都得到了经济租，经济租总额就是图上的阴影部分。

准地租与经济租是不一样的，准地租仅在短期内存在，而经济租在长期中也会存在，是一种可能性的常态。

需要强调的是，在产权明晰的社会里地租都是存在的，因为只有地租的存在，才能够有效地实现土地资源的优化配置。

第五节　利润理论

经济学中利润可以分为正常利润与超额利润两种。它们的范畴、性质和来源都不相同。

一、正常利润的性质和来源

正常利润是企业家才能的报酬（价格），是企业家付出才能这一生产要素所得到的收入。

正常利润的大小最终取决于市场供求，由于市场经济对企业家才能需求的缺口很大，决定了正常利润的数额远远高于一般劳动者的工资收入。

应该注意，正常利润包括在成本之中，是一种隐成本。所以，经济学中的收支相抵就意味着厂商已经获得了正常利润。

二、超额利润的性质和来源

超额利润是指超过正常利润的那部分利润，又称为经济利润。只有在不完全竞争条件下或完全竞争条件下的短期分析中，才可能产生这种利润。下面，我们分析超额利润产生的原因。

（一）创新与超额利润

美国经济学家熊彼特在1912年出版的《经济发展概论》一书中提出，创新是指把一种新的生产要素和生产条件的“新结合”引入生产体系。它包括五种情况：引入一种新产品；引入一种新的生产方法；开辟一个新的市场；获得原材料或半成品的一种新的供应来源；采用一种新的企业组织形式。这五种形式的创新都可以为厂商带来超额利润（经济利润）。

由创新所获得的超额利润是合理的，也是社会所鼓励的。

（二）承担风险与超额利润

经济活动中，由于供求关系瞬息万变，由于自然灾害、社会动荡以及其他难以预料的突发事件的影响，风险的存在具有普遍性。因此从事具有风险的生产就应该以超额利润的形式得到补偿。

既然风险的存在具有客观性、普遍性，承担风险就是经济社会发展所需要的。例如，当粮食丰收时，中间商大量低价收购，以便在以后粮食紧缺时高价出售，这种活动有利于平抑物价，对社会是有利的。但如果以后的粮食市场并未出现紧缺，中间商就会亏本。而如果情况与他的预测一样，出现了粮食短缺，他就可以高价出售获得超额利润。这种超额利润就是低价与高价之间的差额减去各种成本后的余额。机会与风险并存，社会上既然存在厂商由于承担风险而致巨额亏损的可能性，也就必须允许厂商由于承担风险而获取超额利润的客观存在。

（三）垄断与超额利润

垄断的形式可以分两种：卖方垄断与买方垄断。由垄断而产生的超额利润，又称为垄断利润。

卖方垄断也称垄断或专卖，指对某种产品出售的垄断。垄断者可以抬高销售价格以损害消费者的利益而获得超额利润。买方垄断也称专买，指对某种产品或生产要素购买的垄断。在这种情况下，垄断者可以压低收购价格，以损害生产者或生产要素供给者的利益而获得超额利润。经济学中的垄断一般是指卖方垄断。

在存在垄断的条件下，由于没有竞争者，垄断企业就拥有了产品的定价权，相对方则是价格的接受者。因此，垄断企业能够更加容易地获得巨大的超额利润。例如，南非的钻石公司戴比尔斯，它控制了世界钻石生产的80%左右，虽然不是100%，但也大到足以控制世界钻石的价格。

此外，导致垄断形成的因素有许多。如前所述，既然垄断不可避免，政府就应该为之进行制度设计，进而规范垄断。

三、利润在经济中的作用

利润在人类社会中无所不在，是联系社会主体的桥梁和纽带。对于经济主体来说，更是如此。忽视了利润，经济主体的运行就失去了方向和动力。

（1）鼓励企业家更好地管理企业，提高经济效益；

（2）激励企业家大胆创新，有利于社会的进步；

（3）激励企业家勇于承担风险，从事有利于社会经济发展的风险事业；

（4）有利于降低成本，有效地配置和利用资源，从而在整体上符合社会的利益。

第六节　洛伦斯曲线和基尼系数

到此为止，我们已经分析了西方经济学分配理论中的要素价格决定理论。生产要素价格的决定理论是分配理论的一个重要组成部分，但并不构成分配理论的全部内容。除了要素价格决定之外，分配理论还包括收入分配的公平程度等。

一、洛伦斯曲线

为了研究国民收入在国民之间的分配，美国统计学家洛伦斯提出了著名的洛伦斯曲线。洛伦斯首先将一国总人口按收入由低到高排队，然后考虑收入最低的任意百分比人口所得到的收入百分比，例如，收入最低的20%人口、40%人口等所得到的收入比例分别为3%、7.5%等（参见表8－4），最后，将这样得到的人口累计百分比和收入累计百分比的对应关系描绘在图形上，即得到洛伦斯曲线，如图8－13所示。图中横轴 *OH* 表示人口（按收入由低到高分组）的累计百分比，纵轴 *OM* 表示收入的累计百分比，*ODL* 为该图的洛伦斯曲线。由该曲线（见图8－13）可知，在这个国家中，收入最低的20%人口所得到的收入仅占总收入的大约3%；而收入最低的80%人口所得到的收入还不到总收入的一半。

表8－4　收入分配资料

人口累积	收入累积
0%	0%
20%	3%

续 表

人口累积	收入累积
40%	7.5%
60%	29%
80%	49%
100%	100%

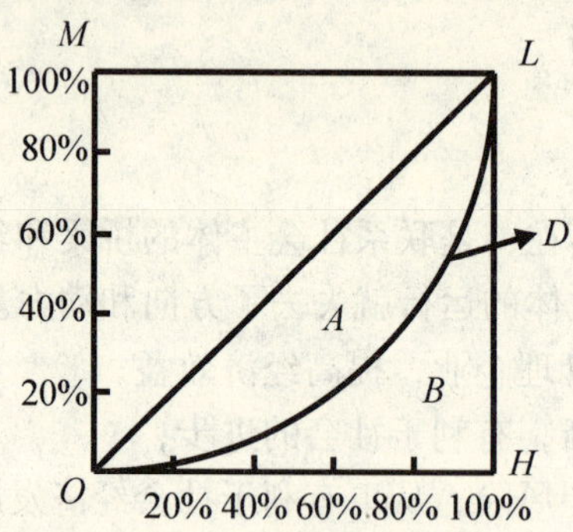

图 8－13 洛伦斯曲线

显而易见，洛伦斯曲线的弯曲程度具有重要意义。一般来说，它反映了收入分配的不平等程度。弯曲程度越大，收入分配程度越不平等。特别是，如果所有的财富都集中在某一个人手中，而其余人口均一无所有时，收入分配达到完全不平等，洛伦斯曲线成为折线 *OHL*；如果任一人口百分比均等于其收入百分比，从而人口累积百分比等于收入累积百分比，则收入分配就是完全平等的，洛伦斯曲线成为通过原点的 45°线 *OL*。

洛伦斯曲线比较直观地显示出收入分配的状况。

二、基尼系数

20 世纪初意大利经济学家基尼，于 1922 年提出了定量测定收入分配差异程度的指标，它是根据洛伦斯曲线得出的一种判断分配平等程度的指标。

一般来说，一个国家的收入分配，既不是完全不平等，也不是完全平等，而是介于两者之间；相应的洛伦斯曲线，既不是折线 *OHL*，也不是 45°线 *OL*，而是像 *ODL* 那样向横轴凸出，尽管凸出的程度有所不同。收入分配越不平等，洛伦斯曲线就越向横轴凸出，从而它与完全平等线 *OL* 之间的面积就越大。因此，可以将洛伦斯曲线与 45°线之间的部分 A 叫做“不平等面积”；当收入分配达到完全不平等时，洛伦斯曲线成为折线 *OHL*，*OHL* 与 45°线之间的面积 $A+B$ 是“完全不平等面积”。不平等面积与完全不平等面积之比，称为基尼系数，是衡量一个国家贫富差距的标准。若设 G 为基尼系数，则：

$$G=\frac{A}{A+B}$$

显然，基尼系数不会大于 1，也不会小于零，即有 $0\leqslant G\leqslant 1$。基尼系数为 0，表示分配程度绝对平均；基尼系数为 1，表示分配程度绝对不平均；基尼系数越小，表示分配程度越平均；基尼系数越大，表示分配程度越不平均。联合国有关组织规定：若低于 0.2 表示收入绝对平均；0.2～0.3 表示比较平均；0.3～0.4 表示相对合理；0.4～0.5 表示收入差距较大；0.6 以上表示收入差距悬殊。通常把 0.4 作为收入分配差距的“警戒线”。世界各国的不平等收入见表 8－5。

表 8－5　世界各国的收入不平等

国　别	最低 1/5	第二个 1/5	中间 1/5	第四个 1/5	最高 1/5
中　国	8.7	13.2	17.5	23.1	37.5
韩　国	7.4	12.3	16.3	21.8	42.2
日　本	6.4	11.0	16.4	24.4	41.8
美　国	4.7	11.0	17.4	25.0	41.9
英　国	4.6	10.0	16.8	24.3	44.3
墨西哥	4.1	7.8	12.3	19.9	55.9
巴　西	2.1	4.9	8.9	16.8	67.5

表 8－5 说明每一个 1/5 家庭在收入分配中得到的税前收入的百分比。①

复 习 思 考

一、填空题

1. 生产要素的需求是一种________需求，也是一种________需求。
2. 工资根据计算方式可分为________工资和________工资。
3. 劳动的成本包括________和________。
4. 利息产生的原因是________；利息的来源是________。
5. 衡量社会收入分配平等程度的标准，一是________，二是________，三是________。

二、单项选择题

1. 在完全竞争市场上，厂商对劳动的需求主要取决于（　　）。
   A. 劳动的价格
   B. 劳动的边际生产力
   C. 劳动在生产中的重要性
2. 经济学家认为，工会的存在是（　　）。
   A. 对劳动供给的垄断
   B. 对劳动需求的垄断
   C. 对劳动供求双方的垄断
3. 根据迂回生产理论，在以下三种农业生产方式中效率最高的是（　　）。

① 曼昆．梁晓民译．经济学原理［M］．北京：北京大学出版社，1999.

A. 直接用简单的农用工具耕作

B. 先制造犁和其他工具，并饲养牛、马等畜力，然后用这些工具和畜力进行耕作

C. 先采矿、制造机械，而后制造出拖拉机和化肥等生产资料，再用这些生产资料进行耕作

4. 在以下三种情况下，不属于创新的是（　　）。

A. 把牡丹牌彩电打入美国市场

B. 建立了一个生产牡丹牌彩电的新工厂

C. 牡丹牌彩电增加了“丽音”功能

5. 在完全垄断市场上，垄断生产厂商能获得超额利润主要是由于（　　）。

A. 实行了买方垄断

B. 实行了卖方垄断

C. 对产品进行了创新

6. 根据基尼系数的大小，比较下列三个国家中哪一个的分配最为公平（　　）。

A. 甲国的基尼系数为0.1

B. 乙国的基尼系数为0.15

C. 丙国的基尼系数为0.2

三、判断题

1. 分配理论实际上是均衡价格理论在分配问题上的应用。（　　）

2. 生产要素的需求是一种派生需求和单一需求。（　　）

3. 劳动的需求主要取决于劳动的边际生产力。（　　）

4. 现代经济的特征之一是：迂回生产的过程越长，生产效率就越高。（　　）

5. 土地的供给量随地租的增加而增加，它的供给曲线向右上方倾斜。（　　）

6. 正常利润是对承担风险的报酬。（　　）

7. 超额利润是对企业家才能这种特殊生产要素的报酬。（　　）

四、案例分析题

案例1：

【案例名称】：化解贫富冲突要在调整社会结构

【案例适用】：分配与社会公平

【案例来源】：孙立平访谈：化解贫富冲突要在调整社会结构．南方周末[M].[2009－9－27].

【案例内容】：

市场经济国家都有贫富差距，但并不是所有的贫富差距都会导致社会对抗。如何通过社会结构的优化，尤其是通过扩大中产阶层比重和保护下层生存的社会生态，把贫富差距控制在一个合理的范围，从而实现贫富和谐共处？本报记者就此专访了清华大学教授孙立平先生。

南方周末：最近发生的几件事，都涉及穷人富人的话题。先是茅于轼先生“为富人说话，为穷人办事”的说法引起激烈争论，接着您关于生存状态恶化背景下底层堕落的问题也引起很多争议，襄樊五名贫困生因为“不感恩”被取消受助资格，也成为人们议论的话

题。如何解读这些事件传达的信息？

孙立平：对此我想主要谈三点看法。

第一，贫富分化已经成为我们这个社会的严峻现实。一个最新的消息是，8 月 8 日亚洲开发银行发表了《亚洲的分配不均》的研究报告，在 22 个纳入亚行研究范围的国家中，中国的贫富差距成为亚洲之冠。在衡量分配不平等的两个常见指标中，收入最高的 20% 人口的平均收入与收入最低的 20% 人口的平均收入的比率，中国是 11 倍，高出其他国家一大截；基尼系数，2004 年中国的数值是 0. 4725，仅比尼泊尔的 0. 4730 略低，远远高于印度、韩国等国家。亚行指出，从 1993 ~ 2004 年，中国的基尼系数从 0. 407 扩大到 0. 4725，已达到拉丁美洲的平均水平。

第二，贫富分化开始定型为社会结构。与 20 世纪 80 年代或 90 年代初不同，现在的贫富差距已经不是单纯的贫富差距，而是已经开始定型为社会结构。即谁是穷人谁是富人，已经开始落实到人头，而且不太容易发生变化了。80 年代就开始出现比较明显的贫富差距，但是一会儿他穷了，一会儿他富了，总是在变化。今天的情况不一样了，社会的门槛高了，人们改变自己地位的机会相应就少了。最早的那批房地产商，有的是借几万块钱就开始搞房地产。现在别说借，就是给你 5 万、50 万、500 万，你搞一个房地产试试？没有可能，门槛高了。认识到贫富差距定型为社会结构很重要，因为仅仅是贫富差距的话，靠调节贫富差距的政策就可以解决问题，但在贫富差距定型为社会结构的情况下，仅仅用政策来调节贫富差距就不够了，同时需要优化社会结构。

第三，在社会定型化背景下，新的财富分配过程开始。实际上，在最近的几年中，一场空前规模的财富分配过程正在展开。“百万富翁”这个词，我们原来讲的时候，觉得离我们很远，突然之间，人们环顾一下左右，发现很多人都是百万富翁了。在北京、上海、广州、深圳这样的大城市，你有个百八十平米的房子，不就是百万富翁了吗？虽然你看起来不像，但是你的财产真的值百万了。这个是哪来的呢？就是这个财富分配的过程。两年前你有一百万，买了一百万的房子，现在这房子值二百万，就算给你分了一百万。去年你有一百万，买了一百万的股票，现在起码也两百万了，也等于给你分了一百万。这个财富分配的过程主要是按资本而不是按劳动分配的，在我们的社会中按劳动分不下去，因为我们没有按劳动进行分配的机制。假如说我这两年没有买房子也没有买股票，我就在建筑工地上搬砖头了，那我就一分钱也没有分到。而且，还得承担这一分配过程的代价。什么代价？你得按照现在的价格买猪肉吧！

因此，我们必须正视这个问题。和谐社会在很大程度上就是要解决这个问题。

【案例讨论】：

1. 消除“两极分化”还是缓解“两极分化”？

2. 试分析如何缓解“两极分化”？

案例 2：

【案例名称】：国家助学金的经济学分析

【案例适用】：制度设计与分配公平

【案例来源】：http://222.82.231.101/? news = 10002595

【案例内容】:

2007 年，财政部、教育部联合发布《普通本科高校、高等职业学校国家助学金管理暂行办法》的通知，以加大对高校贫困学生的资助力度，帮助家庭经济困难的学生顺利完成学业。然而，在政策落实中出现的种种怪像，与政策制定的初衷南辕北辙。具体表现为:

(1)“全班投票”法。谁得票多，谁就是贫困生，对于这样的结果，有的同学抱怨道:“平时人缘好的人都上了贫困榜。这哪里是选贫困生，分明是在拼人气。”

(2)“哭泣演讲”法。举行公开演讲会，让学生上台痛说贫困家史，演讲者伤心哽咽，声音低沉；台下闻者泪眼婆娑。姑且不论真假，如此荒唐的演讲岂不是又在贫困生心头扎了一刀。

(3)“贫困证明”法。教育部指导建立的认定程序，其中最重要的是贫困证明。然而，有的学生表示:“我的申请表原本空白的，提前就盖好了公章，想填多穷就有多穷!”

(4)“平均分配”法。“轮流坐庄”竟然成了分配助学金的方式之一。平均分配，无疑是一种大锅饭，如果谁都可以吃一口的话，就与助学金的设立目的背道而驰了。如此等等，不一而足。真是社会百态，无奇不有。

【案例讨论】:

1. 助学金制度的政策含义在于效率还是公平?

2. 怎样使助学金制度兼顾效率与公平?

3. 结合本案例，分析国家制定收入分配政策时应注意哪些问题。

第九章 市场失灵

关键词汇：

市场失灵的原因　科斯定理　外部性　公共物品　垄断　非对称信息及相关的微观经济政策

微观经济学分析的基本结论是：在完全竞争的市场条件下，"看不见的手"对经济的调节具有帕累托效率，可以导致整个经济实现一般均衡。但现实中的市场并没有满足完全竞争的一切条件，因此就导致了帕累托改进的机会始终存在，这种情况被称为所谓的"市场失灵"。本章主要介绍导致市场失灵的四种情况，即公共物品、垄断、外部性、非对称信息，并介绍解决相关问题的微观经济政策。

第一节　市场失灵及原因

一、市场失灵的含义

市场经济是一种竞争型经济体制，对于社会资源配置有着灵活有效的导向作用，进入市场的各种经济主体，在自身物质利益的驱动下，通过市场价格的涨落适应市场供求关系的变化，能够把资源配置到最需要的地方。然而，市场不是万能的，不能单纯凭借"看不见的手"左右经济生活的全部。美国经济学家弗朗西斯·M.巴托于 1958 年在"市场失灵的剖析"一文中最早提出市场失灵的概念。"市场失灵"，又称作市场障碍、市场失效或市场失败等。市场失灵有狭义和广义之分。狭义的市场失灵是指完全竞争市场所假定的条件得不到满足而导致的市场配置资源的能力不足，从而缺乏效率的表现。广义的市场失灵则还包括市场机制在配置资源过程中所出现的经济波动以及按市场分配原则而导致的收入分配不公平的现象。

二、市场失灵的表现

在实际经济生活中，市场失灵主要表现在以下几个方面。

（一）公共物品供应不足

经济生活中的物品被分成两类：一类是私人物品，如彩电、冰箱；一类是公共物品，如国防、司法。所谓公共物品是指具有非排他性、非竞争性的产品。生产公共物品的收益很难弥补其成本，即使可以弥补成本，由于非竞争性与非排他性的存在，厂商也无法实现利润最大化。因此，理性的生产者缺乏提供公共物品的动力，造成公共物品供给不足。但是，对于整个社会而言，公共物品是不可或缺的。

（二）公共资源的浪费

社会中还存在着这样一类资源，它们的使用也具有非竞争性和非排他性，经济学将这类资源定义为公共资源。例如天然牧场，在使用上是公共的，在技术和经济上无法阻止其他放牧者的进入。当牧场上放牧的畜群没有达到饱和状态时，互相之间不会产生影响。在这种情况下，每个放牧者都会在牧场上投入尽可能多的畜群，从而对公共资源进行掠夺式使用，这就是"公地悲剧"。市场机制本身无法解决公共资源的浪费问题，因为市场机制是通过个体自利选择来对经济进行调节的。存在公共资源时，经济主体的自利选择一定是对该公共资源的过度使用，通俗地说就是"用了也白用，白用谁不用"。

（三）垄断的形成

竞争是维持市场机制正常运转的重要保证。帕累托最优状态就是一种竞争均衡。但是，价格理论指出，完全竞争在长期中无法为生产者带来超额利润。在厂商利润最大化目标的驱使下，生产者通过限制进入、产品创新、控制市场等手段在市场上形成垄断。垄断的形成阻碍了社会经济活动中的自由竞争，导致市场失灵的出现。

（四）负外部性的存在

不同经济主体的活动会给彼此带来一定的影响，这种影响被称为外部性。外部性有正负之分。市场失灵将带来负外部性。负外部性是指某一主体在生产和消费活动中对他人造成的损失。负外部性的一个典型例子就是环境污染。某些企业的生产活动会造成环境污染，治理污染需要付出一定的代价，由此构成社会成本。市场机制无法对社会成本进行准确的衡量。也就是说，生产者在自我利益的驱使下对社会成本不加考虑，仅从个体的角度出发追求利润最大化，漠视环境污染对社会带来的危害。换而言之，生产者在生产过程中仅支付了私人成本而没有支付社会成本，导致负外部性的产生。

（五）收入分配的不公平

市场失灵致使市场机制无法充分发挥作用，价格信号无法正常形成。错误的价格信号将进一步拉大社会收入的分配差距。例如我国目前，一方面存在比较严重的下岗失业问题、拖欠职工和教员工资问题、城市居民贫困问题、农民收入增长缓慢甚至绝对降低的问题；而另一方面又存在腐败横行、侵吞国家财产、不法收入巨大等现象。社会分配不公问题日益突出，城乡差别、区域差别、行业差别仍然广泛存在。人们发现，在近年来经济和国民收入快速增长，居民消费的恩格尔系数正在不断下降的同时，同期基尼系数却从1980年的0.33攀升至2001年的0.45。这表明我国社会收入分配的差距已经拉大，虽然在整体上"蛋糕确实做大了"，但是在社会成员中"蛋糕分配"的非均等程度却在扩大。如果社会分配领域的差距越来越大，可能影响经济效率的提高，甚至会引发社会动荡。

三、形成市场失灵的原因

（一）市场机制的局限性

市场机制的局限性是指在具备所有理想条件和市场机制能够充分发挥作用的情况下，

市场对某些经济活动仍然无能为力。例如，市场活动本身是不讲道德的，与诚信无关，市场更不会可怜穷人。

（二）现实经济生活中的市场不是完全竞争市场，即市场具有不完全性

市场的不完全性，破坏了市场充分发挥作用的必要前提，资源配置偏离帕累托最优状态，从而出现了市场缺陷。

（三）市场本身的不完善

不完善主要有两种情况：一是市场还不够发达；二是市场在运行中出现功能障碍。例如：相互竞争的企业勾结形成垄断；为牟取暴利，企业运用不正当手段破坏竞争秩序等。

关于市场失灵，加尔布雷斯将其归结为三大方面：微观经济无效率、宏观经济的不稳定性、社会不公平。萨缪尔森也把这三方面视为市场经济偏离最优状态的原因。斯蒂格利茨和格林沃德在“非分散化定理”中认为，“在一般情况下，如果没有政府的干预，就不能实现有效的市场资源配置”。斯蒂格利茨还提出，“从计划经济向市场经济转型的国家，不能削弱政府的作用而是要重新对它加以规定”。市场机制的引入及其作用的发挥，说明了市场经济是现代经济发展的最佳选择；市场失灵问题的出现，说明发展市场经济离不开政府的宏观调控。

最后需要说明，市场运行的动力在于利益的驱使，目的在于效率（例如利润最大化），手段在于交易。所有这些，绝非人类所需的全部，在市场的能力之外，它当然是失灵的。所谓的“失灵”，不是市场本身的罪过，世界上哪来的完美？正因如此，才更需要人的智慧。

第二节 公共物品与公共选择

一、公共物品

（一）公共物品的含义

公共物品也称为公共品，是指用于满足社会公共消费需要的物品或劳务。如国防、治安、城市道路、卫生等，在人们的生活中不可缺少，与每个人的利益密切相关，但每个人又不能享受其消费的独占权。公共物品具有以下特征：

1. 非排他性

非排他性与排他性相对应，排他性是指对他人消费可能性的排斥。例如，你在使用一件产品时别人就不能使用，或当你完全拥有一件产品时，别人就不能拥有。一般来说，在消费上具有排他性的产品是私人物品。公共物品的非排他性也称为消费上的非排斥性，是指一个人在消费这类产品时，无法排除其他人也同时消费这类产品的可能性。例如，你走在一条公路上时，你无法排除其他人也走这条公路；你不愿意公路上的路灯照射，但只要你走在这条有路灯的公路，就必须受到照射。

2. 非竞争性

非竞争性是相对于私人物品所具有的竞争性来说的，这里的竞争性是指消费上的竞争性。公共物品的非竞争性的基本含义有二：一是边际生产成本为零。这里所说的边际生产成本，是指增加一个消费者给供应者所带来的边际成本，而不是微观经济学分析中的由产量增加所导致的边际成本。公共物品的边际生产成本为零，通常指增加一个消费者，公共物品的供给者并不增加任何成本。一般来说，边际生产成本是否为零是判断某一产品是否具有竞争性的重要标准。二是边际拥有成本为零，即在公共物品的消费中，每个消费者的消费都不影响或减少其他消费者的消费数量与质量。

（二）公共物品的分类

公共物品可以按照非竞争性与非排他性的程度分为纯公共物品与准公共物品。完全具有非竞争性与非排他性特征的物品称为纯公共物品，其他的被称为准公共物品。公共物品的分类及其相关特点见表9－1。

表9－1 公共物品分类及特点

分 类	纯公共物品	准公共物品	
	完全具有非竞争性与非排他性	有竞争性、无排他性	
示 例	国防、军队、警察等面向全体社会成员的公共服务	道路、免费博物馆	城市供水供电、天然气、有线电视
特 征	无需个人支付； 供给主体为政府； 存在外部性导致的供给不足	无需个人支付； 政府与市场均可提供； 存在外部性导致的供应不足	个人有偿使用； 政府与市场均可提供； 存在外部性导致的供给不足

二、公共物品的外部性与市场失效

如前所述，公共物品具有非竞争性与非排他性的特征，非排他性是指产品一旦存在，无法阻止不付费情形的发生。也就是一人的消费并不能排除他人消费的可能。如经济学中的灯塔，无论付费与否，轮船都可以利用它的光亮顺利地驶入港口。无法阻止不付费的原因有两个：一是技术上不可行，无法让灯塔只为特定的付费船引航；二是经济上不可行，即使可以发明只为特定付费船引航的灯塔，但是成本会远远大于收取的费用。非竞争性是指某人对该物品的消费不影响和减少其他人的消费。在航道通畅的状态下，某艘轮船对灯塔的利用并不会影响其他船只的通过。

公共物品所具有的非排他性导致公共物品存在的外部性问题无法解决，主要体现在一个人或其他人受益或受损的权利与义务关系无法准确界定。例如，工厂排放污染物具有负外部性，会给许多居民的生活造成不利的影响，但是，要把大家组织起来阻止工厂的排污行为却极其困难。因为，虽然制止污染对大家都有益处，但却没有人愿意单独出面采取行动，而寄希望于他人。在这种情况下，相互依赖心理会导致问题无法有效地得到解决。再有就是路灯问题，路灯照明使每个过路人都受益，这是不争的事实，但过路人并不愿意为此付费，要收取这一费用非常困难。因为每个人都认为这项福利设施不是专门为他一人设置的。对于这类公共物品的建设，无法解决的问题就是制止不付费也能消费的“搭便车”的问题。由此可见，由私人提供公共物品，会面临着这样的情况：社会收益大，私人收益小；社会成本小，私人成本大；而且私人收益小于私人成本。谁会做这样的傻事呢？此时，道德的说教是无能为力的。

所以，按照私人物品的规则来讨论公共物品没有实际意义：一方面，单个消费者并不清楚公共物品的需求价格，更无法准确了解公共物品与其价格之间的数量关系；另一方面，即使对这些情况非常熟悉，由于很多情况下可以“搭便车”进行消费，这些事实上的消费者在进行消费时也会大大扭曲由价格信号变动所说明的真实的市场供求状态。

三、公共选择

（一）成本—收益分析

公共物品的生产和消费问题不能由市场上的个人决策来解决，因此，必须由政府来承担提供公共物品的任务。政府又如何确定公共物品的最优数量呢？其中，一种方法是不考虑个人对公共物品的消费偏好，只从技术上进行成本—收益分析。

根据这种方法，在公共物品生产之前，应先由专家对它的收益进行评估。这个收益部分，既包括可以用价格明确表示的经济效益，也包括那些难以用价格反映出来的社会效益，如建造一座桥梁对消费者带来的“安全”收益等。然后，将可能带来的收益与建造这个公共物品的成本进行比较，只要收益大于成本，就可以提供。

（二）公共选择理论

假定社会采用全体成员投票表决的方式来决定公共物品的供给，那么，公共选择理论就是利用经济学原理来分析研究政府如何对公共物品进行决定和选择，或者说，是对政府官员根据投票结果进行决策过程的分析。在集体选择的过程中有以下几种规则：

1. 一致同意规则

所谓一致同意规则是指，一项集体行动方案只有在所有参加者都认可的情况下，才能够实施。这里的“认可”意味着赞成或者至少不反对。换句话说，在一致同意规则下，每个参加者都对将要达成的集体决策拥有否决权。一致同意规则的优点在于：第一，由于每个参加者都拥有否决权，因此任何一个有可能损害某些参加者利益的集体行动方案都会被否决；第二，可以避免发生“搭便车”的行为；第三，如果能够达成协议，则协议将是帕累托最优的。一致同意规则的缺点则在于：达成协议的成本太大，在许多情况下甚至根本无法达成协议。

2. 多数规则

所谓多数规则是指，一项集体行动方案必须得到所有参加者中的多数认可，才能够实施。这里的多数，可以是简单多数，即超过总数的一半，也可以是比例多数，如达到总数的2/3以上。美国国会、州和地方的立法常常使用简单多数规则，但在弹劾和罢免总统、修改宪法时，则采取2/3的比例多数原则。

与一致同意规则相比，多数规则的协商成本较低，也更加容易达成协议。多数规则存在的问题是：第一，它忽略了少数派的利益。由多数派赞成通过的集体协议强迫少数派也要服从。第二，可能出现“收买选票”的现象。这是因为，在多数规则的条件下，单个参加者的选择对最终的结果影响不大，具有可忽略性，从而一部分选民有可能不重视自己的选举权。这样一来，选举就有可能被利益集团所操纵，利益集团通过一定的代价收买那些不重视自己选举权而打算不投票或投弃权票的选民，让他们按利益集团的意愿投票。第三，在多数规则下，最终的集体选择结果可能不是唯一的。不同的投票秩序会导致不同的集体选择结果，使社会成员做出前后不一致甚至相互矛盾的决策。

3. 加权规则

一个集体行动方案对不同的参加者会有不同的重要性。于是，可以按照重要性的不同，给参加者的意愿“加权”，即分配选举的票数。相对重要的，拥有的票数就较多，否则就较少。所谓加权规则就是按实际得到的赞成票数（而非人数）的多少来决定集体行动方案。

4. 否决规则

否决规则的具体做法如下：首先，让每个参加对集体行动方案投票的成员提出自己认可的行动方案，汇总之后，再让每个成员从中否决掉自己所反对的那些方案。这样一来，最后剩下的没有被否决掉的方案就是所有成员都可以接受的集体选择结果了。如果有不止一个方案被留了下来，就再借助于其他投票规则（如一致同意规则或多数规则等）进行选择。否决规则的优点是显而易见的，因为经过这一规则筛选之后，留下来的集体行动方案就将是帕累托最优的。

第三节　垄断及其社会管制

垄断是市场失灵的重要表现之一。垄断的产生阻碍了自由竞争，导致社会资源配置的低效率。现实经济生活中，垄断无处不在。经济学把市场分为四种类型：完全竞争市场、垄断竞争市场、寡头垄断市场和完全垄断市场。其中，除了完全竞争市场以外，其他市场都或多或少地存在垄断因素。

一、垄断与低效率

（一）垄断会造成资源配置的低效率

垄断导致厂商缺乏改善管理、创新技术的动力。垄断除了损失效率外，还有其他两个弊端：一是导致收入不平等，垄断企业的股东和高级管理人员是社会上的高额收入者；二是具有政治危险性，垄断企业能够依靠其强大的经济实力向政府施加影响，左右政府的决策行为。

（二）垄断会造成社会福利的损失

由于可以左右市场价格，所以，垄断厂商的产量必然小于社会最优的产量水平，从而造成消费者必须支付更高的代价。垄断还会造成资源的浪费，例如，在寡头垄断市场结构下，各个厂商既可能联合在一起，组成卡特尔，最大限度地榨取消费者剩余；也可能由于某些厂商的自私自利，偏离同盟，造成寡头之间的恶性竞争。在后一种情况下，寡头厂商为了扩大市场份额，置竞争对手于死地，往往会提供超过社会最优水平的产量。当有的商品卖不出去时，只能压低价格或者直接销毁，造成社会资源的浪费。

（三）形成恶性市场竞争

垄断厂商为了遏制潜在的竞争对手进入市场，往往会装备超额的生产能力，威胁进入者。如果他们胆敢进入，就开足马力生产，让进入者无利可图，从而达到遏制竞争者进入的目的。

因此，在存在垄断的情况下，市场不能通过价格调节而实现资源配置的最优化。所以，垄断势力的存在也是政府干预经济的一个理由。

二、政府对垄断的干预

（一）对企业经济行为的管制

对企业经济行为的管制分为经济性管制和社会性管制。经济性管制涉及价格管制、进入和退出条件管制等。社会性管制的目的在于修正负外部性，限制有损健康和安全的状况等。政府在某些方面给予企业一定的特许垄断权利，但把这种特权限制在一定时间和范围之内，特许期结束后，再通过竞争投标方式给予特定企业特许经营权，以此促进垄断企业之间的竞争。政府还可以采取控制利润的方式进行价格管理。

（二）对自然垄断的管制

自然垄断一般存在于公用事业领域，如电力公司、煤气公司、自来水公司、邮电公司等，这些厂商的最大利润量出现在长期平均成本下降的某一产量水平上，或者说，这些公司规模经济的标准是很高的。其行业特点决定了，如果由多家厂商共同经营会造成资源浪费。例如，一个城市里有两家以上的电力公司，对一个居民区重复架设线路，平均成本就要高出很多。这些部门的垄断是天然的，由此就产生了一个无法解决的矛盾，即公用事业由两个以上厂商承担，会出现资源浪费；如果仅由一个厂商承担，就不可避免地出现完全垄断的若干弊端。对此，政府解决问题的办法是，允许公用事业垄断经营，同时政府加以管制。常用的办法是进行价格管制，目的不是消除垄断利润，而是为了提高资源的利用效率。

（三）反垄断政策与法规

垄断具有种种弊端，主要在于浪费经济资源和社会福利的损失。

为了保护竞争，维持经济效率，克服和减少垄断的危害和损失，就必须制定反垄断政策及法规。管制垄断势力的法律主要是反托拉斯立法。美国曾经颁布了一系列反对垄断的法律，如1890年颁布的《谢尔曼法》、1914年颁布的《克莱顿法》、1936年颁布的《罗宾逊—帕特曼法》、1950年颁布的《塞勒—凯弗维尔法》等。这些法律统称为反托拉斯法。这些反托拉斯法规定，危害市场贸易的协议、共谋或企图垄断市场的兼并、排他性规定、价格歧视以及不正当的竞争或欺诈行为等，都是非法的，对于非法者要采取一定的制裁措施。例如，《谢尔曼法》规定，任何以托拉斯及其他形式进行的兼并或共谋，任何限制州际的贸易或商业活动的合同，都是非法的；任何人垄断或企图垄断，或同其他个人或多人联合或共谋垄断州际或国际一部分商业或贸易的，均认为是犯罪。违法者要受到罚款或判刑。《塞勒——凯弗维尔法》补充了《谢尔曼法》，宣布任何公司购买竞争者的股票或资本，从而实质上减少竞争或企图造成垄断的做法均为非法。《塞勒——凯弗维尔法》禁止一切形式的兼并，包括横向兼并、纵向兼并和混合兼并。这类兼并指大公司之间的兼并和大公司对小公司的兼并，而不包括小公司之间的兼并。

制定反托拉斯法的目的在于限制企业垄断市场的行为，同时，它还可以制止某些不利于竞争的市场结构的出现。反托拉斯政策与市场管制政策的区别是：市场管制政策用于那些竞争难以存在的经济领域，而反托拉斯法则用于那些竞争可以存在，却被人为破坏的领域。

第四节　外部性及其矫正措施

在实际经济生活中，消费者和生产者在追求效用最大化与利润最大化的过程中都受到外部性的影响。外部性的存在导致市场失灵，无法正确反映市场资源的价格，从而引起社会资源的扭曲配置，经济运行偏离帕累托最优状态。

一、外部性及其分类

（一）外部性的含义

外部性是一个人的行为对旁观者福利的影响。按照产生的领域不同，外部性可以分为生产的外部性和消费的外部性；按照外部性作用的方向不同又都可以分为正外部性和负外部性。如果一个人的行为对旁观者或社会的影响是有利的，就称为“正外部性”；如果这种影响是不利的，就称为“负外部性”。当存在外部性时，社会对市场结果的关注就会超出市场中买者与卖者的福利之外，其中还包括受到影响的旁观者的福利。由于买者与卖者在决定需求或供给时并没有考虑他们行为的外部效应，所以当存在外部性时，买卖双方实现的市场均衡并不总是有效率的，即市场均衡并没有使整个社会经济实现帕累托最优状态。例如，某个化工厂在生产时产生环境污染（负外部性），这样的问题仅仅依靠市场机制是难以解决的。

（二）外部性的种类

根据外部性对他人福利造成的影响，可以将其分为以下四种：

1. 生产正外部性

当某个厂商的生产经营活动给他人产生有利的影响，即带来收益时，生产正外部性就产生了。例如，在甲公司接受过业务培训的员工跳槽到其他单位，此时，甲公司的培训行为就为其他单位节约了成本，但却不能索要培训费用。

2. 消费正外部性

当某个消费者的行为给他人产生有利的影响，即带来收益时，就会产生消费正外部性。例如，某人进行了肝炎疫苗接种，不但可使自己不患肝炎，而且减少了肝炎传染源，使他人感染此病的概率大大降低。

3. 生产负外部性

当某个厂商的生产经营活动给其他厂商或别人产生不利的影响，即带来损失时，会产生生产负外部性。例如，上游化工厂排放的污水导致下游居民死亡，却无法追偿损失。

4. 消费负外部性

当某个消费者的行为给他人产生不利的影响，即给他人造成损失时，会产生消费负外部性。例如，私人轿车方便了个人的出行，但汽车尾气的排放会污染环境，损害他人的身体健康。

二、外部性的矫正措施

（一）征税和津贴

政府对造成负外部性的企业或个人可以征收一种附加税，这样就可能减少污染企业的产量，从而使资源转移到其他行业。这种方法是在20世纪30年代由庇古首先提出的，因而也称为庇古税。这是解决负外部性问题的传统“药方”。事实上，依靠征税也不能完全解决负外部性问题，原因在于政府很难得到充分的信息，从而很难及时设计出适当的税收结构。

对于造成正外部性的企业，国家可以采取发放津贴的办法，使企业的私人利益与社会利益相等或接近。无论何种情况，只要政府采取措施使私人成本和私人利益与相应的社会成本和社会利益相等，则资源配置便可达到帕累托最优状态。

（二）促进企业之间合并，实行外部性问题内部化

解决企业之间外部性的另一个办法就是采取措施让有关企业实行合并，使外部性问题内部化。例如，上游的造纸厂污染了下游的农田，如果让造纸厂和农田成为一个经济实体，造纸厂就可以承担因污染给农田造成的损失。也就是说，由于利益的一致，可能会带来结果的改善。在现实经济活动中，使生产过程中的外部性问题内部化的例子有很多，当企业进行的生产活动产生的正外部性扩大时，企业可以因为合并而获得好处。例如，占地面积比较大的度假村，常常可以自营一些服务项目。通过这种内部化，可以招揽更多的顾客，改善游乐场的环境条件，扩大对外吸引力，增强竞争能力。

三、科斯定理

美国经济学家科斯从交易成本和产权的角度，对外部效应作出了富有启发性的分析。人们将他的观点归纳为科斯定理。

（一）交易成本

交易成本是指人们进行市场交换活动时所要付出的代价。在传统的微观经济理论中，假定交易成本为零，但在现实生活中，市场机制正常运行需要某种代价。交易成本的具体内容主要是获取市场信息的费用和克服市场交易中的摩擦、冲突所支付的费用。例如，人们要搜寻关于商品价格、质量和交易场所的信息，在交换活动中要进行讨价还价的谈判，要督促和监督合同的履行并对违反合同者进行制裁等。

（二）产权

产权是指由法律和合同加以保证的关于财产使用、转让、占有和获取收入的一组权利。产权的具体安排形式是多种多样的。例如，产权可分为私有、公有和国有三种基本类型。从企业的角度看，有独资、合伙、公司和国有企业等产权安排形式。产权还可以层层分解。例如，董事会把企业经营权委托给总经理，总经理把科研、生产、财务、人事和劳动工资、营销等权限委托给部门经理，部门经理还会把一些操作权委托给生产工人、财务人员等。

（三）科斯定理

科斯认为，如果定价制度的运行毫无成本，最终结果（产值最大化）是不受法律状况影响的。这句话被人们称为科斯定理，它所包含的内容是：在交易成本为零的情况下，无论法律做出何种产权安排，市场机制都能得出令人满意的资源配置结果；但是，如果交易成本大于零，那么，产权的界定会对经济运行的效率产生影响。

在理解科斯定理时，需要注意到，传统理论认为外部效应是市场失灵的典型表现。但是科斯定理有这样一层含义，即如果交易成本为零，市场机制在任何产权安排下，都能找到最令人满意的资源配置办法。

例如，某造纸厂向空气中排放废气和向河流中排放污水，在交易成本为零时，任何一种产权安排都不会影响资源配置最优的结果。假定该造纸厂带来的外在成本为 40 万元。针对环境污染，政府可以选择两种产权安排：第一种产权安排是让居民拥有对清新空气、清洁河流的公共产权，即该企业没有制造污染的权利；第二种产权安排是不保证居民对环境的公共产权，允许企业有排污权。在第一种产权安排下，有两种基本的解决问题的方法：一是企业向国家缴纳 40 万元的排污费，以补偿那些遭受环境污染的人们；二是企业安装净化设备和植树造林，自行消除有害气体和污水的排放。在第二种产权安排下，居民会自发地组织起来，上山植树或出资为企业安装净化设备。市场机制选择哪一种方法，取决于安装净化设备和上山植树的费用。如果该费用为 30 万元，那么在第一种产权安排下，企业会自行选择清除污染的方法；在第二种产权安排下，居民会组织起来消除污染。显然，30 万元的代价是各种产权安排下最令人满意的结果。如果该费用为 50 万元，那么在第一种产权安排下，企业会选择缴纳 40 万元的排污费；在第二种产权安排下，居民将选择承受 40 万元的污染损失。显然，40 万元的代价是各种产权安排下最小的损失。

上述分析只说明了科斯定理的第一层含义，而忽略了一个非常重要的方面，即科斯提出的交易成本概念。如果考虑进行市场交易的成本，那么，合法权利的初始界定会对经济运行效率产生影响。

例如，在上面的造纸厂排污案例中，假定交易成本为5万元，它包括调查污染信息、将居民组织起来、与企业谈判或诉诸法律的费用。在交易成本大于零的情况下，如果清除污染的费用为30万元，那么，在第一种产权安排下，企业将自行清除污染，否则，居民将组织起来与之对簿公堂，企业将赔偿40万元的污染损失。但是，在第二种产权安排下，居民组织起来清除污染的代价将不仅是30万元，他们还要负担5万元的交易成本。在这两种产权安排下，代价分别为30万元和35万元，结果显然是不一样的。因此，在很多情况下，产权的重新界定是十分重要的。例如，历史上，企业曾经拥有排放废物的权利，现在，在多数国家中，都有对企业危害环境的行为加以不同程度的法律限制的规定。

第五节 非对称信息及其解决办法

市场经济充分有效运行的一个前提条件是：信息在市场上的买者与卖者之间共享。然而这一假设只是一个理想状态，现实生活中信息不对称的现象普遍存在。非对称信息降低了资源配置的效率，引起了市场失灵。

一、非对称信息及其表现

所谓非对称信息，是指市场交易的各方所拥有的信息不对等，买卖双方所掌握的商品或服务的价格、质量等信息不相同，即其中一方比另一方占有较多的相关信息，处于信息优势地位，而另一方则处于信息劣势地位。

商品交易市场的信息不对称，主要表现为两种情况：一是在某些商品与要素市场上，卖者所掌握的信息多于买方。例如，照相机的卖者一般比买者更了解照相机的性能，药品的卖者比买者更了解药品的功效，劳动者比雇主更了解自己的实际工作能力等。二是买方所掌握的信息多于卖方。例如，医疗保险的购买者显然比保险公司更了解自己的健康状况，信用卡的购买者当然比提供信用的金融机构更了解自己的信用状况。在各种交易市场上，都不同程度地存在着信息不对称问题。

在讨论市场局部均衡和一般均衡问题时，都假设供求双方所掌握的信息是对称的，在供求双方都愿意接受的价格下，供给者提供了他愿意出售的商品数量，购买者购买了他愿意购买的商品数量，买卖双方的意愿在价格机制作用下通过自由交易而实现。正常情况下，尽管存在信息不对称，但根据通常所拥有的市场信息也足以保证产品和服务的生产与销售有效进行；而在另一些情况下，信息不对称却导致市场失灵，在这种情况下可能需要政府进入市场。

信息不对称造成的不良经济后果主要有：一是劣等产品驱逐优质产品；二是使市场缩小或使市场不存在；三是需求缺口与供给过剩并存；四是形成不公平交易和不公平竞争；五是消费者和生产者行为扭曲或不能合理决策。

市场参与者参与社会经济活动并形成合作或竞争关系，都是通过某种契约来协调的，而市场信息的不完全和不对称会直接影响这些契约的达成以及契约的效率。信息非对称造成的问题主要有逆向选择、道德风险、委托—代理等问题。在这些问题上都可能导致市场失灵，从而需要政府采取一定的管制措施，来纠补其对市场的冲击和影响。

二、逆向选择及其治理

逆向选择是指买卖双方在信息不对称的情况下，劣等商品总是将优质商品驱逐出市场。下面通过旧车市场的交易和保险业务处理为例来说明这个问题，并提供解决问题的参考办法。

（一）次品与逆向选择

在旧车市场上，卖者知道旧车的真实质量，而买者不知道，这样卖者就会以次充好。但买者也不傻，尽管他们不能了解旧车的真实质量，只知道旧车的平均质量，愿意按照平均质量标准给出中等价格，这样一来，那些高于中等价的上等旧车就可能会退出市场。接下来的演绎是，由于上等车退出市场，买者会继续降低估价，次上等车也会退出市场。演绎的最后结果是：市场上成了破烂车的展览馆，极端的情况是一辆车都不能成交。现实的情况是，社会成交量小于实际均衡量。这个过程被称为逆向选择。

保险市场的逆向选择来自于保险公司事前不知道投保人的风险程度，从而使保险水平不能达到对称信息情况下的最优水平。当保险金处于一般均衡价格时，低风险类型的消费者群预期投保后得到的效用小于他不参加保险时的效用，这类消费者会退出保险市场，只有高风险类型的消费者预期投保的潜在收益大于潜在成本时才愿意投保。低风险消费者退出后，如果保险金和赔偿金不变，会由于赔偿概率的上升而使保险公司出现亏损。这种条件下，为了不出现亏损，保险公司将不得不提高保险金。这样，那些次低风险的顾客群认为支付这笔费用不值得，从而不再投保，而高风险类型消费者不会在意保险金的提高而踊跃进入保险大军，即高风险者会把低风险消费者“驱逐”出保险市场。由此看来，靠提高保险金的办法弥补亏损，对保险公司而言是无效的。

（二）逆向选择的治理方法

不同市场上因信息不对称产生的逆向选择问题，需要采取不同的方法加以解决。

1. 政府采取措施解决养老保险问题

因为信息不对称而产生的老年人健康保险问题，说明市场调节在这方面是无效率的，老年人在这方面所得到的东西是市场无法提供的，而这些问题又是现代社会必须解决的问题。所以在现实社会中，老年人健康保险或职工医疗保险之类的问题，通常是政府、企业和个人三方按一定的比例共同出资，以解决该领域出现的逆向选择问题。

2. 制定相应的市场交易规则

对于像旧车市场上的逆向选择问题，出现的主要问题是买者不知道旧车的质量，只愿意出较低的价格买旧车，而导致卖者只愿意拿次品出售。这类问题只需要通过有效的制度安排并保证其实施就可以得到解决，无需政府出面干预。具体办法是：出售者向购买者发布某些产品质量的信息，并出具有关旧车质量的证明书，使购买者能够确切地知道旧车的质量状况，一旦购买者购买的旧车在某一期间出现问题，卖者将负责一定的赔偿。这样就有助于消除逆向选择的问题。

3. *根据受教育程度支付员工报酬*

劳动力市场上也存在着信息的不对称问题，雇员知道自己的工作能力，雇主不知道。如果雇主没有办法区别高生产率的人与低生产率的人，那么雇员得到的都会是平均工资。于是，高生产能力的工人得到的报酬少于他们的边际产品，低生产能力的人得到的报酬高于他们的边际产品。这时，高能力的人希望找到一种办法，主动向雇佣方发出信号，使他们同低能力的人分离开来，使自己的工资与劳动效率相称。教育程度能为雇主传递有关雇员能力的信息，原因是：接受教育的成本与能力成正比例，人的能力不同是因受教育程度的不同。教育本身并不提高一个人的能力，它纯粹是为了向雇主“示意”或“发出信号”，表明自己是能力高的人，这样也可能出现劳动能力较低的劳动者试图提高自己的受教育程度。但做同样程度的教育投资对能力低的人来说边际成本更高，因为受教育程度是一个长期的社会累积性培训过程的结果，不是经过短期性突击培训就能够实现的。通常情况下，“高质量”的劳动者大部分来自于受教育程度比较高的人。这种情况下，虽然也可能存在信息不对称的因素，但市场交易中具备相应信息的应聘者可通过教育投资程度来示意自己的能力，而雇主根据这一示意信号便可对能力不同的人加以区别。也许受教育程度对生产率没有影响，但是厂商以受教育程度为基础发放工资仍然有利可图，因为它能吸引更多的具有更高能力的劳动力。

三、道德风险问题

所谓道德风险，一般是指交易双方达成一项合同或契约后，一方以另一方的利益为代价改变自己行为的倾向。道德风险问题发生在契约签订之后，而逆向选择发生在契约签订之时。当存在严重的道德风险问题时，私人市场分配给某一特定商品或服务的资源可能不足。比较典型的事例是保险公司因道德风险问题而导致的损失。

保险市场中道德风险问题的存在，是由于有些保户的“败德行为”造成的，其后果不仅导致保险公司遭受损失，也妨碍市场进行有效的资源配置。下面以医疗保险为例来说明“败德行为”可能造成的资源配置的效率损失。假定医疗保险机构按照个人看病的概率向个人收取医疗保险费，这样个人负担的医疗成本将随着看病次数与医疗费用的增加而增加，个人不会无节制地增加对医疗服务的需求，其需求是符合资源配置效率要求的。假定个人的医疗保险费与个人的就医次数及医疗支出毫无关系，无论医疗次数多少、医疗费用高低，都向医疗保险公司支付相同的保险费，那么个人将无节制地增加对医疗服务的要求。显然，这种无节制的需求是不符合资源配置效率要求的。在我国改革前的公费医疗制度中，政府充当保险公司的角色，对每个享受公费医疗的人实行全额医疗保险，享受公费医疗者的“败德行为”造成医药的大量浪费，医疗服务的需求大大超过其供给。

道德风险问题是在承保人无法察觉或监督投保人行为的情况下发生的，解决的办法就是通过某些制度约束，使投保人自己控制自己的行为。例如，在家庭财产保险中，保险公司并不对投保人实行全额保险，而只规定某些最低数量的免赔额。一旦投保人的财产发生损失，投保人也将承担一定的损失。在我国现行的医疗保险制度下，医疗保险公司根据投保人的实际就医情况经常调整医疗保险费用，由政府统筹解决个人医疗保险问题，个人也要承担相应的份额，这样就会缓解医疗保险中由于道德风险问题而产生的社会经济压力。

四、委托—代理问题

委托—代理问题泛指任何一种涉及信息非对称的交易。交易中拥有信息优势的一方称为代理方，另一方称为委托方。在市场经济条件下，只要存在着信息不对称性，委托—代理关系就存在。只要人们的利益可以比较，哪里存在着专业化的收益，哪里就可能出现代理人代表委托人行为的关系。如果代理人在实现委托人效用最大化的同时也实现了自己效用的最大化，就是所谓的“激励相容”。

在委托—代理关系中，由于双方目的不一致以及信息的非对称性，委托方与代理方之间总是难以实现理性双赢的，代理方在非对称的信息环境中总是最大限度地增进自身利益，从而导致与“激励相容”相背离的问题。

由于委托方和代理方的利益目标不一致和信息不对称，加之代理方的有限理性和机会主义倾向，从而导致了代理商的趋利性、欺诈性和善变性，以至于产生对企业不利的行为。例如，利用信息的不对称，架空相关管理人员或社区经理；由于趋利的本质产生多头代理，甚至与对手勾结；服务质量难以保证；隐蔽对自己不利的行为和信息等，从而给委托方增添了信息成本、监督成本和对策成本。如果产权关系界定模糊，双方的契约界定不明确，组织管理不规范、不清晰等，将会加大交易成本。

由委托—代理关系而产生的资源配置效率的损失，不可能通过政府控制加以解决，因为厂商无法监督代理人的行为，政府也无法进行监督。厂商只能根据自身需要，在要素报酬上做出调整，以解决相关问题。为了简化问题的分析，下面仅就企业中厂商与经理、工人之间的委托—代理关系进行探讨。

首先，分析企业股东与经理之间的委托—代理关系。一般来说，对企业经理人员的压力主要来自于外部，如企业之间的收购或兼并、经理市场的建立、企业内部的董事会监督、股东抛售股票的威胁等，这些压力迫使经理必须努力使企业取得盈利。但这些外在压力不能从根本上调动经理的工作积极性，不能有效地解决经理与厂商在委托—代理关系中存在的目标不一致的问题。有效解决问题的办法是，使经理的个人利益与工作成果相结合，也就是利益捆绑。手段主要有两种：一种是根据企业盈利情况给经理发奖金；另一种是让经理参与利润分享。通过这样的办法，使经理人员感到努力工作能使个人所得利益会有很大的提高。

其次，对于工人因为不努力工作而产生的委托—代理问题，可以通过效率工资的方式加以解决。效率工资是高于市场均衡工资率，同时又使工人不至于产生怠工行为的工资。其基本指导思想是，由于雇主与工人之间的信息不对称，雇主不能确切知道雇员的生产能力，为了防止雇员偷懒，雇主发给雇员效率工资。因为效率工资率高于市场均衡工资率，雇主会相应减少劳工雇用量，这样就会导致一部分工人失业。失业工人的存在是对就业工人的一种潜在威胁。在岗工人的偷懒行为一旦被发现，就会被解雇，其工作岗位将被原失业者取代。失业的威胁使在岗者必须尽力工作，不敢偷懒，否则自己就会加入到失业队伍中去。

复习思考

一、填空题

1. 市场失灵是指仅仅依靠________并不能实现资源配置的最优化。

2. 私人物品的特征是消费的________和________。

3. 公共物品的特征是消费的________和________。

4. 正外部性存在时，意味着一项经济活动所带来的社会边际收益________私人边际收益。

5. 当一个生产者采取的行动使他人付出了代价而又未给他人以补偿时，便产生了________。

二、单项选择题

1. 下面哪一项不是市场失灵的原因（ ）。
A. 私人物品 B. 公共物品 C. 负外部性 D. 垄断

2. 公共物品的特征是（ ）。
A. 一人多消费其他人就要少消费 B. 只有一个消费者
C. 仅供购买者使用 D. 不用购买就可以消费

3. 下面哪一项物品是纯公共物品（ ）。
A. 城市公共汽车 B. 收费的高速公路
C. 国防 D. 艺术博物馆

4. 下面哪一项经济活动可能引起正外部性（ ）。
A. 造纸厂的污染 B. 在街心花园种花草
C. 购买一台空调 D. 在一个封闭的空间里吸烟

5. 垄断之所以会引起市场失灵，是因为（ ）。
A. 垄断者利用对市场的控制，使价格没有反映市场的供求情况
B. 价格管制
C. 实施反托拉斯法
D. 国有化

6. 当有正外部性时，市场失灵之所以存在的原因是（ ）。
A. 社会边际收益大于私人边际收益
B. 社会边际收益小于私人边际收益
C. 社会边际成本大于私人边际成本

7. 如果湖边的造纸厂污染了湖边居民饮用的湖水，按照科斯定理（ ），问题便可得到妥善解决。
A. 不论产权是否明确，交易成本是否为零
B. 不论产权是否明确，只要交易成本为零
C. 只要产权明确，交易成本为零
D. 只要产权明确，不管交易成本有多大

三、判断题

1. 私人物品的特征是消费的非排他性和非竞争性。(　)
2. 公共物品只能由政府来提供。(　)
3. 外部性的存在意味着社会边际成本小于私人边际成本。(　)
4. 无论正外部性还是负外部性都会引起市场失灵。(　)
5. 市场失灵的存在要求由政府取代市场机制。(　)
6. 买者和卖者之间的信息存在差别就是信息不对称。(　)
7. 任何个人都消费同等量的公共物品。(　)

四、案例分析题

案例1：

【案例名称】：“多了与少了”的思考

【案例适用】：外部性

【案例来源】：http://www.nmagri.gov.cn/html/2004_11_05/2_2108_2004_11_05_86596.html

【案例内容】：

材料1——发菜又称发状念珠藻，是蓝菌门念珠藻目的细菌，分布于沙漠和贫瘠土壤中，因其色黑而细长，如人的头发而得名，可以食用。因发菜跟“发财”谐音，迎合了人们图吉利的心理，因而刺激了消费，人们不惜以重金购买馈赠亲朋或制作佳肴。据国家环保总局调查，农民涌入内蒙古草原搂发菜，涉及草原面积2.2亿亩，其中1.9亿亩草场遭到严重破坏，约占内蒙古可利用草原面积的18%，有0.6亿亩草场被完全破坏，已基本沙化。搂发菜的破坏极大，经调查，产生1.5~2.5两发菜，需要搂10亩草场，导致草场10年没有效益。国家每年因搂发菜造成的环境经济损失近百亿元，而发菜收益仅几千万元。政府三令五申，却屡禁不绝。

材料2——1984年，国家出台政策，“允许个人承包荒沙，所造林木谁造谁所有”。在毛乌素沙漠南部的陕北定边县，连自己名字都不会写的石光银最先承包了当地6万多亩荒沙进行治理。“受骡马的苦，吃猪狗的食”，谈到治沙，老石说：“要算树的资产，我是富人；算钱，我治沙快20年了，欠债也欠了20年，现在几乎是陕北最大的欠债户。”因为投资治沙，老石已经欠债500多万元，每年只能靠贷新款还旧贷勉强维持20多万亩林子的管护。石光银享有全国唯一的“治沙英雄”称号，但社会需要的是千千万万的“治沙英雄”。

【案例讨论】：

1. 结合正外部性与负外部性原理，分析两种经济现象“一多一少”的原因。
2. 如何改变这种尴尬的局面？

案例2：

【案例名称】：公共物品的悲剧与缺失

【案例适用】：公共物品

【案例来源】：自编

【案例内容】：

儿时居住在农村，依稀记得村北有一池塘。每当多雨时节，塘中自然会有鱼虾，大人们撒网而渔，孩童们边洗澡嬉戏，边用碗、盆向岸边泼水，小鱼、小虾便只能束手就擒。然而好景不长，过不多久，池塘中水干鱼净，就只能等待来年的雨季了。

池塘北面，有几十亩集体的果木园，大队里专门派人看管，因为硕果满枝头的时候，那是孩子们时常惦记的地方。现在想来，方才明白，惦记它的绝不仅仅是孩子们。十几年前，果木园被外村人承包了，听说承包费很少，还经常拖欠。再后来，果木被砍伐的一干二净，如今都变成了农田。

当下网上流行的“偷菜”，过于低级，毕竟是虚拟的。我们那时可是玩真的，葱、黄瓜、西红柿、枣儿、西瓜……，你就说什么没干过吧？不过，让人奇怪的是，从没有听说哪一户瓜农、果农因为瓜果被偷而致破产的。这是为什么呢？

我的祖母，年逾九十，时常跟我说起村邻的家长里短。今天，谁谁的子女不孝，父母孤苦无依；明天，谁谁的孩子初中没毕业，出外打工，受伤变成了植物人，看不起病；后天，谁谁谁年纪轻轻就没了……。我时常感慨城乡的差异，善待农民、支持农业、建设新农村，政府绝不能袖手旁观。

【案例讨论】：

1. 结合本案例，分析公共物品、私人物品与产权明晰的关系。

2. 如何理解“政府有所为，有所不为”？

案例3：

【案例名称】：信息不对称给患者带来的苦恼

【案例适用】：信息不对称

【案例来源】：自编

三年前，因血压高导致耳鸣。当时，不知就里，听明白人讲可用“滴鼻净”一试，十天后仍不见起色。无奈之下，打的直奔中心医院，的费五元。坐在耳鼻喉科的大夫面前，不由得我细说详情。大夫听罢，不紧不慢地说：“做个测试，这可是从日本进口的新设备，先到收费处交钱吧。”医疗卡遂被刷去了七十多元。在一间极像毒气室的小房子里，头部接满管线，被测试了十五分钟后，得到了医生的诊断结果：没有任何问题。并建议说：用滴鼻净试试看，很便宜的，两块钱左右。我忙说：早试过了，不管用。医生说：多用几次就会有效果。这时，医生忽然笑了，虽然他带着眼镜和口罩，我仍然读懂了笑中的含义——笑我的无知和太傻。买药后，打的返回，的费又五元。我很生气，支付了八十多元的成本又买了两瓶滴鼻净。

我过世的祖父曾经行医多年，方圆几十里，颇有些名望，只可惜医术无人传承。我只有把希望寄托在我的儿子身上，希望他能继承他曾祖父的事业，也好解我年老之忧。如果天随人愿，他将来肯定跟我实话实说，最起码不会用日本人的仪器给我做检查。

【案例讨论】：

1. 信息不对称给经济社会带来了什么？

2. 信息不对称是社会常态，经济学为什么将“充分信息”作为假设条件？

3. 如果将“信息比较充分”作为现实社会的追求目标，如何才能实现？

第十章　国民收入核算与决定理论

关键词汇：

国内生产总值　国内生产总值的计算　实际国内生产总值与名义国内生产总值　国民收入核算中五个总量的关系　国民收入的决定　消费函数　储蓄函数　边际消费倾向　乘数的含义与计算　*IS* 曲线　*LM* 曲线　总需求曲线　总供给曲线

宏观经济学把总体经济活动作为研究对象，它研究的是经济中的总量。在各种总量中，衡量一个经济活动的基本总量是国内生产总值。

世界上存在两种不同的国民收入核算体系：一种是适用于市场经济的国民经济核算体系（英文缩写为 SNA）；另一种是适用于计划经济的物质产品平衡体系（英文缩写为 MPS）。这两种体系，先后于 1968 年和 1971 年公布。目前，大多数国家采用的是国民经济核算体系。

第一节　国内生产总值及核算方法

在国民收入核算中最重要的是计算国内生产总值。因此，我们首先介绍国内生产总值这一概念及核算方法。

一、国内生产总值

美国著名的经济学家保罗·萨缪尔森说："GDP 是 20 世纪最伟大的发现之一。"没有 GDP 这个发明，就无法进行国与国之间经济实力的比较、贫穷与富裕的比较，亦无法知道我国在世界上的位置。因此，GDP 就像一把尺子、一面镜子，是衡量一国经济发展和生活富裕程度的重要指标。如果你要判断一个人在经济上是否成功，你首先要看他的收入。高收入的人享有较高的生活水平。同样的逻辑也适用于一国的整体经济。当判断经济富裕还是贫穷时，要看人们口袋里有多少钱。这正是国内生产总值的作用。

国内生产总值（GDP）是指一国一年内所生产的最终产品（包括产品与劳务）的市场价值的总和，是衡量一个国家整体经济状况最重要的指标。

在理解这一定义时，我们需要注意：

（1）GDP 是一个国家在本国领土内所生产的产品与劳务。这里，国家的概念是在地域的意义上理解的，既包括本国企业所生产的产品与劳务，也包括外国企业或合资企业在本国生产的产品与劳务，故被称为国内生产总值。

（2）GDP 是指一年内生产出来的产品的总值，在计算时不包括以前产品的库存等。

（3）GDP 是指最终产品的产值，在计算时不应包括中间产品产值，以免重复计算。

（4）GDP 不仅包括有形的最终产品，也包括无形的劳务，比如律师事务所提供的法律服务等。

二、国内生产总值的相关概念

（一）实际国内生产总值与名义国内生产总值

国内生产总值是最终产品市场价值的总和。因此，国内生产总值的多少要受价格水平的影响。同样数量的最终产品按不同的价格会计算出不同的国内生产总值。按当年价格计算的国内生产总值称为名义国内生产总值。按不变价格计算的某一年的国内生产总值，称为实际国内生产总值。不变价格是指统计时确定的某一年（称为基年）的价格。

名义 GDP 与实际 GDP 之比，称为国内生产总值折算指数：

$$\text{GDP 折算指数} = \frac{\text{名义 GDP}}{\text{实际 GDP}}$$

在已知折算指数时，可以由名义 GDP 折算出实际 GDP，其公式为：

$$\text{实际 GDP} = \frac{\text{名义 GDP}}{\text{GDP 折算指数}}$$

（二）国民生产总值与国内生产总值

国民生产总值（GNP）是指一年内本国常住居民所生产的最终产品的价值的总和。

国内生产总值（GDP）是指一年内在本国领土所生产的最终产品的价值总和。它以地理上的国境为统计标准。

两者之间的关系可以表示为：

$$\begin{aligned}\text{GNP} = \text{GDP} &+ \text{本国公民在国外生产的最终产品的价值总和}\\ &- \text{外国公民在国内生产的最终产品的价值总和}\end{aligned}$$

如果本国公民在国外生产的最终产品的价值总和大于外国公民在本国生产的最终产品的价值总和，则国民生产总值大于国内生产总值；反之，如果本国公民在国外生产的最终产品的价值总和小于外国公民在本国生产的最终产品的价值总和，则国民生产总值小于国内生产总值。可见，这两个概念的计算口径是有差异的。

20 世纪 90 年代以前，宏观经济分析多采用国民生产总值作为总量指标，此后，各国普遍采用了国内生产总值。原因大致有以下三点：一是在我国对外开放度扩大的情况下为了与普遍采用这一概念的国家经济有可比性；二是更容易计算，因为在国民生产总值中，本国国民在国外生产的情况很难完全摸清，而国内生产总值不管国外，只管本国国内，资料更容易获得；三是由于相对 GNP 而言，GDP 是经济中就业潜力的一个较好的测量指标，比方说，外国人到中国投资，解决的是中国的就业问题，所有这些原因，都表明把 GDP 作为经济中产出的基本测量值更合理一些。

（三）国内生产总值与人均国内生产总值

国内生产总值反映了一国的经济实力和经济规模，而人均国内生产总值则有助于了解一国的富裕程度与生活水平。人均国内生产总值是用同一年的人口数量除当年的国内生产总值后的平均数。公式为：

$$某年人均国内生产总值 = \frac{某年国内生产总值}{某年人口数量}$$

三、国内生产总值的核算方法

在国民经济核算体系中有不同的计算国内生产总值的方法，它的大小可以从购买者的角度来看，也可以从出售者的角度来说，即可以由支出法和收入法两种方法加以衡量。

（一）支出法

又称产品流动法、产品支出法或最终产品法。用支出法核算 GDP 就是通过核算在一定时期内整个社会购买最终产品的总支出来计量 GDP。在现实生活中，产品和劳务的最后使用，除了居民消费，还有企业投资、政府购买以及出口。因此，用支出法核算 GDP，就是核算经济社会在一定时期内消费、投资、政府购买以及出口这几方面支出的总和。

消费支出（用字母 C 表示）包括购买耐用消费品、非耐用消费品和劳务的支出。

投资支出（用字母 I 表示）指增加或更换资本、资产的支出。投资包括固定资产投资和存货投资两大类。

政府对物品和劳务的购买（用字母 G 表示）是指各级政府购买物品和劳务的支出。

净出口指进出口差额。用 X 表示出口，用 M 表示进口，则（$X-M$）就是净出口。它可能是正值，也可能是负值。

以上四个项目加总，用支出法计算 GDP 的公式为：

$$\mathrm{GDP} = C + I + G + (X - M)$$

（二）收入法

又称要素支付法，或要素收入法。这种方法是从收入的角度出发，把生产要素在生产中所得到的各种收入相加。即把劳动所得到的工资，土地所得到的地租、资本所得到的利息，以及企业家才能所得到的利润相加，计算出国内生产总值。

用收入法计算 GDP 的公式为：

$$\mathrm{GDP} = 工资 + 利息 + 利润 + 租金 + 间接税和对企业的转移支付 + 折旧$$

按以上两种方法计算出的结果，从理论上说应该是一致的，因为它们只是从不同的角度来计算同一国内生产总值。但在实际中，两种方法所得出的结果往往并不一致。国民经济核算体系以支出法为基本方法，即以支出法所计算出的国内生产总值为标准。如果按收入法计算出的结果与之不一致，就要通过误差调整项进行调整，使之达到一致。

四、国民收入核算中的其他经济总量

除了国内生产总值以外，与经济活动的最终成果有关的重要的统计量还包括国内生产净值、国民收入、个人收入、个人可支配收入四个总量。这些总量与国内生产总值有密切的关系，从不同的角度反映了整体经济的运行状况。它们的含义分别是：

国内生产净值（英文缩写为 NDP）：国内生产总值减去资本的折旧。由于折旧时补偿机器设备等固定的投入的成本，因而它不是本期生产的产品，故从理论上来说应该把这部分从国内生产总值中扣除掉，以便使 GDP 反映经济活动的“净值”。但是，由于实际折旧时很难得到实际值，通常是估计值，因而也就在应用中把 GDP 等同于 NDP。

国民收入（英文缩写为 NI）：一个国家一年内用于生产的各种生产要素所得到的全部收入，即工资、利润、利息和地租的总和。

个人收入（英文缩写为 PI）：一个国家一年内个人所得到的全部收入。

个人可支配收入（英文缩写 PDI）：一个国家一年内个人可以支配的全部收入。

在国民收入核算中，这五种总量的关系可以表示为：

GDP－折旧＝NDP

NDP－间接税＝NI

NI－公司未分配利润－企业所得税＋政府对居民户的转移支付＋政府向居民支付的利息＝PI

PI－个人所得税＝PDI＝消费＋储蓄

第二节　总需求分析：国民收入的决定

英国经济学家凯恩斯建立了以需求为中心的国民收入决定理论，并在此基础上引发了经济学上著名的“凯恩斯革命”。这场革命的结果就是建立了现代宏观经济学。我们就从国民收入决定理论开始对宏观经济学进行分析，这是宏观经济学的核心所在。

国民收入分为潜在的国民收入与均衡的国民收入。潜在的国民收入是指经济中实现了充分就业时所能达到的国民收入水平，所以又称充分就业的国民收入。均衡的国民收入是指总需求与总供给达到平衡时的国民收入。均衡的国民收入并不一定等于潜在的国民收入。国民收入决定理论是要说明总需求与总供给如何决定均衡的国民收入水平，以及均衡的国民收入水平是如何变动的。

进行总需求分析，有三点重要的假设：第一，潜在的国民收入水平，即充分就业的国民收入水平是不变的；第二，各种资源没有得到充分利用，总供给可以适应总需求的增加而增加，即不考虑总供给对国民收入决定的影响；第三，价格水平不变。

在说明总需求对国民收入水平的决定时，先介绍简单的国民收入决定模型。这一模型还有两点假设：第一，利息率水平既定，也就是说，不考虑利息率变动对国民收入水平的影响；第二，投资水平既定。

一、总需求的构成

总需求是整个社会对产品与劳务需求的总和。如前所述，在四部门经济中，总需求包括消费、投资、政府支出与出口四个部分。在分析总需求对国民收入水平的决定时，我们以此为基础。

消费指居民户对产品与劳务的需求或支出，包括：耐用消费品支出、非耐用消费品支出、住房租金以及对其他劳务的支出；投资是指厂商对生产要素的需求和支出；政府支出是指政府对各种产品与劳务的需求，或者说是政府购买产品与劳务的支出，目的在于满足社会公共需要；出口在分析国民收入的决定时是指净出口，即出口与进口之差。

二、总需求与均衡国民收入的决定

总需求与总供给相等时的国民收入为均衡的国民收入。当不考虑总供给的影响时，均衡的国民收入水平是由总需求决定的。可用图 10－1 说明这一原理：

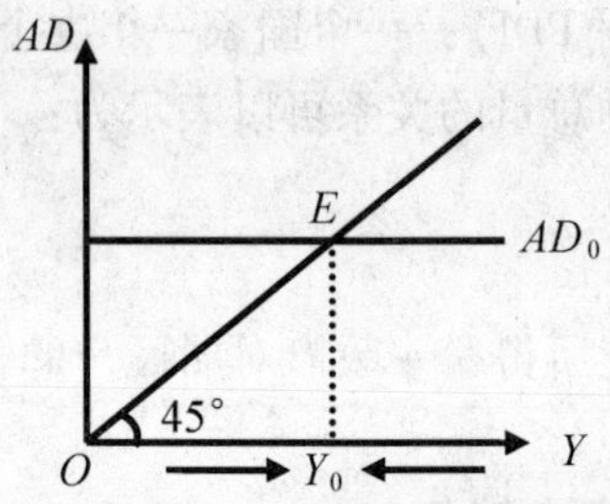

图 10－1 均衡国民收入的决定

在图 10－1 中，横轴 OY 代表国民收入，纵轴 AD 代表总需求，45°线表示总需求等于总供给。AD_0 代表总需求水平，AD_0 是一条与横轴平行的线。AD_0 与 45°线相交于 E，决定了均衡的国民收入水平为 Y_0。

在 Y_0 之左，总需求大于总供给，国民收入如箭头所示，要向 Y_0 增加；在 Y_0 之右，总需求小于总供给，国民收入如箭头所示，要向 Y_0 减少；只有在 Y_0 时，国民收入处于均衡状态。这时的国民收入就是均衡的国民收入。

三、消费与均衡国民收入的决定

在简单的国民收入决定理论中，我们先假定总需求中的其他部分不变，仅仅考虑消费变动对总需求的影响。首先，需要了解消费函数，以及相关的储蓄函数。

（一）消费函数与储蓄函数

消费函数用来表示消费与收入之间的对应关系，即在其他条件不变的情况下，消费随收入的变动呈同方向变动，收入增加，消费增加；收入减少，消费减少。如果以 C 代表消费，Y 代表收入，则消费函数为：

$$C = f(Y)$$

一般说来，消费水平的高低会随着收入大小的变动而变动，收入越大，消费就越高；但是，随着人们收入的增加，消费数量的增加赶不上收入的增加。

消费与收入之间的关系，可以用平均消费倾向和边际消费倾向加以说明。平均消费倾向是指消费在收入中所占的比例。如果以 APC 代表平均消费倾向，则有：

$$APC = \frac{C}{Y}$$

APC 说明了家庭既定收入在消费和储蓄之间分配的状况。例如，若 100 美元中 80 美元用于消费，则平均消费倾向为 80%。由于消费水平总大于零，因而 APC 为正数。在收入偏低时，为了保证基本的生活需要，消费有可能大于收入，APC 大于 1；随着收入的增加，消费逐渐小于 1，APC 数值逐渐降低。

边际消费倾向是指增加的单位消费与增加的单位收入之比。如果以 MPC 代表边际消费倾向，以 ΔC 代表增加的消费，以 ΔY 代表增加的收入，则 MPC 为：

$$MPC = \frac{\Delta C}{\Delta Y}$$

MPC 说明了收入变动量在消费变动和储蓄变动之间分配的情况。若在增加的 100 美元中，家庭用于消费的增加量为 85 美元，那么边际消费倾向为 85%。一般边际消费倾向总是大于 0 而小于 1，即 $0 < MPC < 1$。

储蓄函数表示储蓄与收入之间的对应关系，即在其他条件不变的情况下，储蓄随收入的变动呈同方向变动，收入增加，储蓄增加；收入减少，储蓄减少。如果以 S 代表储蓄，则储蓄函数表示为：

$$S = f(Y)$$

储蓄与收入之间的关系，可以用平均储蓄倾向和边际储蓄倾向加以说明。平均储蓄倾向是指储蓄在收入中所占的比例。如果以 APS 表示平均储蓄倾向，则有：

$$APS = \frac{S}{Y}$$

边际储蓄倾向是指增加的单位储蓄与增加的单位收入之比。

如果以 MPS 代表边际储蓄倾向，以 ΔS 代表增加的储蓄，则有：

$$MPS = \frac{\Delta S}{\Delta Y}$$

MPS 一般为正数值，但小于 1，即 $0 < MPS < 1$，并且随着收入增加，边际储蓄倾向呈递增的趋势。

由于全部的收入用于消费和储蓄两部分，所以：

$$APC + APS = 1$$

同样，增加的收入也分为增加的消费与增加的储蓄，所以：

$$MPC + MPS = 1$$

（二）消费函数、总需求与均衡国民收入

消费实际上也可以分为两部分：一部分是不取决于收入的自发消费，另一部分是随收入变动而变动的引致消费。自发消费是由人的基本需求所决定的消费，如维持生存的衣、食、住等，具有刚性。在经济分析中，假设自发消费不取决于收入，是一个固定量。引致消费是指由于收入增加所引起的消费，其大小取决于收入与边际消费倾向。

以 $\overline{C}$ 代表自发消费，c 代表边际消费倾向，则可以把消费函数写为：

$$C = \overline{C} + c \cdot Y$$

总需求包括消费与投资，假定投资不变，为 I，则总需求为：

$$AD = C + I = \overline{C} + c \cdot Y + I$$

如果将总需求中不变的自发消费与投资称为自发总需求，即不随收入的变动而变动，用 $\overline{A}$ 来代表，则上式可写为：

$$AD = C + I = \overline{C} + c \cdot Y + \overline{I} = \overline{A} + c \cdot Y$$

这样，就可以把总需求决定均衡国民收入的图 10－1 改为图 10－2。

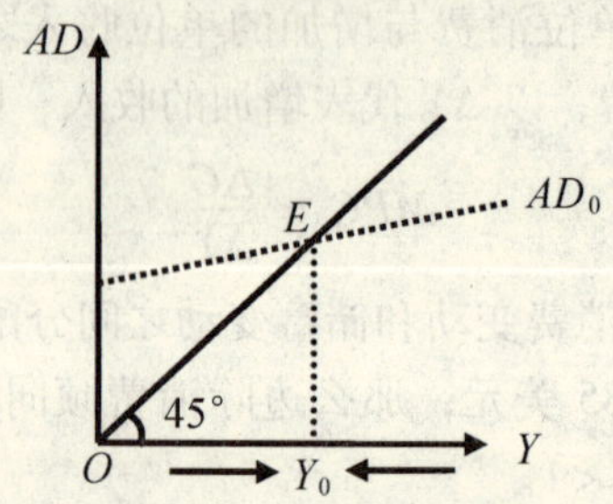

图 10－2 均衡国民收入的决定

在图 10－2 中，总需求曲线 AD_0 的截距为 $\bar{A}$，即自发总需求，斜率为边际消费倾向 c。AD_0 向右上方倾斜，表示由于包括引致消费，总需求随国民收入的增加而增加。AD_0 与 45°线相交于 E，仍决定了均衡的国民收入为 Y_0。

均衡国民收入决定的条件是总供给（国民收入）与总需求相等，即：

$$Y = AD$$

$$AD = \bar{A} + c \cdot Y$$

$$Y = \bar{A} + c \cdot Y$$

$$Y - c \cdot Y = \bar{A}$$

$$Y_0 = \frac{1}{1-c} \cdot \bar{A}$$

上式说明了均衡的国民收入 Y_0 的决定，Y_0 的大小最终取决于边际消费倾向 c。

四、总需求与国民收入水平的变动

在不考虑总供给的情况下，均衡的国民收入水平是由总需求决定的，总需求的变动必然引起均衡国民收入水平的变动。总需求水平的高低，决定了均衡国民收入的大小，二者呈同方向变动，即总需求增加，均衡的国民收入增加；总需求减少，均衡的国民收入减少。我们可以用图 10－3 加以说明。

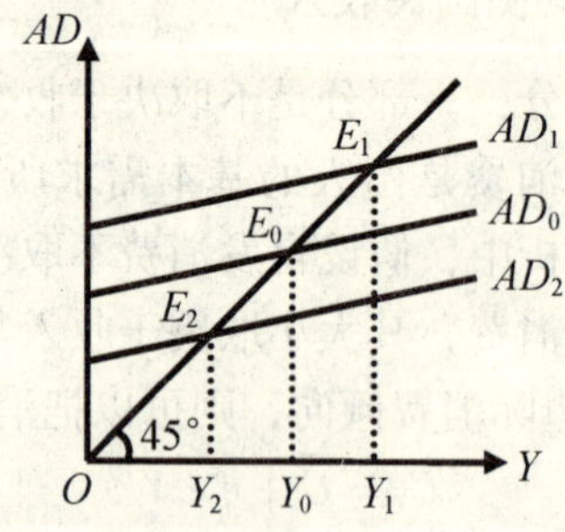

图 10－3 均衡国民收入的变动

在图 10－3 中，总需求曲线向上方移动，从 AD_0 移动到 AD_1，表示总需求增加；总需求曲线向下方移动，从 AD_0 移动到 AD_2，表示总需求减少。当总需求为 AD_0 时，决定了国民收入水平为 Y_0。当总需求为 AD_1 时，决定了国民收入水平为 Y_1。$Y_1 > Y_0$，表明由于总需求水平由 AD_0 增加到 AD_1，拉动均衡国民收入水平由 Y_0 增加到了 Y_1。当总需求为 AD_2 时，决定了国民收入水平为 Y_2，$Y_2 < Y_0$，表明由于总需求水平由 AD_0 减少到 AD_2，导致

均衡国民收入水平由 Y_0 减少到了 Y_2。

在图 10－3 中，总需求变动表现为总需求曲线的平行移动，这说明，在边际消费倾向不变的情况下，总需求的变动是由于自发总需求的变动所引起的。设自发总需求的变动量为 $\Delta\bar{A}$，则这三条总需求曲线为：

$$AD_0 = \bar{A} + c \cdot Y$$
$$AD_1 = \bar{A} + \Delta\bar{A} + c \cdot Y$$
$$AD_2 = \bar{A} - \Delta\bar{A} + c \cdot Y$$

根据以上所述，我们还可以进一步分析储蓄与国民收入变动的关系。在既定的收入中，消费与储蓄呈反方向变动，即消费增加，储蓄减少；消费减少，储蓄增加。消费是总需求的一个重要组成部分，储蓄增加使消费减少，总需求减少，从而国民收入减少；反之，储蓄减少导致消费增加，总需求增加，从而国民收入增加。可见，储蓄的变动会引起国民收入反方向变动。

需要注意，储蓄增加导致国民收入减少，储蓄减少导致国民收入增加的结论仅仅适用于各种资源没有得到充分利用，总供给可以无限增长的情况。如果资源得到了充分利用，GNP 已达到极限时，这一结论就不适用了。

五、乘数理论

自发总需求增加会引起国民收入的增加，但是，增加一定量的自发总需求会使国民收入增加多少？乘数理论可以对其加以量化。

乘数是指自发总需求的增加所引起的国民收入增加的倍数，即国民收入增加量与自发总需求增加量之间的比率。

根据均衡国民收入决定的公式，增加的总需求与增加的国民收入相等，即：

$$\Delta Y = \Delta AD$$
$$\Delta Y = \Delta\bar{A} + c \cdot \Delta Y$$
$$\Delta Y - c \cdot \Delta Y = \Delta\bar{A}$$
$$\Delta Y = \frac{1}{1-c} \cdot \Delta\bar{A}$$

增加的国民收入 ΔY 与引起这种增加的自发总需求量 $\Delta\bar{A}$ 之比 $\frac{1}{1-c}$ 就是乘数，如果以 a 代表乘数，则有：

$$a = \frac{1}{1-c}$$

乘数的公式表明了，乘数 a 的大小取决于边际消费倾向 c，边际消费倾向越大，乘数就越大；边际消费倾向越小，乘数就越大。这是因为边际消费倾向越大，增加的收入中就会有更多的部分用于消费，使总需求增加，进而拉动国民收入增加得更多。

此外，由于边际消费倾向小于 1，所以，乘数一定大于 1。这反映了国民经济各部门之间存在着密切联系，某一部门自发总需求的增加，不仅会使本部门收入增加，而且还会拉动其他部门的需求与收入的增加，最终使国民收入的增加数倍于最初自发总需求的增加。

需要注意，乘数发挥作用需要一定的条件。也就是说，只有在资源尚未得到充分利用的情况下，乘数效应才会存在。如果社会资源已经得到了充分利用，或者某些关键部门，如能源或交通等，存在着“瓶颈”，乘数效应就不会存在。

复习思考

一、填空题

1. 国民收入核算中最基本的总量是________。
2. 国民经济核算体系以________法所计算出的国内生产总值为标准。
3. 国民收入核算中的五个基本总量是________、________、________、________、________。
4. 净出口等于________减________。
5. 消费函数是________与________的依存关系，储蓄函数是________与________的依存关系。
6. 总需求中不变的自发消费与投资称为________。
7. 根据简单的国民收入决定模型，总需求增加，均衡的国民收入________；总需求减少，均衡的国民收入________。

二、单项选择题

1. 在下列三种产品中，应该计入当年国内生产总值的是（　　）。
   A. 当年生产的拖拉机
   B. 去年生产而在今年销售出去的拖拉机
   C. 某人去年购买而在今年转售给他人的拖拉机
2. 在下列三种情况中，应该计入当年国内生产总值的是（　　）。
   A. 用来生产面包的面粉
   B. 居民用来自已食用的面粉
   C. 粮店为居民加工面条的面粉
3. 在下列三种情况中，作为最终产品的是（　　）。
   A. 公司用于联系业务的小汽车
   B. 工厂用于运送物品的小汽车
   C. 家庭用于旅游的小汽车
4. 在国民收入核算中，最重要的是核算（　　）。
   A. 国民收入
   B. 国内生产总值
   C. 国民生产净值
5. 国民生产净值与国民收入的差别是（　　）。
   A. 间接税
   B. 直接税

C. 公司未分配利润

6. 引致消费取决于（　　）。

A. 自发消费

B. 边际储蓄倾向

C. 收入和边际消费倾向

7. 根据消费函数，引起消费增加的因素是（　　）。

A. 价格水平下降

B. 收入增加

C. 储蓄增加

8. 根据简单的国民收入决定模型，引起国民收入减少的原因是（　　）。

A. 消费减少

B. 储蓄减少

C. 消费增加

9. 在以下三种情况中，乘数最大的是（　　）。

A. 边际消费倾向为 0.6

B. 边际消费倾向为 0.4

C. 边际消费倾向为 0.75

10. 自发总需求增加 100 万元，使国民收入增加了 1000 万元，那么此时的边际消费倾向为（　　）。

A. 100%　　B. 10%　　C. 90%

三、判断题

1. 国内生产总值中的最终产品是指有形的物质产品。（　　）

2. 今年建成并出售的房屋价值和去年建成而在今年出售的房屋价值都应计入今年的国内生产总值。（　　）

3. 某人出售一幅旧油画所得到的收入，应该计入当年的国内生产总值。（　　）

4. 居民购买住房属于个人消费支出。（　　）

5. 国民收入等于工资、利润、利息和地租之和。（　　）

6. 均衡的国民收入一定等于充分就业的国民收入。（　　）

7. 消费和储蓄与收入成同方向变动，所以收入增加，消费和储蓄都增加。（　　）

8. 边际消费倾向与边际储蓄倾向之和等于 1。（　　）

9. 自发消费随收入的变动而变动，它取决于收入和边际消费倾向。（　　）

10. 在资源没有得到充分利用时，增加储蓄会使国民收入减少，减少储蓄会使国民收入增加。（　　）

四、案例分析题

案例 1：

【案例名称】：揭开 GDP 的面纱

【案例适用】：国民收入理论

【案例来源】：材料 1：GDP：不能告诉我们什么？——访国家统计局国民经济核算司

司长许宪春．人民日报 [N]. 2003－6－9，第六版.

材料 2：http://wenku.baidu.com/view/597114f7ba0d4a7302763a9b.html

【案例内容】:

材料 1：应该认清 GDP 的四大局限：

一位先生发现他雇用的保姆勤劳、贤惠、可爱，就把她娶为妻子。在此之前，他需向保姆支付工资，保姆从事的做饭、清扫房间、照顾老人等活动被计算到 GDP 中。当保姆变成妻子后，她仍然从事同样的劳动，甚至在家务上付出更多，但丈夫不再向她支付报酬，从而这些活动不再增加 GDP。保姆变成妻子之后，这个国家的经济活动并没有因此而减少，但 GDP 却减少了。

这个故事告诉我们：GDP 不是万能的。许宪春认为，GDP 的局限性表现在四个方面。

1. GDP 不能反映经济发展对资源环境所造成的负面影响

比如，只要采伐树木，GDP 就会增加，但过量采伐后会造成森林资源的减少，GDP 却不考虑相应的代价。再比如，某些产品的生产会向空气或水中排放有害物质，GDP 会随着产品产量的增加而增加，却不考虑对环境造成的损害。显然，GDP 在反映经济增长的同时，没有反映它所带来的资源耗减和环境损失的代价。

2. GDP 不能准确地反映一个国家财富的变化

目前，经济学家对一个国家的国民财富尽管有不同的解释，但都把固定资本存量作为它的重要组成部分。一个国家财富能否有效的增长，不仅取决于 GDP 中固定资本形成总额的大小，还取决于其质量。如果固定资本的质量不好，没有到使用期限就不得不报废，那么固定资本形成总额再多也许都不能有效地提高一国的国民财富。

比如，我们在 2001 年建造了一座桥梁，2002 年由于工程质量问题拆除了这座桥梁，2003 年又重新建造一座同样的桥梁。2001 年建造的桥梁增加了 2001 年的 GDP，2003 年建造的桥梁又增加了 2003 年的 GDP，从而 GDP 增加了两次。然而 2003 年年底的国民财富中只包括当年建造的那座桥梁，2001 年建造的那座桥梁因被拆除，在 2002 年年底的国民财富统计中就已经被剔除了。同时，2003 年在建造这座桥梁时又消耗了一次自然资源（如果 2001 年建造的那座桥梁不出现质量问题，这些资源就不会被消耗掉），所以，与 2001 年年底的国民财富相比，2003 年年底的国民财富不仅没有增加，反而减少了。

所以，我们不仅要注重 GDP 的数量，还要注重它的质量。如果我们盖了许多厂房、住房，修了许多道路、桥梁、码头，而不注重其质量，没有多久就不得不拆除，虽然 GDP 表现得一派繁荣，但国民财富不会迅速增加，反而可能会减少。

3. GDP 不能反映某些重要的非市场经济活动

有些非市场经济活动在人们的日常生活中占有很重要的位置，比如家庭妇女做饭、照顾老人、养育儿童等，这些活动没有发生支付行为，按照国际标准，GDP 不反映这些活动。但是，如果这些工作由雇用的保姆来承担，雇主就要向保姆支付报酬，按照国际标准，相应的活动就必须反映在 GDP 中。可见，由于 GDP 不能反映某些非市场经济活动，使它在某种程度上损失了客观性和可比性。

在发达的市场经济国家，家务劳动市场化的程度比较高，比如，大多数家庭都把孩子送到幼儿园去育养，许多老人被送到养老院去照顾等。而发展中国家家务劳动市场化程度比较低，大部分家务劳动都由家庭成员自己来承担。同样的家务劳动，发达的市场经济国家市场化程度高，对 GDP 的贡献就大；发展中国家市场化程度低，对 GDP 的贡献就小。因此，就这一点来说，发展中国家的 GDP 与发达国家的 GDP 并不完全可比。

4. GDP 并不能全面地反映人们的福利状况

人均 GDP 的增加代表一个国家人民平均收入水平的增加，从而当一个国家的人均 GDP 增加时，这个国家的平均福利状况将得到改善。但是，由于收入分配的不平等，一小部分人得到了更多的收入，大多数人的收入水平并没有增加，或增加得较少，因此他们的福利状况并没有得到改善，或没有得到明显的改善。从人均 GDP 中看不出这种由于收入分配的差异状况而产生的福利的差异状况。

许宪春最后对记者强调，我们不可能要求 GDP 能够满足所有各方面的要求，世界上没有一个统计指标能够做到这一点。但是，我们应该知道 GDP 能够做什么，不能够做什么，在它的适用范围内，正确地使用它。

材料 2：20 世纪即将结束时，美国商业部长把国民收入账户的发明和运用称为“世纪性杰作”。他认为：“当我们要寻找商务部的先驱们创造的对美国影响最伟大的成就的时候，国民经济账户——今天称之国内生产总值或 GDP——的发明则当之无愧。”诺贝尔经济学奖获得者萨缪尔森在《经济学》教科书中，也把 GDP 称为“20 世纪最伟大的发明之一”。“没有像 GDP 这样的总量指标，政策制定者就会陷入杂乱无章的数字海洋而不知所措。”

目前，世界上最主要的 100 个左右的国家都向联合国报告他们的主要经济数据，这些国家占了全世界 GDP 的 80% ~90%，联合国基本上接受这些数据。对其他 80 ~90 个发展中国家，由于其统计能力不足，联合国采用帮助他们估算的办法来统计他们的 GDP。这样，联合国的统计和调查数据就成为最具权威性的数据。

【案例讨论】：

1. 分析 GDP 同居民个人银行账户的异同。

2. 展望 GDP 的未来。

案例 2：

【案例名称】：蜜蜂的寓言的启示

【案例适用】：国民收入决定理论

【案例来源】：梁小民．宏观经济学纵横谈 [M]．北京：生活·读书·新知三联书店，2003.

【案例内容】：

18 世纪初，一个名叫孟迪维尔的英国医生，写了一首题为《蜜蜂的寓言》的讽喻诗。这首诗叙述了一个蜂群的兴衰史。最初，蜜蜂们追求奢侈的生活，大肆挥霍浪费，整个蜂群兴旺发达。后来它们改变了原有的习惯，崇尚节俭，结果蜂群凋敝，最终被敌人打败而逃散。

这首诗所宣扬的“浪费有功”在当时受到指责。英国中塞克斯郡大陪审团委员们就曾宣判它为“有碍公众视听的败类作品”。但在二百多年后，这部当时声名狼藉的作品却启发凯恩斯发动了一场经济学上的“凯恩斯革命”，建立了现代宏观经济学和总需求决定理论。

在20世纪30年代之前，经济学家信奉的是萨伊定理。萨伊是18世纪法国的经济学家，他提出供给决定需求，有供给就必然创造出需求，所以，不会存在生产过剩性经济危机。这种观点被称为萨伊定理。但20世纪20年代英国经济停滞和30年代全世界普遍的生产过剩、严重失业打破了萨伊定理的神话。凯恩斯在批判萨伊定理的基础上，建立了以总需求分析为中心的宏观经济学。

总需求理论的提出在经济学中被称为一场“革命”（凯恩斯革命），它改变了人们的传统观念。例如，如何看待节俭。在传统观念中，节俭是一种美德。但根据总需求理论，节俭就是减少消费。消费是总需求的一个重要组成部分，消费减少就是总需求减少。总需求减少则使国民收入减少，经济衰退。由此看来，对个人是美德的节俭，对社会却是恶行。这就是经济学家经常说的“节约的悖论”。“蜜蜂的寓言”所讲的也是这个道理。

凯恩斯重视消费的增加。1933年当英国经济处于萧条时，凯恩斯曾在英国BBC电台号召家庭主妇多购物，称她们此举是在“拯救英国”。在《通论》中他甚至还开玩笑地建议，如果实在没有支出的方法，可以把钱埋入废弃的矿井中，然后让人去挖出来。已故的北京大学经济系教授陈岱孙曾说过，凯恩斯只是用幽默的方式鼓励人们多消费，并非真的让你这样做。但增加需求支出以刺激经济则是凯恩斯本人和凯恩斯主义者的一贯思想。

【案例讨论】：

1. 传统的节俭思想是否正确？

2. 结合现实，分析凯恩斯主义的适用性。

案例3：

【案例名称】：奥运给我国经济带来什么

【案例适用】：国民收入决定理论

【案例来源】：http://www.eol.cn/jiuye_zhn_4342/20071121/t20071121_266441.shtml

【案例内容】：

1984年，美国商界奇才尤伯罗斯创造性地将奥运和商业紧密结合起来，使当年的洛杉矶奥运会成为“第一次赚钱的奥运会”。从那以后，原本都是“赔本赚吆喝”的奥运会迸发出一种“镶金边儿的日子变成钱”的超能力。于是，“奥运经济”这个概念出现了。

2001年7月13日，北京申奥代表团在莫斯科进行最后的陈述。申奥形象大使、著名运动员邓亚萍在陈述报告中说：“在悉尼火炬接力的时候，有一个小男孩向我走来，当他摸到火炬的时候，他的眼睛一下子亮了，我能感觉到在那个时候，他的一生发生了变化……”有人将邓亚萍的这句话归纳为：奥运能够改变人的一生。更有人据此引申道：奥运不仅能够改变一个人，也能改变一个企业，改变一个城市，乃至改变一个国家！

一份权威报告表明，1984年洛杉矶奥运会为南加利福尼亚地区带来了32.9亿美元的收益；1992年巴塞罗那奥运会给这个地区带来了260.48亿美元的经济效益；1996年亚特兰大奥运会为佐治亚州带来了51亿美元的总效益；2000年悉尼奥运会给澳大利亚和新南威尔士州带来了63亿美元的收益。

【案例讨论】：

1. 利用总需求理论，分析举办奥运会的经济意义。

2. 举办奥运会能给中国经济带来什么好处？

第十一章　通货膨胀理论

关键词汇：

失业与通货膨胀的含义、种类及其衡量　失业及通货膨胀对经济的影响　失业与通货膨胀的形成原因　失业与通货膨胀之间的变动关系

世界各国，无论是发达国家，还是发展中国家，都不同程度地存在着失业与通货膨胀的问题。因此，失业与通货膨胀就成为宏观经济学研究的主要问题。

本章是运用国民收入决定理论，分析失业与通货膨胀的成因及其相互关系，进而为缓解失业与通货膨胀提供理论依据。

第一节　失　　业

一、失业与充分就业

（一）失业的定义

按《现代经济学词典》的解释，失业是“所有那些未曾受雇，以及正在调往新工作岗位或未能按当时通行的实际工资率找到工作的人”。

衡量一个经济中失业状况的最基本指标是失业率。失业率是失业人数占劳动力总数的百分比，公式有：

$$失业率=\frac{失业人数}{劳动力总数}\times 100\%$$

失业人数包括那些愿意工作而没有工作，正在积极寻找工作并到有关部门登记注册的劳动力。

（二）充分就业的含义

充分就业并非人人都有工作，失业可以分为周期性失业和自然失业。周期性失业是由于需求不足而造成的，自然失业是由于经济中某些难以克服的原因而造成的。消灭了周期性失业时的就业状态就是充分就业。实现了充分就业时的失业率称为自然失业率。

充分就业时仍然存在一定数量的失业人口。这是因为，经济中有些原因（如信息不对称等）对于失业而言是难以克服的。一定数量失业人口的存在是必然的，也是必要的。因为失业者的存在，如同劳动力的蓄水池，能随时满足生产扩张对劳动力的需求，同时，作为就业者的“竞争对手”，刺激了社会效率的提高。此外，由于社会福利支出，较低的失

业水平不会成为影响社会稳定的因素。

自然失业率的高低，取决于劳动市场的完善程度、经济状况等各种因素。自然失业率由各国政府根据实际情况确定，各国在各个时期所确定的自然失业率是不同的。

二、失业的分类

经济学通常将失业分为周期性失业、自然失业以及隐蔽性失业。

（一）周期性失业

周期性失业是指经济周期中的衰退或萧条阶段，因需求下降而造成的失业，这种失业是由整个经济的产出下降所造成的。当经济中的总需求减少，降低了总产出时，会引起整个社会的普遍性失业。

（二）自然失业

自然失业是指由于经济中某些难以避免的原因所引起的失业。在动态市场经济中，由于寻找职业需要时间，或由于劳动供求双方信息不对称等诸多原因，必然有一部分人处于失业状态，这是任何情况下都客观存在的，因而是自然的。自然失业与充分就业并不矛盾。

1. 摩擦性失业

是指在生产过程中由于难以避免的摩擦而造成的短期、局部性失业。这种失业通常起源于劳动力的供给方。例如，人们不满现状，寻找新的工作。摩擦性失业在任何时候都存在，它不是严重的经济问题。

2. 结构性失业

是指劳动力的供给和需求结构不对称所造成的失业，其特点是既有失业，又有职位空缺。结构性失业在性质上是长期性的，而且通常起源于劳动力的需求方。导致结构性失业的原因有三个：一是技术变化；二是消费者偏好的变化，消费者产品偏好的改变在某些地区扩大了生产，增加了就业，但在其他地区就会减少生产和就业；三是劳动力的不流动性，这种不流动性延长了由于技术变化或消费者偏好改变而造成的失业时间。

3. 季节性失业

由于某些行业的生产具有季节性特点，由此引起的失业称为季节性失业。在这类行业中，生产繁忙的季节所需要的劳动力多，生产淡季所需要的劳动力少，这样就会产生具有季节性变动特点的失业。如在农业、旅游业中就存在着季节性失业。

（三）隐蔽性失业

所谓隐蔽性失业是指表面上有工作，实际上对经济活动并没有作出贡献的人口。随着人口的增加，劳动力供给增多，很多企事业单位存在大量的冗员；同时，伴随着科技进步、先进机器设备的使用，各部门对劳动力需求有相对减少的趋势。这导致一些单位人浮于事、效率低下，即使减少部分就业人员也不会使产出下降，这就意味着存在隐蔽性失业，或者说这部分人员的边际生产力为零。

三、失业的影响和奥肯定律

（一）失业的影响

失业问题的重要性在于它对一国的经济、社会和政治等存在着巨大的负面影响。

首先，从经济方面看，失业会直接造成资源的浪费，带来经济上的损失。因为劳动力是重要的经济资源，是四种生产要素之一，失业的存在意味着劳动力资源的闲置。在劳动力失业的同时，往往也伴随着机器、设备、厂房等经济资源的闲置，造成整个社会的生产能力利用不足，生产萎缩，产出下降。

其次，从社会方面看，失业会导致失业者及其家庭收入的减少，生活水平下降。而且，失业会给人的心理造成巨大的创伤和痛苦，带来一系列社会问题。如失业者产生失望和不满情绪，导致犯罪增加，甚至引起社会骚乱等。

最后，当失业率增高时，政府和当政者往往成为人们责难的对象，政府失去人们的信任，甚至直接影响政治的稳定。失业增加时，政府一般要相应增加政府支出，救济、补助失业人口，从而加重政府的财政负担等。

（二）奥肯定律

美国经济学家奥肯在20世纪60年代提出了奥肯定律。

奥肯定律揭示了失业率与实际国民收入增长率之间的内在规律。这一规律表明，失业率每增加1%，则实际国民收入减少2.5%；反之，失业率每减少1%，则实际国民收入增加2.5%。这一规律说明了：

（1）失业率与实际国民收入增长率之间是反方向变动的关系。

（2）失业率与实际国民收入增长率之间1:2.5的关系只是一个平均数，是根据经验统计资料得出来的，在不同的时期并不完全相同。

（3）奥肯定律主要适用于没有实现充分就业的情况，即失业率是周期性失业的失业率。

（4）只有实际GDP的增长快于潜在GDP的增长，才会降低失业率。

第二节　通货膨胀

一、通货膨胀的定义

（一）什么是通货膨胀

经济学界对通货膨胀的解释并不完全一致，例如，哈耶克认为：“通货膨胀是指货币数量的过度增长，这种增长会合乎规律地导致物价上涨。”弗里德曼说：“物价普遍的上涨就叫做通货膨胀。”而萨缪尔森则说：“通货膨胀的意思是，物品和生产要素的价格普遍上升的时期——面包、汽车、理发的价格上升，工资、租金等也都上升。”

我们一般所接受的是这样的定义：通货膨胀是物价水平普遍而持续的上升。在理解通货膨胀这一概念时，应注意：第一，物价的上升不是指一种或几种商品的物价上升，而是物价水平的普遍上升，即物价总水平的上升；第二，不是指物价水平一时的上升，而是指持续一定时期的物价上升。

（二）衡量通货膨胀的指标

衡量通货膨胀的指标是物价指数。物价指数是表明某些商品的价格从一个时期到下一时期变动程度的指数。物价指数一般不是简单的算术平均数，而是加权平均数，即根据某种商品在总支出中所占的比例来确定其价格的加权数的大小。计算物价指数的一般公式是：

$$物价指数 = \frac{\sum P_1 q_1}{\sum P_0 q_0} \times 100\%$$

在上式中，P_0 与 P_1 是基期和本期的价格水平，q_1 是本期的商品数量。

根据计算物价指数时包括的商品品种的不同，主要有三种物价指数：

（1）消费物价指数，又称零售物价指数或生活费用指数，是衡量各个时期居民个人消费的商品和劳务零售价格变化的指标。但这一指数范围较窄，没有反映出资本品价格的变动情况。

（2）批发物价指数，是衡量各个时期生产资料（即资本品）与消费资料（即消费品）批发价格变化的指标。能反映出商业流通领域的价格走势。

（3）国内生产总值折算数，是衡量各个时期一切商品与劳务价格变化的指标。这一指标范围较广，包括消费品、投资品及进口商品的价格变动状况，能够全面准确地反映出一般价格水平的趋势。但其原始材料不易获得。

这三种物价指数都能反映出基本相同的通货膨胀率变动趋势，但由于各种指数计算口径不同，所以数值并不相同。在这三种指数中，消费物价指数与人民生活水平关系最密切，因此，一般都用消费物价指数来衡量通货膨胀的程度。

（三）通货膨胀的分类

经济学家根据不同的标准对通货膨胀进行了分类。我们所介绍的是根据通货膨胀的严重程度所进行的分类。按照通货膨胀的严重程度，可以将其分为四类：

（1）爬行的通货膨胀，又称温和的通货膨胀，其特点是通货膨胀率低而且比较稳定，一般在 10% 以下。

（2）加速的通货膨胀，又称奔驰的通货膨胀，其特点是通货膨胀率较高（一般在两位数以上），而且还在加剧。

（3）超速通货膨胀，又称恶性通货膨胀，其特点是通货膨胀率非常高（一般在三位数以上），而且完全失去了控制。这种通货膨胀会引起金融体系完全崩溃、经济崩溃，以至于政权的更迭。例如，第一次世界大战后德国的通货膨胀与国民党政府垮台前旧中国的通货膨胀都属于这种超速通货膨胀。

（4）受抑制的通货膨胀，又称隐蔽的通货膨胀。这种通货膨胀是指经济中存在着通货膨胀的压力，但由于政府实施了严格的价格管制与配给制，通货膨胀并没有发生。一旦解除价格管制并取消配给制，就会发生较严重的通货膨胀。原计划经济国家在经济改革过程中出现的通货膨胀就属于这种情况。

二、通货膨胀的成因

通货膨胀是一种世界性现象。在市场经济中，通货膨胀表现为价格水平的持续上涨，而价格是由需求和供给决定的。因此，探讨通货膨胀的成因问题，应从需求和供给两方面入手，其他种种因素都是通过影响需求或供给而发生作用的。

（一）需求拉上的通货膨胀

认为通货膨胀的原因在于总需求过度增长，总供给不足，即“太多的货币追逐较少的货物”，或者是“因为物品与劳务的需求超过按现行价格可得到的供给，所以一般物价水平便上涨”。总之，就是总需求大于总供给所引起的通货膨胀。对于引起总需求过大的原因又有两种解释：其一是凯恩斯主义的解释，强调实际因素对总需求的影响；其二是货币主义的解释，强调货币因素对总需求的影响。与此相应，就有两种需求拉上的通货膨胀理论。

凯恩斯认为，当经济中实现了充分就业时，表明资源已经得到了充分利用；这时，如果总需求仍然增加，就会由于过度总需求的存在而引起通货膨胀。可以用膨胀性缺口这一概念来说明这种通货膨胀产生的原因。膨胀性缺口是指实际总需求大于充分就业总需求时，实际总需求与充分就业总需求之间的差额，可用图 11－1 来说明。

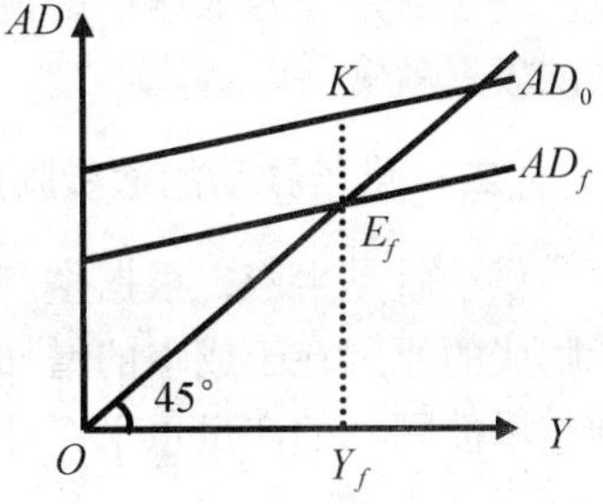

图 11－1　需求拉上的通货膨胀

在图 11－1 中，AD_f 为充分就业的总需求。这时决定的国民收入 Y_f 为充分就业的国民收入，但这时实际总需求为 AD_0，因为国民收入已经达到了充分就业的水平，无法再增加，所以，实际总需求 AD_0 与充分就业总需求 AD_f 之间的差额，就形成了膨胀性缺口。

还可用图 11－2 说明膨胀性缺口与需求拉上的通货膨胀之间的关系。

在图 11－2 中，横轴 OY 代表国民收入，纵轴 OP 代表价格。当总需求曲线为 AD_f 时，国民收入达到了充分就业的水平 Y_f，价格水平为 P_0。当总需求增加到 AD_0 时，国民收入已无法增加，价格水平上升到 P_1，这样就由于总需求过度而引起了通货膨胀。

凯恩斯强调通货膨胀与失业不会并存，通货膨胀是在充分就业实现后产生的，但实际上，在尚未实现充分就业时也可能产生通货膨胀。可用图 11－3 加以说明。

在图 11－3 中，当总需求为 AD_0 时，决定了国民收入水平为 Y_0，价格水平为 P_0，这时国民收入并没有达到充分就业的水平 Y_f。当总需求增加到 AD_1 时，国民收入增加到了 Y_1，这时国民收入仍没有达到充分就业的水平 Y_f，但伴随着国民收入的增加，价格水平上升到了 P_1。这时发生通货膨胀，是因为当总需求增加后，总供给并不能迅速满足总需求的这种增加，产生暂时的供给短缺，价格水平上升。但此时，经济中并未实现充分就业，价格水平的上升刺激了总供给，使国民收入增加。

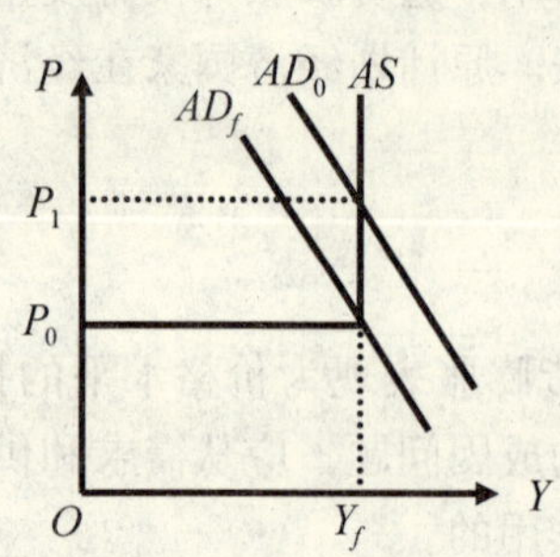

图 11-2 需求拉上的通货膨胀

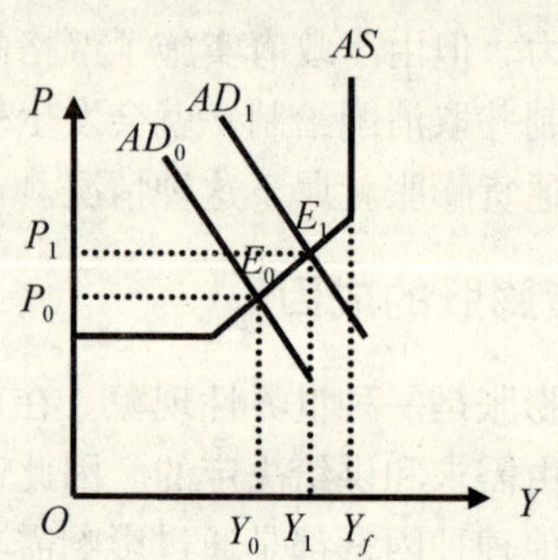

图 11-3 需求拉上的通货膨胀

货币主义认为，实际因素即使对总需求有影响也是不重要的，由此所引起的通货膨胀也不可能是持久的。引起总需求过度的根本原因在于货币的过量发行。货币主义者把总需求作为货币供给量（M_s）和货币流通速度$\left(V，即\dfrac{1}{K}\right)$的乘积，再把通货膨胀率作为总需求的函数，在货币流通速度稳定的假定下，则货币量的增加会引起总需求增加，总需求增加会引起通货膨胀。所以，美国经济学家弗里德曼认为：通货膨胀是发生在货币量增加的速度超过了产量增加速度的情况下，而且每单位产品所配给的货币量增加得愈快，通货膨胀的发展就愈快。

（二）供给推动的通货膨胀

供给就是生产，根据生产函数，生产取决于成本。因此，从总供给的角度看，引起通货膨胀的原因在于成本的增加。成本的增加意味着只有在高于从前的价格水平时，才能达到与以前同样的产量水平，即总供给曲线向左上方移动。在总需求不变的情况下，总供给曲线向左上方移动使国民收入减少，价格水平上升，这种价格上升就是成本推动的通货膨胀。可用图 11-4 加以说明。

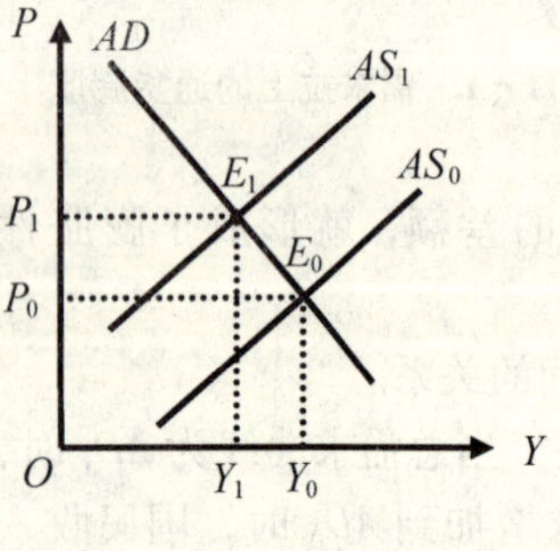

图 11-4 供给推动的通货膨胀

在图 11-4 中，原来的总供给曲线 AS_0 与总需求曲线 AD 决定了国民收入水平为 Y_0，价格水平为 P_0；由于成本增加，总供给曲线向左上方移动到 AS_1，这时总需求曲线不变，决定了国民收入为 Y_1，价格水平为 P_1，价格水平由 P_0 上升到 P_1 是由于成本的增加所引起的。这就是成本推动的通货膨胀。

引起成本增加的原因并不相同，因此，成本推动的通货膨胀又可分为以下几种：

1. 工资成本推动的通货膨胀

这种通货膨胀的发生需要具备两个前提条件，即劳动力市场是不完全市场。货币工资率的增长快于劳动生产率的增长。如果劳动力市场是完全竞争的市场，则工资率取决于劳动力的供给和需求。当工资率由于某种原因上升时，劳动力的供给量就会增加，而劳动力的需求就会减少，劳动力的过剩必将使工资率下降到均衡水平。但现实中的劳动力市场具有不完全性，工会是劳动力供给的垄断力量，同时工资又具有刚性，只能上升，很少下降。这样，当工会经常性地要求提高工资时，产品的成本将上升，在利润不变的前提下导致商品价格的上升。当这种情况成为普遍现象时，便会发生通货膨胀。工资的增加往往是从个别部门开始的，但由于各部门之间工资的攀比行为，个别部门工资的增加往往会导致整个社会的工资水平上升，从而引起普遍的通货膨胀。而且，这种通货膨胀一旦开始，还会形成“工资——物价螺旋式上升”，即工资上升引起物价上升，物价上升又引起工资上升。这样，工资与物价不断互相推动，形成严重的通货膨胀。

2. 利润推动的通货膨胀

寡头垄断或完全垄断的存在是利润推动型通货膨胀的前提条件。在竞争较为充分的条件下，商品的价格取决于商品的需求和供给，如果某个厂商试图以提高价格的方法增加利润，其需求量必然减少，市场份额下降，这个厂商将得不偿失。但是，在寡头垄断或完全垄断条件下，同行业只有少数几个厂商或一个厂商，这时当工会要求提高工资时，或当原材料的价格上涨时，它们便会趁机大幅度提高商品价格，以获取更多的利润，当这个行业产品价格的上升又通过提高其他行业的成本而影响全社会时，或通过示范作用波及较多行业时，便形成了利润推动的通货膨胀。

3. 进口成本推动的通货膨胀

是指在开放经济中，由于进口的原材料价格上升而引起的通货膨胀。在这种情况下，一国的通货膨胀会通过国际贸易渠道而影响其他国家。例如 20 世纪 70 年代初，西方国家通货膨胀严重的重要原因之一，就是世界原油市场价格的大幅度上升。这种通货膨胀发生时，成本的上升会导致生产减少，从而又引起萧条。

与这种通货膨胀相对应的是出口性通货膨胀，即由于出口迅速增加，导致出口生产部门的成本增加，国内产品供给不足，引起通货膨胀。

4. 供求混合推动的通货膨胀

该理论把总需求与总供给结合起来分析通货膨胀的成因。许多经济学家认为，通货膨胀的根源不是单一的总需求或总供给，而是这两者共同作用的结果。如果通货膨胀是由需求拉动开始的，即过度需求的存在引起物价上升，这种物价上升又会使工资增加，从而又引起了成本推动的通货膨胀。如果通货膨胀是由成本推动开始的，即成本增加引起物价上升。这时如果没有总需求的相应增加，工资上升最终会减少生产，增加失业，从而使成本推动引起的通货膨胀停止。只有在成本推动的同时，又有总需求的增加，这种通货膨胀才能持续下去。

可以用图 11－5 说明成本推动与需求拉上如何引起通货膨胀。

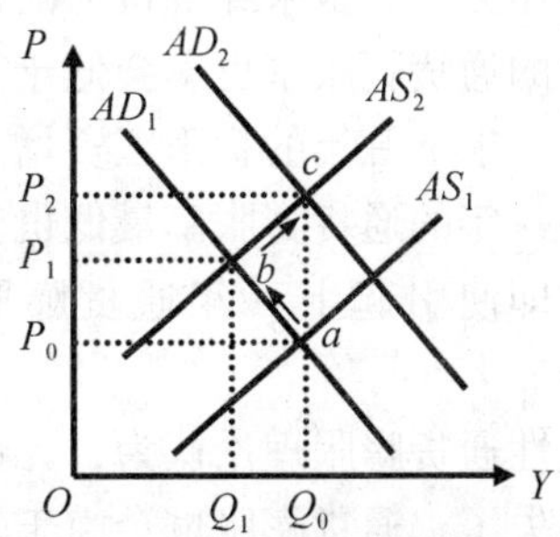

图 11－5　供求混合推动的通货膨胀

在图 11－5 中，总供给曲线由 AS_1 移动到 AS_2，会使物价水平由 P_0 上升到 P_1，这是成本推动引起的通货膨胀。但如果仅仅是成本推动，由于价格上升为 P_1，产量会由 Q_0 下降为 Q_1，最终由于经济衰退而结束通货膨胀。换言之，这种通货膨胀不会持续下去。只有成本推动之后，总需求也由 AD_1 增加为 AD_2，才能使产量水平恢复到 Q_0，而价格水平上

升为 P_2。这时，物价上升的过程是 $a \rightarrow b \rightarrow c$。

5. 结构性通货膨胀

是指由于社会资源不能在各行业间迅速流动而引起的通货膨胀。包括各生产部门之间的需求结构差异、劳动生产率差异、劳动力市场结构特征以及各生产部门收入水平差异等情况所引发的通货膨胀。

（1）由于需求结构差异引发的结构性通货膨胀

在日益变化的经济活动中，需求可能从某些部门转移到另一些部门。虽然总需求不变，但在需求移动的同时，需求增加部门的商品价格上涨，由于价格刚性，需求减少部门的商品价格并不下降，甚至由于示范效应也随需求增加部门商品价格的上涨而上涨，从而使全社会各部门的商品价格都上涨，形成整体的通货膨胀。

（2）由于经济发展不平衡性而引发的结构性通货膨胀

一国经济可以分为扩展部门与衰退部门，在扩展部门中，劳动生产率较高，生产在不断扩大，需要更多的资源和工人，而衰退部门生产不断萎缩，劳动生产率下降，资源与工人大量过剩。如果资源与工人能迅速地由衰退部门流动到扩展部门，这种通货膨胀就不会发生。但在现实经济中，由于种种原因，衰退部门的资源和劳动力并不能迅速地流动到扩展部门。扩展部门由于资源与人力短缺，资源价格上升，工资上涨；而衰退部门尽管资源与人力过剩，但由于价格刚性，资源价格与工资并不下降。这样，就会由于扩展部门的总需求增加和这些部门的成本上升，尤其是工资成本上升而产生通货膨胀。

（3）由于劳动力市场结构特征而引发的结构性通货膨胀

存在结构性失业的情况下，失业与职位空缺并存。这种情况主要是由于劳动力市场的技术结构、地区结构以及性别结构等方面缺乏流动性而造成的供求失衡。由于工资刚性的存在，虽然有失业，但工资并不下降；另一方面又有职位空缺，则工资上升。这样，工资总水平增加，成本上升，从而导致通货膨胀。

6. 预期的与惯性的通货膨胀

预期的通货膨胀理论认为，无论是什么原因引起了通货膨胀，即使最初引起通货膨胀的原因消除了，它也会由于人们的预期而持续，甚至加剧。

预期对人们的经济行为有着重要影响，而预期往往又是根据过去的经验形成的。在产生了通货膨胀的情况下，人们会根据过去的通货膨胀率来预期未来的通货膨胀率，并把这种预期作为指导未来经济行为的依据。例如，上一年的通货膨胀率是10%，人们据此预期下一年的通货膨胀率也不会低于10%。这样，他们就要以此作为进行下一年工资谈判的基础，即要求下一年的货币工资增长率最低为10%。下一年的货币工资增长率为10%，就使得下一年的通货膨胀率最低也会由于工资的增加而保持10%的水平。于是，由于预期的关系，即使引起上一年通货膨胀率为10%的原因消失了，下一年的通货膨胀率也会是10%。

惯性通货膨胀理论认为，无论是什么原因引起了通货膨胀，即使最初引起通货膨胀的原因消失了，通货膨胀也会由于其本身的惯性而持续下去。这是因为，工人与企业所关心的是相对工资与相对价格水平。在决定自己的工资与价格时，他们要参照其他人的工资与价格水平。如果其他人的工资与价格水平由于通货膨胀的原因上升了10%，那么，他们在决定自己的工资与价格时，也要以这10%的通货膨胀率为基础。这样，通货膨胀就会由于惯性而持续下去，因为谁都不会首先降低自己的工资与物价水平。只有在经济严重衰退时，才会由于工资与物价的被迫下降而使通货膨胀终止。

以上不同的通货膨胀理论，从不同的角度解释了通货膨胀的原因。通货膨胀往往是各种因素共同作用所引起的，只不过某一种因素有时会更加重要。

三、通货膨胀对经济的影响

如果通货膨胀率相当稳定，人们可以完全预期，那么通货膨胀对经济的影响就很小。因为在这种可预期的通货膨胀之下，各种名义变量（名义工资、名义利息率等）都可以根据通货膨胀率进行调整，从而使实际变量（实际工资，实际利息率等）不变。

在不能完全预期的情况下，通货膨胀将会影响社会经济生活的各个方面。

（一）对收入和财富再分配的影响

（1）在债务人与债权人之间，通货膨胀将有利于债务人而不利于债权人。这是因为，债务契约根据签约时的通货膨胀率来确定名义利息率。当发生了未预期到的通货膨胀之后，债务契约无法更改，从而就使实际利息率下降，债务人受益，而债权人受损。

（2）在雇主与工人之间，通货膨胀将有利于雇主而不利于工人。这是因为，在不可预期的通货膨胀之下，工资不能迅速地根据通货膨胀率加以调整，出现名义工资不变或略有增长，但实际工资却下降的情况。

（3）在政府与公众之间，通货膨胀将有利于政府而不利于公众。这是因为，在不可预期的通货膨胀之下，名义工资总会有所增加，随着名义工资的提高，达到纳税起征点的人增加了，还有许多人进入了更高的税率等级，这样，政府的税收增加，而公众纳税数额增加，实际收入会减少。

（二）对资源配置的影响

在市场经济中，价格对资源配置具有重要的调节作用。如果价格水平上升是不均衡的，各种商品和劳务的相对价格就会发生变化，从而引起资源的重新配置。一般来说，价格上升快于成本上升的行业将得到扩张，价格上升慢于成本提高的行业将会收缩。在通货膨胀中，各行业商品和劳务的价格与成本的上升往往具有很大的盲目性和随意性，因而会扰乱价格体系，使供求信号失真，投资方向迷失，引起资源配置的失调，降低整个社会的经济效率。

（三）对产出和就业的影响

在短期内，由于意料之外的需求拉上型通货膨胀会使产品价格上升快于名义工资率的上升，实际工资水平将有所下降，从而刺激厂商扩大生产，大量雇佣工人，使产出和就业增加。所以，在短期内通货膨胀对产出及就业有一定的影响。但在长期中，通货膨胀与产出及就业之间不存在必然联系。

那么，通货膨胀对经济发展究竟有利与否？经济学家对这个问题的看法，大体上可以分为三种观点。

“有利论”者认为，通货膨胀，尤其是温和的通货膨胀有利于经济发展。在他们看来，

“通货膨胀是经济发展必不可少的润滑剂”。他们的理由是：第一，通货膨胀引起的有利于雇主不利于工人的影响，可以增加雇主的利润，刺激投资；第二，通货膨胀所引起的“通货膨胀税”可以增加政府的税收，从而增加政府的支出，这会拉动经济增长；第三，通货膨胀会加剧收入分配的不平等，而富人的储蓄倾向大于穷人。所以，可利用通货膨胀加剧收入分配的差距，进而增加储蓄。

“不利论”者认为，通货膨胀不利于经济的发展。他们的理由是：第一，在市场经济中，通货膨胀使价格信号扭曲，无法正常反映社会供求状态，从而使价格失去调节经济的作用；第二，通货膨胀破坏了正常的经济秩序，使投资风险增大，社会动荡，从而经济混乱，降低了经济效率；第三，通货膨胀所引起的紧缩政策会抑制经济的发展；第四，在固定汇率下通货膨胀所引起的货币贬值不利于对外经济交往。

“中性论”者认为，通货膨胀与经济增长没有什么必然的联系。他们认为，货币在经济中是中性的，从长期来看决定经济发展的是实际因素（劳动、资本、自然资源等），而不是价格水平。在长期中，由于货币量变动所引起的通货膨胀，既不会有利于也不会不利于经济的发展。因此，没有必要把经济增长与通货膨胀联系在一起。

以上三种观点各有自己的理论与实际依据，很难说哪种观点绝对正确。但有一点可以肯定，通货膨胀绝无避免的可能，人们唯一的选择就是：在通货膨胀中趋利避害。

第三节 逆转通货膨胀的政策

一、用衰退来降低通货膨胀率

由于通货膨胀大都与过度的需求有关，因而降低通货膨胀率最有效的方法是人为地制造一次经济衰退。

由价格调整方程：$\pi_t = \pi_t^e + h\dfrac{Y_t - Y_f}{Y_f}$

其中，π_t 为第 t 期的通货膨胀率，π_t^e 为人们对 t 期通货膨胀率的预期，Y_t 表示 t 期的总需求，Y_f 表示潜在的产出量，h 为价格调整系数。

假设一个经济社会中人们以上一年的通货膨胀率形成预期，价格调整方程中的调整系数 $h=0.2$。若经济中最初的通货膨胀率为10%，那么，政府制造5%的衰退将使通货膨胀率降低1%。由于人们将会以上一年的通货膨胀率形成预期，故来年政府继续制造同样的衰退将使通货膨胀率继续下降，直到实现政府既定的目标。

在上述通过制造衰退调整通货膨胀的过程中，政府制造衰退程度的大小决定了通货膨胀率下降的速度。衰退幅度越大，通货膨胀率下降越快。在实践中，以较低的失业率和较长时间来降低通货膨胀率的办法被称为渐近主义方式，而以较高的失业率和较短的时间来降低通货膨胀率的办法称为“冷火鸡”方式。

二、收入政策

收入政策是西方国家的政府为了降低通货膨胀率而对货币收入和价格采取的强制性或

非强制性的政策。收入政策的目的在于抑制成本推动的通货膨胀。

1. 工资、价格管制

工资、价格管制是收入政策中的强制性措施。为了限制工资和价格的上涨幅度，政府可以采取的手段主要有：（1）对工资和价格进行直接控制，规定厂商和工会不经政府有关部门同意，不得提高工资和价格；（2）对工资和价格规定指导性指标；（3）对厂商和工会提出道义劝告，以便劝说厂商和工会自动限制产品价格和工资的上涨幅度。

工资、价格管制通常作为应急政策，可以很快地降低通货膨胀率。如果在控制期内通货膨胀压力因为生产率水平提高而得到缓解，这种政策就是有效的。

2. 收入指数化

收入指数化是对付通货膨胀时政府采取的另一项措施。实践中形成工资上涨压力的一个重要来源是在一定的通货膨胀出现之后，工人以此为理由要求增加工资。如果工资的上涨超过通货膨胀率，那么就会形成新一轮的成本推动的通货膨胀。为此，经济学家建议执行收入指数化政策。

所谓收入指数化就是以条文规定的形式把工资和某种特价指数联系起来，当特价上升时，工资也随之上升。比如，政府规定，工人工资的增长率等于通货膨胀率加上经济增长率。收入指数化可以是百分之百指数化，即工资按物价上升的比例增长；也可以是部分指数化，即工资上涨的比例仅为物价上升的一部分。

应该说，收入指数化政策是一种事后措施，它对降低通货膨胀在收入分配上的影响起到了重要作用，但对消除通货膨胀本身作用并不大。因此，严格来说，指数化并不能构成一种反通货膨胀的方法。

3. 以税收为基础的收入政策

除了上面提到的方法，政府也采取以税收为基础的收入政策作为补充。这种政策的基本设想是，国家规定一个被认为是恰当的物价或工资上升率，然后，以税收的方式惩罚价格和工资上涨超过恰当的上升率的企业和个人，同时以津贴形式奖励价格和工资的上涨少于恰当的上升率的企业和个人。

不过，这一政策在实践中执行起来是有困难的，因为很难对厂商或工会的价格或工资上涨的真实原因作出判断，故这种政策主要还局限于理论分析上。

复习思考

一、填空题

1. 衡量一个经济中失业状况的最基本指标是________。
2. 消灭了周期性失业时的就业状态就是________。
3. 按引起失业的具体原因不同，自然失业可分为________、________、________等。
4. 技术进步会引起失业，原因在于________。

二、单项选择题

1. 在美国，以下情况中属于失业的是（　）。

A. 从学校毕业，连续4周未找到工作的人

B. 从学校毕业，连续7天未找到工作的人

C. 被企业解雇但未到有关部门登记注册的人

2. 假设某个国家的总人口数为3000万人，就业者为1500万人，失业者为500万人，则该国的失业率为（　　）。

A. 17%　　B. 34%　　C. 25%

3. 失业率是（　　）。

A. 失业人数占劳动力总数的百分比

B. 失业人数占整个国家人数的百分比

C. 失业人数占就业人数的百分比

4. 引起摩擦性失业的原因（　　）。

A. 工资能升不能降的刚性

B. 总需求不足

C. 经济中劳动力的正常流动

5. 奥肯定理说明了失业率每增加1%，则实际国民收入减少2.5%，在美国这种比例关系（　　）。

A. 始终不变，一直如此

B. 在不同的时期并不完全相同

C. 只适用于经济实现了充分就业时的状况

6. 通货膨胀指的是（　　）。

A. 主要食品价格上升

B. 主要消费品价格上升

C. 社会物价水平持续普遍上升

7. 如果出现通货膨胀，应实行的财政政策是（　　）。

A. 增加政府购买

B. 增加税收

C. 增加转移支付

8. 通货膨胀的一个主要后果是（　　）。

A. 减少人均可支配收入。

B. 造成实际收入的再分配

C. 降低国民收入的增长率

9. 按西方学者说法，利润推动的通货膨胀的根源在于（　　）。

A. 工会的垄断

B. 市场的完全竞争

C. 厂商的垄断

三、判断题

1. 无论什么人，只要没有找到工作就属于失业。（　　）

2. 如果通货膨胀率相当稳定，人们可以完全预期，则通货膨胀对经济影响很小。(　)

3. 只要社会中有一个失业者存在，就不能说实现了充分就业。(　)

4. 在一个国家里，自然失业率是一个固定不变的数。(　)

5. 只要有失业人口，就不可能存在岗位空缺。(　)

6. 新加入劳动力队伍，正在寻找工作而造成的失业属于摩擦性失业。(　)

7. 周期性失业是由于总需求不足所导致的失业。(　)

8. 在总需求不变的情况下，总供给线向左上方移动而引起的通货膨胀称为供给推动的通货膨胀。(　)

9. 根据消费物价指数、批发物价指数或国内生产总值折算数，所计算出来的通货膨胀率是完全一致的。(　)

10. 在任何经济中，只要存在着通货膨胀的压力，就会表现为物价水平的上升。(　)

四、案例分析题

案例1：

【案例名称】：残酷的失业

【案例适用】：失业理论

【案例来源】：材料1，凯恩斯．就业、利息和货币通论 [M]．北京：商务印书馆，1983：97—98；材料2，http://news.sohu.com/20091203/n268643666.shtml。

【案例内容】

材料1：一段来自大萧条时期生活在旧金山的美国人的回忆，描述了失业者的无能为力：早晨五点起床赶到海岸。在斯普雷克斯糖厂外，在大门外边，通常会有上千人。人们非常清楚地知道，只存在三个或四个职位。一个家伙带着两名瘦小的工人出来说："我需要两个干活的，两个人进这间小屋去干活。"这上千个人会像一群阿拉斯加狗一样争着往里挤，但只有其中的四个人会挤进去。

材料2：俄罗斯休克疗法导致1/5的工人失去工作。男人预期寿命由1990年的64岁降到1995年的57岁。俄罗斯大多数人口的正常生育条件遭受严重破坏。1991年末至1998年8月实行的社会和经济改革政策带来的后果之一，就是俄罗斯的人口增长自1992年起就一直呈持续下降趋势，其特点是死亡人数高于出生人数0.5~0.7倍。

【案例讨论】：

失业带给家庭、社会哪些成本？

案例2：

【案例名称】：生活在"通货膨胀"阴影下的米拉达先生

【案例适用】：通货膨胀理论

【案例来源】：博红春．经济学中国化实验教材 宏观经济学：指标的测定与调控 [M]．北京：中国经济出版社，2008：186—187.

【案例内容】：

下面是某人在玻利维亚超速通货膨胀时期经历的描述（发表于1985年8月13日《华

尔街日报》)：教师埃德加·米拉达拿到 2500 万比索工资后一刻也不敢耽误，因为比索的价值每时每刻都在下降。因此，当他妻子到市场上买足一个月的大米和面条后，他又赶紧把剩下的比索换为黑市美元。

米拉达先生的做法是在失控的通货膨胀世界中生存的首要规则。玻利维亚是飞速的通货膨胀如何破坏社会的一个案例。物价上升如此之高，以至于这个数字几乎让人难以置信。例如，在 6 个月的时期中，比索按每年 38 000% 的比率上升。但是，按官方的统计，去年的通货膨胀率达到 2 000%，而今年预期达到 8 000%——尽管其他的估算要比这高许多倍。

很容易看出，如果 38 岁的米拉达先生不立即把比索换为美元，那他的工资会发生什么变动。他得到 2500 万比索工资的那一天，1 美元值 50 万比索，因此他得到 50 美元。仅仅是几天之后，汇率为 90 万比索，他就只能得到 27 美元。

【案例讨论】：

1. “通货膨胀”给米拉达一家人带来了什么?

2. 如果换成你，在遭遇通货膨胀的情况下将会如何应对?

第十二章 经济周期理论

关键词汇：

经济周期的含义 经济周期的划分 经济周期的四个阶段 发生经济周期的原因 现代经济周期理论

1825 年，在英国爆发了资本主义历史上的第一次生产过剩性经济危机，以后每隔 10 年左右就有一次这样的危机。20 世纪的 1997 年，爆发了一场始于泰国，后迅速扩散至东南亚并波及整个世界的东南亚金融危机。到了 21 世纪的 2007 年，次贷危机又席卷了美国、欧盟和日本等世界主要金融市场。伴随着人类社会经济的进步，经济危机的阴霾如影随形。

经济周期作为现代宏观经济学的主题之一，是以国民收入为中心的经济活动的短期周期性波动。经济周期理论是国民收入决定理论的动态化。本章重点介绍经济学家关于经济活动中周期性波动现象的相关理论。

第一节 经济周期

一、经济周期的含义与特征

（一）经济周期的含义

经济周期，也称商业周期、商业循环、景气循环，它是指经济运行中周期性出现的经济扩张与经济紧缩交替更迭、循环往复的一种现象，是国民总产出、总收入和总就业的波动。这种波动以主要的宏观经济变量，如就业率、物价水平、总产量等普遍的扩张或收缩为基本特征，持续时间通常为 2～10 年不等。

必须指出，对经济周期的理解还应注意以下几点。

（1）经济周期是现代经济社会不可避免的经济波动。经济波动是现代经济的基本特征之一，是经济活动的必然产物。

（2）经济周期是总体经济活动的波动。也就是说，这种波动不是发生在一个或几个经济部门，而是同时发生在几乎所有的经济部门。因此，它不是局部的波动而是整个经济的波动。这种波动表现在国民收入、物价水平、失业率、利率、对外贸易等方面的波动。

（3）一个经济周期可以分为繁荣、衰退、萧条、复苏四个阶段。繁荣是国民经济活动高于正常水平的一个阶段，这时经济处于扩张状态，这一阶段的最高点称为顶峰。萧条是国民经济活动低于正常水平的一个阶段，这时经济处于萎缩状态，这一阶段的最低点称为谷底。繁荣与萧条是经济周期的两个主要阶段，之间还有两个过渡阶段：由繁荣转向萧条的阶段称为衰退；由萧条转向繁荣的阶段称为复苏。

经济周期的一种情况是由市场主导，由于市场失灵所引发的周期性经济波动。它从总需求不足开始，依次经历“衰退”（危机）、“萧条”（低谷）、“复苏”、“繁荣”四个阶段。在古典资本主义制度下，经济运行遵循“资本主义积累的一般规律”，也就是随着生产力发展和资本有机构成的上升，社会贫富差距日益扩大，因此社会消费倾向趋于下降，总需求不足，最终引发周期性的经济危机。马克思曾经深入论证了这个周期。

另一种就是计划经济型周期。它是由政府主导，由于“政府失灵”所引发的周期性经济波动。它从总需求膨胀或过旺开始，依次经历“膨胀”、“紧缩”、“低谷”、“回升”四个阶段。在计划经济体制下，企业预算约束是软的，政府是经济运行中的主体，存在明显的“投资扩张”倾向，经济增长方式粗放，国民经济运行在“资源约束”状态下。一旦条件合适，比如出现中央计划缺乏“理性”或某种程度“失控”等情况，便会发生投资膨胀，经济过热，进而发生周期性波动。

在市场经济条件下，企业家越来越多地关心经济形势，也就是“经济大气候”的变化。一个企业生产经营状况的好坏，既受其内部条件的影响，又受外部宏观经济环境和市场环境的影响。一个企业，无力决定它的外部环境，但可以通过内部条件的改善，积极适应外部环境的变化，充分利用外部环境，并在一定范围内，改变自己的小环境，以增强自身活力，扩大市场占有率。因此，作为企业家，对经济周期波动必须了解、把握，并能制定相应的对策来适应周期性波动。

（二）经济周期的阶段及其特征

经济活动由高涨到低谷的循环波动，并非围绕着某一固定的经济水平进行。实际上，从长期看，经济活动有增长的趋势，因而经济周期是围绕着一种向上的趋势而上下波动的。

由于一个国家的人口（劳动力）和资本存量一般是逐年增长的，劳动生产率也是逐步提高的，所以经济发展的长期趋势是逐年递增的。但是历史资料表明，资本主义市场经济并不是稳定增长的，而是围绕其长期趋势周期性地上下波动。按照西方经济学家的分析，可将经济周期划分为四个阶段，或者两个阶段两个转折点：繁荣阶段，是经济活动的扩张或上升阶段；萧条阶段是经济活动的收缩或者下降阶段；危机是从繁荣走向萧条的转折点，即高涨达到高峰后转向衰退；复苏是从萧条走向繁荣的转折点。判断经济处于哪一个阶段，主要是看社会的工业产量、销售量、资本借贷、物价水平、利息率、失业率、利润率等经济指标及其变动情况。

1. 繁荣阶段

繁荣阶段是指经济活动经过上一个循环的复苏，而继续增长的时期。在这一时期，社会有效需求不断增加，产品畅销，一般批发商和零售商的存货减少，纷纷向生产厂商订货，生产者利润大大提高，厂家增加投资。就业率提高，失业不断减少。劳动和其他社会资源得到更加充分的利用。

2. 衰退阶段

衰退阶段是指经济活动从扩张的高峰向下跌落的阶段。由于消费增长的停止以及社会现有生产设备及能力的限制，使经济扩张到达顶点以后开始下跌，投资减少，生产下降，失业率上升，社会收入水平和有效需求下降。因而导致需求更进一步大幅度下降，一般商品价格下跌，整个社会形成普遍的生产过剩，企业利润急剧下降，一些厂家开始倒闭。存货增加，生产急剧收缩，整个社会充满了悲观情绪。社会经济在经历了一段衰退时期以后，便进入萧条阶段。

3. 萧条阶段

萧条阶段是衰退阶段的继续发展，是经济周期的最低部分。这一时期，劳动失业率高，大众消费水平下降，企业生产能力大量闲置，存货积压，利润极低甚至亏损，企业对前景缺乏信心，不愿承担新的投资风险。萧条和衰退虽然都是指经济活动的下降，但在概念上有所区别。衰退阶段经济活动呈下降趋势，但从经济活动的水平看，仍在经济的长期平均增长水平以上，而萧条时期的经济活动水平却远远低于长期经济活动的平均水平。

4. 复苏阶段

复苏阶段是指经济从低点开始向上回升的时期，复苏阶段的特征是被磨损的机器设备开始更新，就业率、收入以及消费开始上升。由于投资增加，促进了生产和销售的增加，使企业利润有所提高，从而使人们开始对前景寄予希望，由悲观转为乐观，原先不肯进行的风险投资这时也开始出现。随着需求的增加，生产不断扩张，乘数与加速数开始对经济繁荣产生积极的刺激作用。萧条时期闲置的设备、劳动和其他生产资源开始陆续使用，但是，由于萧条阶段的影响，社会经济在各方面都处于调整阶段，因而经济恢复的速度不会太快。随着经济恢复的不断完善，经济上升的速度也不断加快，到一定程度后，便进入下一个繁荣时期。至此，整个经济就完成了一个周期的循环，进入下一个周期。

二、经济周期的分类

西方经济学家根据经济周期的时间长短，把经济周期分为以下几种类型：

（一）短周期或“短波”

由美国经济学家基钦提出，所以又称为“基钦周期”。他认为经济周期实际上有大周期与小周期两种。小周期平均长度约为 40 个月。一个大周期包括两个或三个小周期。熊彼特把这种约 40 个月的周期称为短周期或基钦周期。

（二）中周期或“中波”

它由法国经济学家朱格拉提出，所以又称为“朱格拉周期”。美国经济学家汉森把这种周期称为“主要经济周期”。朱格拉认为危机并不是一种独立的现象，而是社会经济中三个连续阶段中的一个，这三个阶段是：繁荣、危机与清算。这三个阶段在经济中顺序地反复出现，形成周期性现象，平均每一周期为 9 ~ 10 年。

（三）长周期或“长波”

长周期理论主要包括康德拉季耶夫长周期、熊彼特的长波技术论和库兹涅茨的“建筑周期”。

（1）康德拉季耶夫周期。1925 年，苏联经济学家康德拉季耶夫根据美国、英国、法国一百多年内的批发物价指数、利息率、工资率、对外贸易量、煤铁产量与消耗量等的变动，认为在经济中，存在一种平均长度为 50 ~ 60 年的循环。并指出，从 18 世纪末以后，存在着三个长周期：从 1789 ~ 1849 年是一个周期。在这个周期中，上升时期约 25 年，下降时期约 35 年，共 60 年；从 1849 ~ 1896 年是一个周期。在这个周期中上升时期约 24 年，下降时期约 23 年，共 47 年；从 1896 年起，上升时期约 24 年，到 1920 年以后呈下降趋势，又是一个周期。

（2）库兹涅茨周期。库兹涅茨在 1930 年出版的《生产和价格的长期运动》一书中，研究了美国、英国、德国、法国和比利时等国 1866 ~ 1925 年 53 种商品的历史统计资料，提出了在主要西方国家存在着一种与建筑业相关的长度从 15 ~ 25 年不等，平均长度为 20 年的长波周期，又称为建筑业周期。

（3）熊彼特周期。美籍奥地利经济学家熊彼特在 1939 年出版的《经济周期》一书中，将三种周期进行了综合，认为每一个长周期包括 6 个中周期，每一个中周期包括三个短周期。短周期约为 40 个月，中周期约为 9 ~ 10 年，长周期约为 48 ~ 60 年。他以重大的创新为标志，划分了三个长周期。第一个长周期从 18 世纪 80 年代到 1842 年，是“产业革命时期”；第二个长周期从 1842 ~ 1897 年，是“蒸汽和钢铁时期”；第三个长周期从 1897 年以后，是“电气、化学和汽车时期”。在每个长周期中仍有中等创新所引起的波动，这就形成若干个中周期。在每个中周期中还有小创新所引起的波动，形成若干个短周期。

第二节　经济周期理论的沿革

对于经济周期的成因，西方经济学家分别从不同的角度进行了不同的解释，归纳起来，基本上可分为外生经济周期理论和内生经济周期理论。

一、内生经济周期理论

内生经济周期理论主要是在经济体系之内寻找经济周期自发运动的因素。这种理论并不否认外生因素对经济的冲击作用，但它强调这种周期性的波动是经济体系内的因素所引起的。这些因素本身受经济的影响，但反过来又影响经济，如货币供给、投资、消费、心理因素等。属于内生经济周期论的主要有：

（一）货币理论

该理论的主要代表人物是英国经济学家霍特里和美国经济学弗里德曼。他们认为，经济周期纯粹是一种货币现象。霍特里认为经济周期是银行体系交替地扩张和紧缩信用所造成的。当银行体系降低利息率，扩大信用时，就会引起生产的扩张与收入的增加，使经济走向繁荣。但银行信用并不能无限地扩大，当银行体系被迫紧缩信用时，就会引起生产水平下降，进而使经济走向萧条。弗里德曼则认为，经济周期性波动的主要原因是货币因素，萧条是货币量急剧减少造成的，而高涨则是由于货币供给量的增加。他们主张通过控制货币供给量的办法来调节经济周期。

（二）投资过度理论

该理论的主要代表人物是奥地利经济学家哈耶克和米塞尔。他们将经济周期归因于投资过度。该理论认为，投资增加会引起经济繁荣。因为投资的增加，首先引起了对投资品需求的增加以及投资品价格的上升，这样就更加刺激了投资的增加。但资本品生产的过度发展会引起消费品生产的减少，造成经济结构的供求失衡，最终会引起萧条，使经济发生波动。

（三）消费不足理论

该理论的早期代表人物是英国经济学家马尔萨斯和法国经济学家西斯蒙第，近期代表人物是英国经济学家霍布森，现代有激进经济学派。他们认为经济出现萧条是因为社会对消费品的需求赶不上消费品的增长，而这种不足又根源于国民收入分配不公所造成的富人储蓄过度。

（四）心理理论

该理论的主要代表人物是英国经济学家庇古和凯恩斯。他们强调心理预期对人们经济行为的决定性影响。当厂商对未来的预期乐观时就增加投资，经济走向繁荣；而当预期悲观时，就会减少投资导致萧条。凯恩斯认为，萧条的产生是由于资本边际效率的突然崩溃，而造成这种崩溃的正是投资者对未来悲观的预期。

二、外生经济周期理论

外生经济周期理论认为，经济周期的根源在于经济之外某些因素的变动，如太阳黑子、技术创新、人口增加、资源发现、战争、革命和选举等。属于外生经济周期理论的主要有：

（一）太阳黑子理论

该理论由英国经济学家杰文斯父子提出并加以论证。这种理论认为，太阳黑子的出现会导致气候的变化，引起农业减产，农业的减产又影响工业、商业、工资、购买力、投资等方面，从而影响整个经济。太阳黑子的出现是有周期性的，大约每 10 年出现一次，经济周期也大致如此。

（二）创新理论

经济学家熊彼特用创新理论来解释经济周期。他认为经济周期是正常的，是创新所引起的旧均衡的破坏和向新均衡的过渡。社会正是在这种旧均衡破坏和新均衡形成之中前进的。所谓创新就是指生产要素新的组合。这种理论首先用创新来解释繁荣和衰退。由创新所引起的经济周期的过程是：创新为创新者带来超额利润，引起其他企业仿效，形成“创新浪潮”，从而引起对银行信用和生产资料需求的增长，导致经济繁荣。经过一段时间后，随着新技术或新产品被大多数厂商所掌握，原有的超额利润消失，银行信用紧缩，对生产资料的需求减少，引起经济衰退。直至另一次创新出现，经济再次繁荣。

（三）政治性周期理论

该理论把经济周期的原因归结为政府的周期性决策，即政府交替运用扩张性和紧缩性政策的结果，造成了扩张和衰退的交替出现。如总统为了连任赢得选民，在大选前夕，采取宽松的经济政策刺激经济增长。选举结束后，为了制止因当初“松”的经济政策而引发的通货膨胀等问题，又不得不采取“紧”的经济政策，从而使经济走向衰退。

此外，非货币投资过度理论认为，是由于新领土开拓、技术发明或人口增加等因素引起的投资过度导致了经济的周期性波动。还有用战争、革命、移民、偶然事件等来解释经济周期发生的原因。

需要特别注意的是，大多数经济学家认为经济周期并不是由单纯的外生因素或单纯的内生因素所引起的，而往往是由外生因素和内生因素互相结合、互相影响的结果。

第三节　现代经济周期理论

一、卡尔多的经济周期理论

英国经济学家卡尔多在1940年发表了“一个经济周期模型”一文，他根据凯恩斯的投资—储蓄分析方法，提出了自己的经济周期理论模式，这种理论模式被称为卡尔多经济周期模型。

卡尔多认为现实经济生活中的储蓄函数和投资函数应该是非线形的，以S形表示的投资曲线更接近于现实生活中的投资行为，而以反S形表示的储蓄曲线更接近于现实生活中的储蓄行为，如图12－1所示。

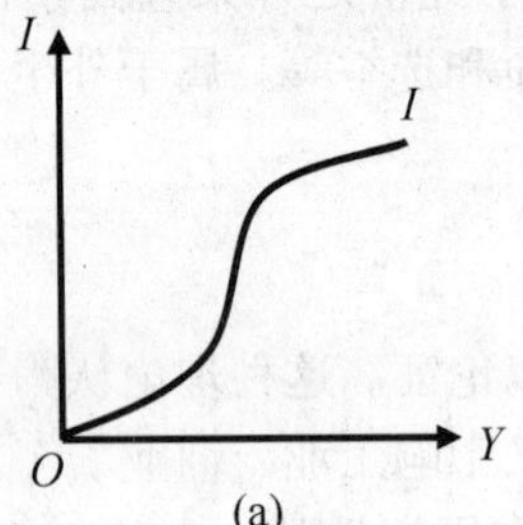

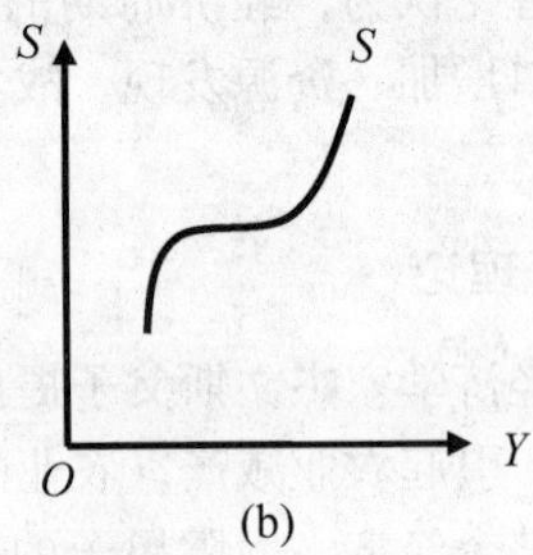

图12－1　投资曲线与储蓄曲线

图12－1(a)表示现实中的投资曲线。在较高和较低的国民收入水平上，投资曲线较平坦，边际投资倾向较小，原因是较低的国民收入水平意味着经济萧条，生产能力过剩，经济扩张时，不能引致多少投资；较高的国民收入意味着经济繁荣，充分就业的限制使厂商无法扩大投资。在较高和较低国民收入之间，投资曲线向右上方倾斜。图12－1(b)表示的是现实中的储蓄曲线，在较高和较低的国民收入水平上，储蓄曲线比较陡峭，边际储蓄倾向比较大。原因在于，经济萧条时，由于未来的不确定性，人们为了维持基本的生活水平不得不节省消费，捂紧钱口袋；相反，经济繁荣时，高水平的国民收入将导致储蓄大幅度增加。在这两种国民收入水平之间，边际储蓄倾向较小。

把非线形的投资曲线和储蓄曲线结合起来，便得到了图12－2中的A、B、C三个交点，这三个交点将国民收入划分为OY_1、Y_1Y_2、Y_2Y_3和Y_3以上四个变化范围。当国民收入在OY_1或者Y_2Y_3的范围时，投资大于储蓄，国民收入会分别趋向于Y_1和Y_3的均衡收入水平。

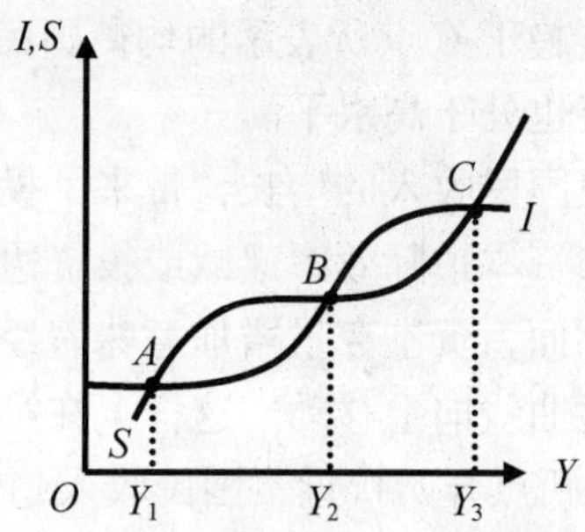

图 12－2　投资曲线与储蓄曲线的结合图

当国民收入在 Y_1Y_2 或者 Y_3 以上的范围变动时，投资小于储蓄，这时国民收入也会分别趋向于 Y_1 和 Y_3 的收入水平。这就说明交点 B 是一个不稳定的均衡点，国民收入在偏离 B 点所决定的国民收入之后，它不是重新回复到 OY_2，而是远离 OY_2。因此，只有 A 点和 C 点才是稳定的均衡点。这意味着国民收入在较低和较高的收入水平上才能实现稳定的均衡。图 12－2 中投资和储蓄随着国民收入的变化而变化，投资和储蓄的变动也会引起国民收入的变动。国民收入的周期性波动正是由投资、储蓄和国民收入的相互作用而形成的。

依据上述原理，卡尔多用一系列图形解释了国民收入周期性变动的过程。在图 12－2 中已经指出有三个均衡点，其中 B 点是不稳定的均衡点，A、C 两点在短期内是稳定的均衡点，但从长期看会随着投资曲线和储蓄曲线的移动而移动。在收入水平和资本存量的影响下，投资曲线和储蓄曲线要发生相应移动，使 A、B、C 各点也连续不断地改变位置，从而形成了图 12－3 所表示的经济周期的六个阶段。

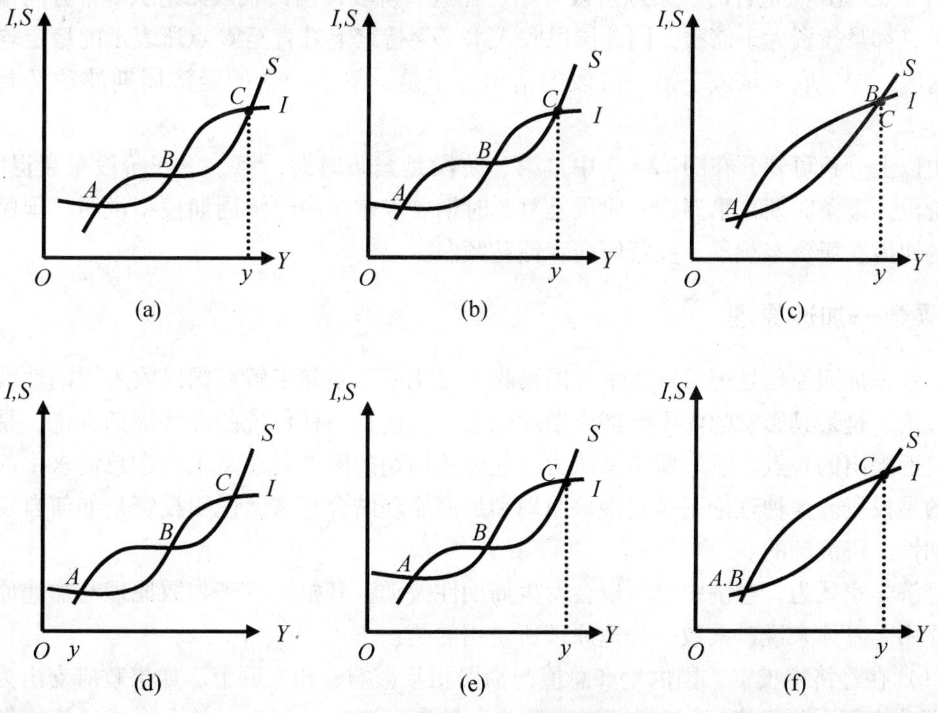

图 12－3　卡尔多的经济周期模型

在第一个阶段，设国民收入趋于 C 点所表示的均衡国民收入水平为最高点，这时收入或者产量为最大均衡水平，投资也处于高水平。

在第二阶段，由于第一阶段国民收入的增长，带来了投资增加和资本存量增加，于是一方面随着资本投资的增加带来资本边际效率递减或投资边际效率递减，反映在投资曲线上即投资曲线向下移动；另一方面，资本存量增加意味着经济社会的财富增多，财富的增多会提高平均储蓄倾向，使储蓄曲线向上移动。这样，在第二阶段中，投资曲线向下移动和储蓄曲线向上移动，使 B、C 两点开始接近，国民收入趋于下降。当 B 与 C 重合时，即到了第三个阶段。

在第三个阶段，国民收入不论从哪个方向偏离均衡水平，投资都小于储蓄。因此，投资曲线继续向下移动而储蓄曲线不断向上移动，当两条曲线相交时，B、C 在同一点上，由 B、C 所决定的国民收入水平又降低了。

在第四阶段，由于第三阶段的向左或者向右任何偏离都会使投资小于储蓄，故在第四阶段的均衡使收入水平再度降低，直至持续下降到 A 点所表示的稳定均衡收入水平。这时国民收入将到最低点，经济处于谷底。但是，机器设备总要更新，更新投资终究要发生，经过一段时间的调整后，投资也将开始增加，投资曲线随之向上移动。同时资本存量的减少即社会经济财富的减少，会降低平均储蓄倾向，使储蓄曲线向下移动，终于进入第五阶段。

在第五阶段，随着投资的开始增加和储蓄的逐渐减少，投资曲线上移和储蓄曲线下移，使 A 点逐渐向右移，而 B 点逐渐向左移，国民收入水平趋于增加。

当 A 点和 B 点重合时，第六阶段开始。在这一阶段，国民收入无论从哪个方向偏离均衡水平，都是投资大于储蓄。因此国民收入水平会持续上升直至 C 点所表示的稳定均衡水平。这时，国民收入接近于第一阶段的情形，于是，下一个新的经济周期波动又会重新开始。

由以上分析可知，在图 12－3 中，第一阶段是繁荣时期，第二、三阶段是衰退时期，第四阶段是萧条时期，第五、六阶段是复苏时期。卡尔多的经济周期模型说明，国民收入波动的原因在于资本积累、投资倾向和储蓄倾向。

二、乘数—加速原理

乘数—加速原理是把投资水平和国民收入变化率联系起来解释国民收入周期性波动的一种理论，是最具影响的内生经济周期理论之一。这是一种传统的经济周期理论，是凯恩斯主义者提出的观点。凯恩斯主义认为引起经济周期的因素是总需求，在总需求中起决定作用的是投资。这种理论正是把乘数原理和加速原理结合起来，说明投资是如何自发地引起周期性经济波动的。

经济学家认为，经济中之所以会发生周期性波动，其根源在于乘数原理与加速原理的相互作用。具体来说，乘数—加速原理所说明的是：

（1）在经济中投资、国内生产总值与消费相互影响、相互调节。如果政府支出为既定的（即政府不干预经济），只靠经济本身的力量自发调节，那么，就会形成经济周期。经济周期中各阶段的出现，正是乘数与加速原理相互作用的结果。而在这种自发调节中，投资是关键，经济周期主要是投资变化所引起的。

（2）乘数与加速原理相互作用引起经济周期的具体过程是，投资增加通过乘数效应引起国内生产总值的更大增加，国内生产总值的更大增加又通过加速效应引起投资的更大增加，这样，经济就会出现繁荣。然而，国内生产总值达到一定水平后，由于社会需求与资源的限制无法再增加，这时就会由于加速原理的作用使投资减少，投资的减少又会由于乘数的作用使国内生产总值继续减少。这两者的共同作用又使经济进入衰退。衰退持续一定时期后由于固定资产更新，即大规模的机器设备更新又使投资增加，国内生产总值再增加，从而经济进入另一次繁荣。正是由于乘数与加速原理的共同作用，经济中就形成了由繁荣到衰退，又由衰退到繁荣的周期性运动。

乘数原理的经济含义可以归结为，投资变动给国民收入带来的影响，要比投资变动更大，这种变动往往是投资变动的倍数。通过乘数原理，凯恩斯得到了国民收入 Y 与投资量 I 之间的确切关系，并将其经济理论运用于经济政策，并指导经济实践。

所谓乘数，是指在一定的边际消费倾向条件下，投资的增加（或减少）可导致国民收入和就业量若干倍的增加（或减少）。收入增量与投资增量之比即为投资乘数。以公式表示为：

$$K=\frac{\Delta Y}{\Delta I}$$

其中，K 表示乘数，ΔY 表示收入增量，ΔI 表示投资增量。同时，由于投资增加而引起的总收入增加中还包括由此而间接引起的消费增量 ΔC 在内，即 $\Delta Y=\Delta I+\Delta C$，这使投资乘数的大小与消费倾向有着密切的关系，两者之间的关系可用数学公式推导如下：

$$K=\frac{\Delta Y}{\Delta I}=\frac{\Delta Y}{\Delta Y-\Delta C}=\frac{1}{1-\Delta C/\Delta Y}$$

其中，$\Delta C/\Delta Y$ 为边际消费倾向。由上式可知，边际消费倾向越高，投资乘数越大；反之，则投资乘数越小。

在国民经济中，投资与国民收入是相互影响的。乘数原理说明了投资变动对国民收入变动的影响，而加速原理则说明了国民收入变动对投资变动的影响。

所以说，加速原理是论证投资取决于国民收入（或产量）变动率的理论。

其公式如下：

$$I_S=I_0+D=a\ (Y_t-Y_{t-1})\ +D$$

在上式中，I_S 代表总投资，它分为净投资 I_0（即新增加的投资）和重置投资 D（即折旧）。净投资 I_0 取决于加速系数 a 和本期收入 Y_t 与上期收入 Y_{t-1} 的差异。

加速系数（a）指产量增加一定量所需要增加的净投资量，即净投资量与产量增加一定量所需要增加的技术水平。

其公式：

$$a=\frac{\Delta K}{\Delta Q}$$

其中，ΔK 代表所需要增加的投资，ΔQ 代表每增加一单位产量。

例如，如果在一定的生产技术水平下，增加 100 万元的产量需要增加的净投资为 200 万元，则加速系数为 2。

与加速系数相关的另一个概念是资本/产量比率，即生产一单位产量所需要的资本量，或者资本量与产量之比。在技术不变的条件下，加速系数与资本/产量比率的数值是相同的。

(3) 政府可以通过干预经济的政策来减轻、缓解经济周期的波动。

乘数—加速原理表明国内生产总值的变化会通过加速数对投资产生加速作用，而投资的变化又会通过投资乘数使国内生产总值成倍变化，加速数和投资乘数的这种交织作用导致了国内生产总值周而复始的上下波动。但是我们还应该明确，加速原理发挥作用是有一定限制条件的：第一，必须假定现存的全部资本设备都是被充分利用的，同时还必须有充分的未被利用的原材料和劳动力，这样才有可能增加资本设备、购买机器等净投资；第二，必须假定每期收入或总产量的增加是引起新投资增加的唯一因素，即不考虑由外生变量所引起的自发投资的作用；第三，假定对于扩充设备所需要的资金，没有任何信贷上的障碍，也不存在任何“瓶颈”现象，即不存在任何障碍。在这些假定条件下加速原理才是适用的。而这些假定条件，在充满了矛盾、失调、不平衡、不稳定的资本主义经济社会中是很难同时得到满足的，也就是说，加速原理在现实的经济生活中是很难发挥其作用的。关于这一点，英国经济学家卡尔多也不得不承认：“乘数—加速数相互作用原理的基本概念是很重要，但我们不能机械地应用这个概念去解释所观察到的经济周期。”

三、货币主义的经济周期理论

货币主义者认为，货币数量的变动不仅会引起价格水平的变动，而且在短期内也会影响实际产量。货币市场处于均衡状态时，产量也处于均衡状态。当货币供给增加时，货币市场就会出现失衡。此时，人们发现手中持有的货币数量超过了通常的水平，从而增加其货币支出量。货币的支出量增加有两种效应：一是直接效应，即直接导致人们对非货币资产的购买；二是间接效应，即货币量的增加引起利率下降，刺激人们对耐用消费品的购买，刺激投资者增加资本设备的购买。所以，无论是间接效应还是直接效应，货币量的增加都会引起对非货币资产支出的增加。进而导致了总需求、价格水平以及总产量的增加，经济便进入了繁荣时期。

但产量的增加最终受到资源等因素的制约。此时，货币量的增加只能引起物价的上涨。这样，实际产量又会下降，经济又回到原来的水平。相反，货币量的减少则会引起经济萧条。

货币主义认为经济中的周期性波动是由于货币量变动所引起的，而货币量主要由中央银行控制，因此，中央银行对货币量的扩张或收缩政策会引起经济波动。

四、理性预期学派的经济周期理论

理性预期学派的代表人物之一卢卡斯认为：货币对产量和其他经济变量有重要的影响，货币因素是经济波动的初始根源，货币供给的冲击会引起经济的波动。波动的机制则是信息障碍。由于经济当事人不能获得完全信息，所以不能准确判断价格变化的实际情况，从而导致了产量的波动。具体过程是这样的：一次意外的货币冲击使价格水平上涨，但各种商品的相对价格水平没有发生变化。厂商由于不了解市场的全部情况，误把自己产品的价格上涨看做是相对价格的提高，是对自己产品需求增加的信号。在这种情况下，厂商自然会增加产品的供给。当所有的厂商都这样行动时，实际产量就会超出正常水平。货币冲击产生的这种影响在长期中会消失，但在短期中会引起经济波动。另外，如果货币冲击是意料之内的，则不会产生任何影响，因为此时不存在信息障碍，经济当事人不会产生错觉。

理性预期学派在说明货币供给变化引起经济周期性波动的过程中，特别强调了信息的不完全性和预期失误的重要作用，从而认为政府货币政策的多变造成了经济周期性波动。所以，这一理论将经济周期性波动的原因归结于国家的干预。在理性预期学派的经济周期理论提出之后，西方学者作了一些检验。有一些证据支持该理论，但是也存在一些问题。最主要的是，信息障碍问题在实际生活中不是那么重要，如果真那么重要，人们不必花很大的代价就能很快获得关于货币和价格的信息了。因此，用信息障碍解释经济波动过于勉强。

五、实际经济周期理论

由于理性预期学派的经济周期理论不仅在理论上存在缺陷，而且在实践上又缺乏支持，所以自20世纪80年代以来，巴罗等新古典经济学家转向了实际因素，用实际因素来解释宏观经济波动，第二代新古典经济学就是以实际经济周期理论而闻名的。实际经济周期理论是新古典宏观经济学的代表性理论之一。新古典宏观经济学家依据在经济周期理论方面的不同看法分为两派，即所谓的货币经济周期理论和实际经济周期理论。货币经济周期理论以卢卡斯为代表，实际经济周期理论以普雷斯科特为代表。货币经济周期学派由于在理论上存在着一些缺陷，在实践上又缺乏经验支持，从20世纪80年代后期起，这一理论便逐渐失去了支持者。事实上，自80年代以来，以索罗为代表的新古典宏观经济学第二代的学者们就已经把注意力转到实际因素方面了。他们试图用实际因素解释宏观经济波动。例如，巴罗在批判货币经济周期理论的过程中，通过引入资本市场拓展了货币周期理论，在模型中考虑了政府购买等实际因素，以实际因素阐明经济波动，从而开辟了同货币周期理论不同的解释经济波动的新思路，建立起实际周期理论。随后，经济学界出现了一系列如“实际经济周期”等以实际因素解释经济波动的论文，统称为实际经济周期理论。这些理论认为经济波动之源是技术冲击，分析了波动传导以及货币与产出的关系。

首先，技术变革是引起经济波动的实际因素中至关重要的一个。实际经济周期理论认为，引起经济波动的实际因素很多，其中技术是一个重要的因素。按照实际经济周期理论，在人口和劳动力固定的情况下，一个经济中所产生的实际收入便取决于技术和资本存量，从而总量生产函数可以表示为$Y=z\cdot f(K)$。其中，Y为实际收入，K为资本存量，z为技术状况。于是生产中的技术变动便反映在z值的变动上，z值的变动表现为生产函数的变动。由此可知，技术变动能够引起产出、消费、投资及就业等实际变量的波动。各种实际因素对经济的冲击可分为暂时冲击和持久冲击。由于技术冲击对经济产生的作用最持久，因此技术变动是经济周期性变动的基础。值得注意的是，技术变动主要影响供给，所以实际的经济周期理论等价于供给周期理论。实际周期理论认为，技术的冲击具有持续的影响，产生的波动是持续的。

其次，波动的传导。经济的周期变动是经济中所有部门共同变动的综合体现。技术变动同时对经济的各个部门产生冲击是不常见的。整个经济应该存在一个传导机制，它通常发生在某一个特定的部门内，被称为部门性波动源，然后，这个部门的技术变化能够传导到整个经济中去。如果一个部门出现了技术变革，如机械工业出现了机器人，那么，跟随其后，诸如轮船、汽车等从该项技术创新中获利的部门和企业将向生产机器人的企业订货，引起对机器人需求的增长，生产机器人的企业增加，生产扩张，从而部门的冲击会引起整个经济的波动。

最后，货币与实际变量。实际周期理论认为，即使在短期内，货币也是中性的。名义货币量的变化不能引起产出和就业等实际变量的变化。实际周期理论的代表人物金和普洛塞在其模型（简称金—普模型）中引入货币和银行系统，得出了产出决定货币的结论。我们首先区分了外部货币（基础货币）和内部货币（银行系统的存款）。金—普模型阐明了两点：一是内部货币与产出的关系比外部货币更密切，产出运动引起内部货币变化；二是价格运动主要与外部货币有关，与内部货币关系不大。

新古典宏观经济学的实际周期理论认为，宏观经济经常受到一些实际因素的冲击，如石油危机和农业歉收，还有诸如战争、人口增减、技术革新等。虽然冲击的具体原因很多，但是它们引起经济波动的途径是有限的，要么使人们的偏好发生变动，要么改变技术状况（生产率），或者使可利用的资源发生变动等。实际周期理论认为其中最常见、最值得分析的是技术的冲击。因此，该理论有代表性的论文都把技术冲击作为波动源。

实际经济周期模型也存在严重的缺陷，它们既没有考虑政府部门的作用，也完全忽略了货币对经济的影响，这两点都脱离了实际情况。尽管存在这些问题，西方学者一般认为，实际经济周期理论为宏观经济分析提供了新的思路和技术工具。它提醒人们，波动可能是由不可避免的实际经济冲击所引起的，而不是像过去许多经济学家所认为的，经济周期源于政府的政策。

复习思考

一、填空题

1. 经济周期的中心是________。
2. 经济周期都要经历________、________、________、________四个阶段。
3. 经济周期根据其时间的长短，可以分为________、________、________。
4. 中周期又称________周期，它是一种为期________年的经济周期。

二、单项选择题

1. 朱格拉周期是一种（　　）。

   A. 短周期　　B. 中周期　　C. 长周期　　D. 不能确定

2. 经济周期中的两个主要阶段是（　　）。

   A. 繁荣和萧条
   B. 萧条和复苏
   C. 繁荣和衰退

3. 经济周期中繁荣阶段的基本特征是（　　）。
   A. 国民收入与经济活动高于正常水平
   B. 国民收入与经济活动等于正常水平
   C. 国民收入与经济活动低于正常水平
4. 短周期的每个周期为（　　）。
   A. 3～4 年
   B. 2～3 年
   C. 10～11 年
5. 加速原理断言（　　）。
   A. GDP 的增加导致投资数倍增加
   B. GDP 的增加导致投资数倍减少
   C. 投资的增加导致 GDP 数倍增加
   D. 投资的增加导致 GDP 数倍减少
6. 在熊彼特的经济周期理论中，（　　）。
   A. 用太阳黑子变化来解释经济周期
   B. 用心理预期变化来解释经济周期
   C. 用企业家创新来解释经济周期
   D. 用货币数量增减变动来解释经济周期
7. 投资过度理论强调，引起经济周期的根源在于（　　）。
   A. 生产资料生产过多不是因为消费不足
   B. 消费资料生产过多而不是生产资料不足
   C. 生产资料与消费资料的生产均过剩
   D. 生产资料与消费资料的生产均不足
8. 消费不足理论认为解决经济波动的办法是（　　）。
   A. 实行政府管制物价政策
   B. 实行反垄断政策
   C. 实行收入分配均等化政策
   D. 实行指数化政策
9. 经济周期的四个阶段依次是（　　）。
   A. 繁荣、萧条、衰退、复苏
   B. 繁荣、衰退、萧条、复苏
   C. 复苏、萧条、衰退、繁荣
   D. 萧条、衰退、复苏、繁荣

10. 如果要将产量的增长率从 5% 提高到 7%，在储蓄率为 30% 的情况下，按照哈罗德增长模型，资本/产量比约为（　　）。

A. 2　　B. 3　　C. 4　　D. 5

三、判断题

1. 经济周期的中心是利率的波动。（　　）
2. 经济周期是经济中不可避免的波动。（　　）
3. 在经济周期的四个阶段中，经济活动高于正常水平的是繁荣和衰退。（　　）

4. 经济学家划分经济周期的标准是危机的严重程度。(　　)

5. 纯货币周期理论属于外生经济周期理论。(　　)

四、案例分析题

案例1:

【案例名称】:20世纪30、40年代的经济波动

【案例适用】:经济周期理论

【案例来源】:http://www.snut.edu.cn/jmx/jpkc/hganli.htm

【案例内容】:

20世纪30年代初的经济灾难称为大萧条,而且是美国历史上最大的经济下降。从1929~1933年,实际GDP减少了27%,失业从3%增加到25%。同时,在这四年中,物价水平下降了22%。在这一时期,许多其他国家也经历了类似的产量与物价下降。经济史学家一直在争论大萧条的原因,但大多数解释集中在总需求的大幅度减少上。

许多经济学家主要抱怨货币供给的减少:从1929~1933年,货币供给减少了28%。另一些经济学家提出了总需求崩溃的其他理由。例如,在这一时期股票价格下降了90%左右,减少了家庭财富,从而也减少了消费者支出。此外,银行的问题也阻止了一些企业获得它们想为投资项目进行的筹资,而且,这压抑了投资支出。当然,在大萧条时期,所有这些因素共同作用紧缩了总需求。

第二个重大时期——20世纪40年代初的经济繁荣——是容易解释的。这次事件显而易见的原因是第二次世界大战。随着美国在海外进行战争,联邦政府不得不把更多资源用于军事。从1939~1944年,政府的物品与劳务购买几乎增加了5倍。总需求这种巨大扩张几乎使经济中物品与劳务的生产翻了一番,并使物价水平上升了20%。失业从1939年的17%下降到1944年的1%——美国历史上最低的失业水平。

【案例讨论】:引发经济波动的根源是什么?

案例2:

【案例名称】:经济周期理论还起作用吗

【案例适用】:经济周期

【案例来源】:http://bbs.openedu.com.cn/showtopic-1211393.aspx

【案例内容】:

传统经济学认为,经济生活中存在一定的周期。宏观经济在货币冲击、技术冲击或其他外在因素冲击下,必然会出现周期性波动,不可能总是繁荣或总是萧条。但美国长达几年的经济持续增长已使传统的经济周期理论无法解释。这是因为经济周期将不存在了?还是知识、技术的进步使经济周期的扩张期大大地延长,衰退期越来越短或者说已不显著,经济周期已被"熨平"了?目前大多数经济学家的观点倾向于后者,认为知识的溢出效应在一定程度上限制了要素报酬递减的作用,新技术革命所推动的资源利用型经济增长周期性特点不明显。此外,世界经济周期的同步现象正在消失。20世纪90年代美国经济持续增长,而日本经济一直停步不前,在全球经济联系日益密切、全球网络加速发展的今天,这种经济周期不同步现象同样引人深思。

【案例讨论】:现在还有经济周期吗?请举例说明。

第十三章　经济增长理论

关键词汇：

经济增长的含义　经济增长的源泉　索洛模型　零经济增长理论

经济增长是人类社会生存和发展的基础。英国古典经济学家亚当·斯密在《国民财富的原因和性质的研究》一书中，阐述的主题实际就是经济增长问题。即使在当代，经济增长仍然是宏观经济学的主要课题之一。本章主要是介绍现代宏观经济学中几种重要的增长理论。

第一节　经济增长理论概述

一、经济增长的含义与特征

（一）经济增长的含义

关于经济增长的概念，存在争议，但其基本含义在于国民收入的增长。美国统计学家和经济学家库兹涅茨在1971年接受诺贝尔经济学奖时所作的演说《现代经济增长：发现和反映》中，曾给经济增长下了这样一个定义："一个国家的经济增长，可以定义为给居民提供种类日益繁多的经济产品的能力长期上升，这种不断增长的能力是建立在先进技术以及所需要的制度和思想意识之相应的调整基础上的。"

库兹涅茨对于经济增长的界定，可作以下理解：

（1）经济增长实际就是国内生产总值的增加。如果考虑人口的增加，经济增长就是人均实际国内生产总值的增加。

（2）技术进步是实现经济增长的必要条件。在影响经济增长的诸多因素中，技术进步是最重要的。

（3）制度与意识形态的调整或变革是经济增长的充分条件。一方面，社会制度与意识形态的变革是经济快速增长的前提。例如，私有产权的确立是经济增长的起点和基础，只有在制度与意识形态调整的基础上，技术才有可能极大地进步。另一方面，新的经济制度的出现，使交易费用降低时，分工将进一步细化，促进经济增长（杨小凯认为，制度模仿对于后发国家来说比技术模仿重要得多。然而，多数后发国家往往是模仿技术而不是模仿制度，产生后发劣势）。

（二）经济增长的基本特征

通过对各国经济增长历史经验的高度概括，其基本特征包括：

（1）实际GDP的增长率超过各种投入的增长率，表明技术进步在经济增长中起着十分重要的作用。

（2）资本存量的增长超过就业量的增加，导致人均资本占有量的增加。

（3）实际工资明显上升。工资在 GDP 中的比重虽有所上升，但非常微小。

（4）实际利率与利润率没有明显的上升或下降趋势，尽管在商业周期中它们会急剧变动。

（5）资本—产出比率下降。这显然是技术进步的作用，如果假定技术水平不变，根据边际报酬递减规律，资本—产出比率应该上升。

（6）储蓄在国民收入中的比重比较稳定，发达国家为10%～20%，美国在1980年以后大幅度下降为6%。

（7）社会结构与意识形态迅速改变。例如教育与宗教的分离、城市化、民主化、法制化、政治生活的公开化、居民生活的科学化等不仅是经济增长的结果，也是经济进一步增长的条件。

二、经济增长的源泉

关于经济增长的源泉，不同的经济学家有不同的看法。亚当·斯密强调分工、专业化生产的效率与国际贸易中的绝对优势；大卫·李嘉图强调比较优势与自由贸易；马克思和恩格斯以及熊彼特强调创新；而索洛等人强调生产要素；贝克尔和舒尔茨则强调教育与人力资本；新经济增长理论中，罗默尔和卢卡斯强调内生性增长，特别是规模报酬递增在经济增长中的贡献，其实质是强调内生性技术创新；诺斯等人强调制度创新对经济增长的作用；最近，鲍默尔在新书中强调了自由市场机制是资本主义经济增长的关键。

一般来说，经济增长的源泉主要有四个：人力资本、自然资源、资本和技术。

可以根据总量生产函数来分析经济增长的源泉。生产函数是产出与投入生产要素之间的函数关系，用公式表示为：

$$Y = A \cdot f\ (L、K、R)$$

其中，Y 代表总产量，K 代表资本，L 代表劳动，A 代表技术，R 代表自然资源。由总量生产函数可以看出，经济增长的源泉是资本的积累、自然条件的改良、劳动素质的提高与技术进步。

（一）人力资源

劳动力的数量与质量是决定一国经济增长的重要因素。尤其是劳动力的质量，如劳动者的生产技术水平、知识水平与结构、纪律性以及健康程度等，在经济增长中起着至关重要的作用。一个国家可以购买最先进的生产设备，但是再先进的生产设备，也离不开技术娴熟并受过良好训练的劳动者。提高劳动者的知识水平与生产技能，增强他们的身体素质与纪律意识，将极大地提高劳动生产效率。一般来说，在经济增长的起步阶段，人口增长率较高，这时，经济增长主要依靠劳动力数量的增加。而经济增长到了一定程度，人口增长率下降，劳动时间缩短，这时，就需要通过提高劳动力的质量或人力资本的积累来促进经济增长。

（二）自然资源

自然资源也是影响一国经济增长的重要因素。一些国家，例如加拿大和挪威，就是凭借其丰富的自然资源，在农业、渔业和林业等方面获得高产而发展起来的。但在当今世界上，自然资源的拥有量并不是取得经济增长的必要条件。许多自然资源匮乏的国家，如日本，就是通过大力发展劳动密集型与资本密集型产业而实现了经济腾飞。

（三）资本

资本可以分为物质资本和人力资本，这里的资本是指物质资本，包括厂房、机器设备、道路以及其他基础设施等。

资本积累是经济增长的基础。亚当·斯密曾把资本的增加作为国民财富增加的源泉。现代经济学家认为，只有人均的资本量增加，才有人均产量的提高。许多经济学家都把资本积累占国民收入的10%～15%作为经济起飞的先决条件，把增加资本积累作为实现经济增长的首要任务。西方各国经济增长的事实表明，储蓄多从而资本积累多的国家，经济增长率往往是比较高的，例如德国、日本等。

（四）技术进步

技术进步在经济增长中的作用，主要体现在生产效率的提高，使同样的生产要素投入量能生产出更多的产品。随着 K、L、R 投入的增加，产出虽然也增加，但由于边际产量递减规律的存在，经济增长的速度会日益减缓，而技术水平的提高可以使一国的经济保持快速增长。据索洛估算，在1909～1940年间，美国2.9%的年增长率中，由于技术进步引起的增长率达到1.49%，即技术进步在经济增长中所作出的贡献约占51%。而且，随着经济的发展，技术进步的作用越来越重要。

上述分析中，隐含着现存的制度和意识形态符合经济增长的要求的假定。若不具备这一假设条件，社会制度和意识形态的相应调整对于促进经济增长而言，就显得尤为重要了。第二次世界大战后，许多发展中国家经济发展缓慢的原因，关键并不是缺乏资本、劳动或技术，而是没有改变他们落后的制度。

三、经济增长的事实

在1989年美国经济学会年会上，经济史学家兰德斯以《为什么我们如此富裕，而他们那么贫穷》为题，就经济增长的一些基本事实发表了演讲。在当今世界中，既有美国、德国、日本、法国等十分富裕的国家，同时也存在着埃塞俄比亚、尼日利亚、尼泊尔等十分贫穷的国家。一些国家在迅速地增长，而一些国家则根本没有增长的迹象。此外，还有大批的国家处于这些极端之间。表13－1对比做了部分统计。

表13－1　经济增长的统计

（单位：美元）

	人均GDP 1990	劳均GDP 1990	劳动力参与率 1990	年均增长率 1960～1990	翻一番所需的时间
			富裕国家		
美　国	18 703	36 810	0.49	1.4	51
德　国	14 331	29 488	0.49	2.5	28

续 表

	人均 GDP 1990	劳均 GDP 1990	劳动力参与率 1990	年均增长率 1960～1990	翻一番所需的时间
富裕国家					
日　本	14 317	22 602	0. 63	2. 0	14
法　国	13 896	30 340	0. 46	2. 7	26
英　国	13 223	26 767	0. 49	2. 0	35
贫穷国家					
中　国	1 324	2 189	0. 60	2. 4	29
印　度	1 262	3 230	0. 39	2. 0	35
津巴布韦	1 181	2 435	0. 49	0. 2	281
乌干达	554	1142	0. 49	－0. 2	－281
东亚奇迹					
中国香港	14 854	22 835	0. 65	5. 7	12
新加坡	11 698	24 334	0. 48	5. 3	13
中国台湾	8 067	18 418	0. 44	5. 3	12
韩　国	6 665	16 003	0. 42	6. 0	12
增长灾难区					
委内瑞拉	6 070	17 469	0. 35	－0. 5	－136
马达加斯加	675	1561	0. 43	－1. 3	－52
马　里	530	1105	0. 48	－1. 0	－70
乍　得	400	1151	0. 35	－1. 7	－42

以表 13－1 中的数据为例，解读表中数据中可以得到如下事实：

事实 1：国家间在人均收入方面存在着巨大的差异。最贫穷国家的人均收入比最富裕国家的人均收入的 5% 还要少。

事实 2：经济增长率在国家间有着显著的差异。

事实 3：增长率并不一定保持稳定。

事实 4：一国在世界人均收入分布中相对位置并非不变。各国均可从穷国变为富国，反之亦然。

为什么会存在这些事实呢？其原因就在于各国经济增长路径并不一致。

第二节　影响经济增长的因素

分析经济增长因素是研究经济增长的源泉，并可度量它们所起的作用，借以寻求促进经济加速增长的途径和方法。其中比较重要的有索洛、肯德里克、丹尼森和库兹涅茨等人的研究。

一、索洛对经济增长因素的分析

索洛在20世纪50年代曾根据美国1909～1949年间的数据资料对经济增长的源泉和因素进行了分析。他假定社会的宏观生产函数为 $Y_t = A_t f(K_t, L_t)$，其中，Y_t、K_t、L_t 分别为 t 时期的总产出、投入的资本量和劳动量，A_t 为 t 时期的技术状况。从该生产函数取对数求导之后就可以得到一个表达投入要素增长率、产出增长率与技术进步增长率之间关系的方程，即经济增长率的分解式为：

$$G_Y = G_A + \alpha G_K + \beta G_L$$

其中，G_Y 为经济增长率；G_A 为技术进步增长率，又称全要素生产率的增长率，它是指在所有投入不变时，作为生产方法改进结果而导致的产量增加幅度；G_K、G_L 分别为资本和劳动的增长率；α、β 分别为资本和劳动的产出弹性。

从经济增长率的分解式中可知，产出由劳动、资本和技术进步决定，或者说经济增长的源泉是劳动、资本和技术进步。

索洛衡量和计算技术进步所作贡献的方法，被叫做“剩余法”或“索洛剩余”。这对于分析经济增长问题是一个重要贡献。不过，这种方法显然存在着不足，即它有可能将资本、劳动、技术进步之外的因素都当作技术进步来处理。

二、肯德里克的全要素生产率分析

在索洛之后，肯德里克通过对美国的国民收入统计资料的整理，对全要素生产率进行了更深入的分析，以此来确定生产率提高与要素投入量增加对经济增长的贡献，并于1973年出版了《美国战后1948～1969年生产率趋势》一书。

在研究中，他将生产中的投入要素分为劳动和资本两项，再把劳动和资本的生产性服务的报酬分为工资和资本收益，然后将产量与投入要素之比定义为要素生产率。在要素生产率中，其主要内容有技术进步和创新的程度、资源配置的改善、规模经济等，但实质都是技术进步。这种技术进步包括新技术的发明与应用、管理水平的提高、劳动生产率的提高。其中，产量与全部投入要素量之比称为全部要素生产率，产量与部分要素量之比称为部分要素生产率。

作此规定后，肯德里克分别分析了1889～1957年和1948～1966年两个时间段内美国经济增长过程中全部要素的生产率。他把总产量的增长率分解为投入要素的增加率和要素生产率的增加率两部分，并通过计算确定了二者在经济增长中各占的比重，以重点考察要素生产率提高对经济增长的贡献。分析结果表明：1889～1957年间的3.5%的经济增长率中，其中1.7%归因于要素投入的增加，1.8%是要素生产率提高的结果；而1948～1966年间4%的经济增长率中，其中1.5%是要素投入量增加结果，2.5%为要素生产率的提高所导致。

从两个时间段的分解结果可以看出，来自于技术进步的要素生产率的提高对经济增长的贡献在增大。这说明，在现代经济增长中，技术进步对经济增长的决定作用越来越大。

三、丹尼森对经济增长因素的分析

在肯德里克研究的同时，美国经济学家丹尼森也对美国的经济增长做了分析估算，以此来确定各个影响因素对经济增长所作的贡献，并比较各个影响因素的相对重要性。他把经济增长因素分为两大类：一类是生产要素投入量，一类是生产要素生产率。经济增长是生产要素劳动、资本、土地投入的结果，其中劳动、资本是可变的，土地是不变的。要素生产率是产量与投入量之比，即单位投入量的产出量。要素生产率取决于资源配置状况、规模经济与知识进展。具体讲，影响经济增长的因素包括六个：劳动、资本存量的规模、资源配置状况、规模经济、知识进展和其他因素。

他利用美国 1929～1982 年的历史统计数据，对经济增长因素进行了考察。经过计算与分析，劳动力增加对经济增长的贡献相当大，部分原因在于劳动的产出弹性相对较大，劳动增长率就占有较大的权重。资源配置状况对经济增长也作出了重要贡献，比如劳动者转换工作、农村劳动力的流动等，都导致了产量或收入的增加。在收入的年平均增长中超过 10% 的部分来自于规模经济，因为规模的扩大使单位产量的投入更少，可以节约生产资源，从而带来规模经济效应。在所有因素中，知识进展对经济增长的贡献约为 2/3。

据此，丹尼森的结论是：知识进展是发达资本主义国家最重要的增长因素。丹尼森所讲的知识进展包括的范围很广，包括技术知识、管理知识的进步和由于采用新知识而在结构与设备方面产生的更有效的设计，还包括从经验与观察中得到的知识。丹尼森认为，技术进步对经济增长的贡献是明显的，但也不能把生产率的增长主要归因于技术知识，因为管理知识也是非常重要的。管理知识更有可能降低生产资本、增加国民收入，它对国民收入增长的贡献比改善产品物理特性而产生的影响更大。因此，管理知识与技术知识都是很重要的，不能只重视技术知识而忽略管理知识。

四、库兹涅茨对经济增长因素的分析

美国经济学家库兹涅茨利用统计分析方法对经济增长的因素进行了分析。通过对国民收入产值及其构成部分的长期估算、分析和研究，以及对各国经济增长的比较，他从各国经济增长的差异中探索出影响经济增长的因素，并从数量和结构方面对经济增长的趋势作了说明。他认为在一系列影响经济增长的因素中，有三个因素最为主要，即知识存量的增加、劳动生产率的提高和经济结构的优化。

（1）知识存量的增加。库兹涅茨认为，随着社会的发展与进步，技术知识和社会知识的存量迅速增加，当这种存量被加以利用，就成为推动经济增长的重要源泉。当然，知识本身并不直接体现为生产力，它向现实生产力的转化需要一系列的中介因素，诸如劳动力的训练、对适用知识的判断、企业家克服困难的能力等。

（2）劳动生产率的提高。现代经济增长的重要特征是人均产值的高增长率，通过对劳动投入和资本投入对经济增长贡献的长期分析，库兹涅茨认为，人均产值的高增长率来自于劳动生产率的提高。

（3）经济结构的优化。发达资本主义国家的经济增长过程中，经济结构迅速转变。比如，农业活动转向工业活动，再由工业活动转向服务性行业。与此相对应，劳动力的部门分配和社会产值比重也发生了变化，第三产业劳动力数量占社会劳动力数量的比重和第三产业产值占国民收入的比重不断上升，特别是在21世纪，这两个比例迅速上升，这些都是经济结构优化的体现。同时，生产规模由家庭企业、独资企业发展到全国性甚至跨国性的大公司。发达国家现在的总体增长率与经济结构的变化速度与其现代化之前相比要高得多。库兹涅茨也认为，不发达国家传统的生产技术和组织方式、劳动力在农业部门占有太大的比重、制造业结构不能满足现代经济的要求、需求结构变化缓慢、消费水平低等因素或状况，不能形成对经济增长的强有力的刺激。

第三节 零经济增长理论

一、增长极限论

增长极限论由美国经济学家麦多斯于1972年在《增长的极限》一书中提出。

他认为，影响经济增长有五个因素：人口增长、粮食供应、资本投资、环境污染和能源消耗。这五个因素的共同特点是其增长都表现为指数增长，即按照一定的百分比递增。如用 P 代表某增长因素基期的数量，r 为该时期的增长率，A 为第 n 年的数量，则指数增长的计算方法为：

$$A = P \cdot \ (1 + r)$$

这种增长的特点是，起初不引人注意，但经过一段时间之后却会变得非常惊人。麦多斯运用电子计算机计算了影响经济增长的上述五种因素的倍增时间，然后又把这五种因素综合起来考察，通过五个相互影响的反馈环路，经电子计算机处理，建立起他的世界模式，并由此提出经济增长极限理论。最基本的观点是：1970年以后，人口和工业仍维持着指数增长，但迅速减少的资源将成为约束条件，使工业化不得不放慢速度。工业化达到最高点后，由于自然顺延，人口和环境污染还会继续增长；同时由于食物和医药缺乏引起死亡率上升，最后人口停止增长，致使人类在2100年之前崩溃。

麦多斯提出了避免人类崩溃的主要措施：

（1）在出生率和死亡率之间增加一个环路，使每年的出生婴儿数等于该年的预计死亡数，从而保持人口不变。

（2）在投资和折旧之间增加一个环路，使投资率等于折旧率，从而使工业资本保持不变。通过保持对立力量的平衡，达到“全球均衡状态”。

麦多斯还指出，为了保持持续的均衡状态，还需要有控制增长的技术政策：

（1）每一单位工业品的物资消耗量降到1970年价值的1/4，以避免不可再生资源的短缺。

（2）经济重点应从生产物质商品转移到增加学校、医院等服务设施上。

（3）污染降低到1970年数值的1/4。

（4）为了提高按人口平均的食物量，要将更多的资本投放在粮食生产上。

（5）农业资本应优先用于增加土地肥力和水土保持。

（6）由于工业资本用于服务设施、粮食生产、资源回收和污染控制，因此工业资本存量将处于低水平上。为了抵消这种影响，工业资本的平均寿命就要增加，为此就要改善设计，以便使工业生产中的机器设备耐用、易修理和减少报废。这项政策也能降低资源的消耗和污染。

西方国家许多经济学家都认为麦多斯的增长极限论是错误的，有人称他是带着电子计算机的马尔萨斯。他们认为，麦多斯对基本经济关系与参数的估算是错误的，经济增长中出现的粮食、污染以及资源等问题，是可以通过发展经济的办法得到解决的。相反，如果实行零经济增长，使技术停滞，人类只能自取灭亡。但是，也应该看到，麦多斯提出的人口增长、环境污染、生态平衡等问题是很重要的，他从量的角度分析了资源、环境、人口与经济增长之间的关系，也是很有意义的。

二、增长价值怀疑论

增长价值怀疑论是从价值判断的角度对经济增长的必要性表示怀疑和否定的一种观点。

增长价值怀疑论由美国经济学家米香提出。他认为技术进步及其所带来的经济增长仅仅是物质产品的增加，并非一定是人们生活水平的提高。相反，人们为了实现经济增长所付出的代价，尤其是在社会与文化方面，非常高昂。

首先，经济增长使人们失去了许多美好的享受和幸福，诸如无忧无虑的闲暇、田园诗式的感受、清新的空气等。

其次，经济增长所带来的仅仅是物质享受的增加，而物质享受却不是人们幸福的唯一源泉。特别是随着社会的发展，人们并不把物质享受作为自己追求的唯一目标，有些物质产品的增加甚至给人们带来负效用。

最后，由于人们对幸福的理解取决于他在社会中的相对地位，因此，经济增长虽然增加了个人收入的绝对量，却并不一定能够提高他在社会中的相对地位，从而也就不一定能够为他带来幸福。

米香由此认为：即使经济增长是可能的，也是不可取的；应当停止经济增长，恢复过去那种田园式的生活。美国经济学家贝克尔认为，米香的反经济增长观点代表了西方中产阶级的思想。由于这些人占有的商品满足了他们的大部分需要，才转而注意生活质量。他们反对经济增长的又一原因是，经济增长使他们失去了许多特权，如旅行由过去的舒适变为现在的拥挤等。西方著名经济学家托宾也反对增长价值怀疑论和零经济增长理论，主张用经济增长的办法解决出现的问题。增长价值怀疑论显然是一种悲观的论点，但米香等人提出的许多观点，确实应当引起当今世界各国的重视。

三、对零经济增长理论的反驳

经济增长极限理论提出以后，遭到了许多西方资产阶级经济学家和科学家的反对。一些科学家还通过具体的计算和实际科学统计资料的论证，否定了麦多斯等人的“世界模型”。例如，美国爱迪生电气研究所的《未来的经济增长》一书，全面否定了经济增长极限论，提出了与麦多斯等人针锋相对的论据：

(1) 人口增长率不会急剧增长。该书引用联合国《人口研究》资料说明，发达国家的出生率由 1900 ~ 1910 年的 3.4% 降低到 1960 ~ 1970 年的 1.9%，周期死亡率则从 2.1% 下降到 0.9%，人口净增长率在 1.3% ~ 0.3% 之间波动。同一时期中，欠发达国家人口的净增长率从 0.7% 增长到 2.4%，这是因为欠发达国家正在经历着经济的一定程度的发展，使死亡率下降而出生率没有同时下降，但随着经济的进一步发展，人口增长率将会降低。

（2）粮食的供给问题可以解决。该书认为，农业科技将会有更重要的发展，没有理由可以证明粮食一定将不能满足人口增长的需要。

（3）不能再生产的资源逐渐减少并不可怕。不能再生产的资源随着时间的推移和经济增长的确会逐渐减少，但是，地球上可利用的资源将随着科技的发展而增加。例如，离地表越深，矿藏越多；另外，海水和海底的资源也极为丰富，如海水中的铝、铁、锌各有 160 亿吨，此外，还有铀、钼、钴等多种元素。总之，自然界矿产的储量可供人类千万年之用。

（4）环境污染问题可以治理。随着经济的增长，一般来说污染程度会增加，但技术的发展可以把大多数污染的危害减少到几乎等于零，不过降到零的成本太高，降到合理水平的成本不会太高。

美国社会学家、经济学家甘哈曼发表的《第四次浪潮》一书，对能源、资源、人口、生态等的传统考察方法提出质疑，并描绘出一幅充满光明的未来景象。他预测，200 年后，整个世界将进入“后工业化社会”，总人口将达 150 亿人，人均总产值将达 2 万美元，资源也很充足，生产较为富裕。西方评论界认为这是一种代替“增长极限论”的新观念、新学说。

麦多斯等人所提出的“零经济增长理论”，也受到一些西方经济学家的批评，认为这种理论既无根据，事实上也做不到。他们的主要观点有：

（1）零经济增长并不能达到生态平衡的目的，只不过使人类稍许推迟了所谓“世界末日”的到来，因为即使经济增长率为零，污染并不会减少，资源的消耗也不会减少，而且会按目前的速度继续污染下去。消灭污染或减少资源损耗，就必须对现有企业进行技术改造，而在零经济增长率之下，是不可能新建或扩大有利于改善环境的部门的。所以，他们认为，零增长率并非是解决问题的良策，要解决污染和资源问题，必须发展新的技术，这就需要经济继续增长，用经济增长克服污染和资源枯竭问题。

（2）零经济增长将大大加剧社会的不平等。这是因为：社会为了保持零经济增长，必须使现有工作岗位的总数不变，如果现有工作岗位总数增加了，经济就会增长。但是，现有各种工作岗位的竞争要比经济增长条件下激烈得多。在零增长条件下，低收入的人无论个人如何努力，都没有被提升的机会。加班加点和发明创造等均不允许，因为这些都不符合零经济增长的要求。既然一切都要保持现状，那么零经济增长的社会将成为一个僵化的社会，现代西方社会中的不平等将永远保持下去，甚至还会进一步扩大。

（3）在零经济增长条件下，社会效率将大大降低。这是因为：零经济增长要求零技术进步，不允许技术创新。个人钻研技术的积极性因此将消失，于是必然使社会上许多人存在混日子的思想，社会思想将混乱不堪。这样，在“自然末日”尚未到来之前，“社会末日”却已经到来了。

（4）零经济增长不可能在全世界范围内实现。如果是零经济增长，发展中国家就会永远处于落后地位。发达国家也不愿意保持零经济增长，因为它们会认为，单靠本国零经济增长，而其他各国的经济仍然像过去一样增长，那么，大气、海洋同样会被污染，自己仍然会遭受损害。既然任何国家都不愿意实行零经济增长，所以零经济增长只能是一种空想。

（5）要实现零经济增长，必须采取严格的行政措施。政府要监督企业的投资率、生产规模、产量、雇员人数、工作时数等，否则，就不能保证零经济增长的实现。这样，在还没有实现零经济增长之前，庞大的官僚机构已经建立，财政负担大大加重。这也将是社会的灾难。并且，私人企业能用各种办法逃避检查，使政府的监督难以奏效。

总之，这些西方经济学家认为，零经济增长是不可能实现的，也是不应该实现的。他们认为：经济增长中出现的各种问题只有通过发展经济才能解决；人类在经济增长与技术进步中可以解决粮食、污染、资源等问题；如果实行零经济增长，使技术停滞，人类只能自取灭亡。

复习思考

一、填空题

1. 经济增长的源泉是________、________和________。
2. 哈罗德的经济增长模型是________。
3. 索罗的经济增长模型是________。
4. 库兹涅茨认为，影响经济增长的因素是：________、________和________。
5. 提出“零经济增长理论”的是________。

二、单项选择题

1. 经济增长的最基本特征是（　　）。

A. 国内生产总值的增加

B. 技术进步

C. 制度与意识的相应调整

2. 在经济增长中起着最大作用的因素是（　　）。

A. 资本　　B. 劳动　　C. 技术进步

3. 假定资本量为100万，所生产的产量为50万，则资本—产量比率为（　　）。

A. 50万/100万=0.5

B. 100万/50万=2

C. 100万/（100万+50万）=0.67

4. 根据哈罗德模型，当资本—产量比率为4，储蓄率为20%时，经济增长率为（　　）。

A. 5%　　B. 80%　　C. 20%

5. 从历史上看，经济增长最重要的益处在于（　　）。

A. 分配收入

B. 提高生活水平

C. 有助于提高国防力量

6. 下列哪一种情况不是贫困国家经济发展的主要障碍（　）。

A. 人口增长　　B. 国际债务　　C. 低储蓄率

7. 下列哪一种方法是提高经济增长率的最优途径（　）。

A. 革新技术

B. 提高人口出生率

C. 开采新资源

8. 就整个经济来说，经济增长的主要机会成本是（　）。

A. 导致自然资源的短缺

B. 未来人们的生活水准下降

C. 必然导致贫穷

三、判断题

1. 经济增长的部分社会成本是：污染、噪音、对野生动植物的破坏等。(　)

2. 经济增长表现为生产可能性边界向外移动。(　)

3. 零经济增长理论是在20世纪60年代由哈罗德—多马提出的。(　)

4. 如果实际增长率超过了有保证的增长率，则总供给将大于总需求。(　)

5. 经济增长理论一致认为的经济增长标准是：人们享受着无忧无虑的闲暇和田园式的生活，不断获得清新的空气和社会地位的提高。(　)

四、案例分析题

案例1：

【案例名称】：降低增长率也是进步

【案例适用】：经济增长理论

【案例来源】：梁小民．小民经济观察系列（1）．北京：中国发展出版社，2005：68—69.

【案例内容】：

增长率从8%上升到9.1%是进步。但你想过没有，有勇气把增长率从9.1%降到7%也是一种进步。

经济发展的最终目的是社会福利的提高，但GDP本身并不完全等于社会福利。如果以破坏环境为代价实现高增长，如果仅仅是靠投资增加来带动高增长，如果没有解决高增长过程中收入差别的扩大，如果高增长中没有实现充分就业，那么，这种增长就不会带来社会福利的相应提高。……在连续多年的高增长中，我们取得了巨大成绩，但不可忽视也出现了一些问题。过去的高增长主要是政府主导型投资拉动的。投资机制没有从根本上改变，在唯增长率的引导下就有可能出现经济过热，或增长失调。同时，投资型拉动中缺乏重大技术突破，没有掌握核心技术，生产率也得不到同步提高。前些年的高增长以制造业、基础设施建设和房地产为龙头，服务部门增长缓慢，就业问题突出，消费不足。这些迟早会拖增长的后腿。同时，在增长过程中，城乡差距扩大，收入分配不平等加剧，一些地方环境受到破坏。降低增长率有利于在调整过程中解决这些问题，更有利于以后的持续增长。

降低今年的增长率还有另一种现实意义，那就是适当抑制有点过热的经济。自从去年下半年以来，电力、原煤等原材料全面紧张，价格上升。今年第一季度钢材、焦炭、原油等重要生产资料价格全面上升，平均将近6%。钢铁、水泥等行业投资规模过大，一些达不到规模经济的企业纷纷上马。针对这种情况，有关领导提出要注意通货膨胀的苗头，有关部门也要求严格控制钢铁、水泥等行业的投资过热。经济应该在稳定的物价下实现增长。降低增长率有利于及早制止投资过热和通货膨胀的苗头，从长期来看对持续增长是有利的。

【案例讨论】：

1. 如何正确认识经济增长问题？

2. 结合本案例，试分析我国经济增长的着力点。

案例2：

【案例名称】：为什么富国的生活水平高

【案例适用】：经济增长理论

【案例来源】：http://www.docin.com/p-62301948.html

【案例内容】：

当你在世界各国旅行时，你会看到生活水平的巨大差别。在美国、日本或德国这样的富国，平均每人的收入是印度、印度尼西亚这样的穷国平均每人收入的十几倍。这种巨大的收入差异反应在生活质量的巨大差异上。富国有更多的汽车，更多的电话、电视机，更好的营养，更安全的住房，更好的医疗以及更长的预期寿命。

即使在一个国家内，生活水平也随着时间推移而发生了巨大变化。在美国过去一个世纪以来，按人均实际GDP衡量的平均收入每年增长2%左右。虽然2%看来并不大，但这种增长率意味着平均收入每35年翻一番。由于这种增长，今天的平均收入是一个世纪以前的8倍左右。因此，普通美国人享有比他们的父母、祖父母高得多的经济繁荣。

【案例讨论】：

1. 如何能确保自己的高生活水平？

2. 采取什么政策加快经济增长，以便加入发达国家的行列？

第十四章　宏观经济政策理论

关键词汇：

宏观经济政策的目标　财政政策的内容与运用　凯恩斯主义货币政策工具　货币政策的内容与运用　收入政策

宏观经济政策随着西方国家经济走势和理论依据的变化而变化。20世纪30年代的大危机迫使各国政府走上了国家干预经济的道路。第二次世界大战以后，这种干预更加全面而系统，主要经济政策是以凯恩斯主义为基础的宏观财政政策与货币政策。进入20世纪70年代以后，西方国家"滞胀"局面的出现又迫使它们对国家干预经济的政策进行反思，自由放任思潮复兴，要求减少国家干预、加强市场机制的主张又受到重视。因此，经济政策的自由化，成为宏观经济政策发展的主要倾向。但90年代后，国家干预又得到了加强。纵观西方国家宏观经济政策的发展，可以看到，尽管在不同时期，国家干预的程度与方式有所不同，但国家干预的总趋势并没有发生改变。

宏观经济学是要在理论分析的基础上提出各种经济政策，以说明国家为什么要干预经济，以及应该如何干预经济。因此，宏观经济政策理论是宏观经济学的重要组成部分。

第一节　宏观经济政策的目标和工具

一、宏观经济政策的目标

宏观经济政策是指国家为了达到一定的经济目标而对经济总量进行调控所采取的手段和措施。任何一项经济政策的制定都是根据一定的经济目标而进行的。实现的经济目标不同，采用的经济政策也就不同。西方经济学家认为，政府的宏观经济政策的目标主要有四项：充分就业、物价稳定、经济增长和国际收支平衡。

（一）实现充分就业

充分就业并非是指人人都有工作。按凯恩斯的解释，失业一般分为三类：摩擦失业、自愿失业和非自愿失业。"摩擦失业"和"自愿失业"被看做是无法避免的，或者说是在社会可接受的范围之内。因此，消除了"非自愿失业"就实现了充分就业。一般认为，4%～6%的失业率是正常的，是社会可接受的。由于失业会影响经济发展和民众的生活水平，给社会及家庭造成损失。所以，降低失业率，实现充分就业，常常被作为宏观经济政策的首要目标。

（二）实现物价稳定，即保持物价总水平的基本稳定

通常用价格指数来表示一般价格水平的变化，其中最常用的就是消费物价指数，它反

映了一定时期通货膨胀率的变动趋势。由于市场经济以价格手段来调节经济运行，价格总水平暴涨暴跌，人们就会慌乱起来，从而导致经济活动的低效率。因此，保持物价水平的稳定就成为宏观经济政策的一个重要目标之一。需要指出，维持物价稳定，不是政府直接定价，而是维持价格由供求关系决定的市场秩序，否则，必然会影响市场配置资源的效率。维持物价稳定，也并不等于使价格固定不变。事实上，温和的通货膨胀常常被作为刺激经济增长的有效途径。

（三）保持经济持续均衡增长

经济增长是指在一定时期内，社会所创造的人均产量或人均实际国内生产总值的增长。这种增长既要能满足社会发展的需要，又要为人口增长和技术进步所允许，即要达到一个适度的增长率。通常用一定时期内实际国内生产总值增长率来衡量。由于经济增长和失业是相互联系的，因此，维持较高的经济增长率以实现充分就业，就成为宏观经济政策追求的主要目标之一。

经济增长方式一般分为粗放型和集约型两种。20 世纪 90 年代以来，我国关于从粗放型经济增长方式转变为集约型经济增长方式的要求是：经济增长从主要依靠增加投入、追求数量，转到主要依靠科技进步和提高劳动者素质上来，转到注重质量和以提高经济效益为中心的轨道上来。

（四）保持国际收支平衡

由于交通和通信成本的下降，国际间的经济交往日益密切，国际贸易有效地刺激了经济效率的提高，带来了经济快速增长。国际贸易已经成为促进一个国家经济繁荣和社会进步的有效途径，从而使扩大国际贸易这一目标越来越重要。一国的国际收支状况不仅反映了这个国家的对外经济交往情况，还反映了该国经济的稳定程度。当一国国际收支处于失衡状态时，就必然会对国内经济形成冲击，从而影响该国国内的就业水平、价格水平以及经济增长等。

以上四个经济目标之间存在着一定的矛盾。例如，在充分就业与物价稳定之间，要实现充分就业，就必须运用扩张性财政政策和货币政策，而财政赤字和货币供给量的增加又会引起通货膨胀。充分就业与经济增长之间也是矛盾的：一方面，经济增长会提供更多的就业机会，有利于充分就业；另一方面经济增长中的技术进步又会引起资本对劳动的替代，机器排斥工人，导致工人失业。在充分就业与国际收支平衡之间，因为充分就业的实现引起国民收入增加，在边际进口倾向既定的情况下，国民收入增加必然引起进口增加，从而引起国际收支状况恶化。此外，在物价稳定与经济增长之间也存在着矛盾，经济增长过程中的通货膨胀难以避免。

宏观经济政策目标之间的矛盾，就要求政策制定者确定重点并对这些政策目标进行有效协调。

二、宏观经济政策工具

宏观经济政策工具是指政府用来达到政策目标的手段。政策工具是多种多样的，不同的政策工具有不同的作用。对政策工具的选择、协调及运用是一门科学。在西方宏观经济政策工具中，主要有需求管理和供给管理两种。

（一）需求管理

需求管理是通过调节总需求来实现一定政策目标的宏观经济政策工具。这也是凯恩斯主义所重视的政策工具。需求管理是要通过对总需求的调节，实现充分就业的。在总需求小于总供给时，经济中会由于需求不足产生失业，这时就要运用扩张性政策工具来刺激总需求；在总需求大于总供给时，经济中会由于需求过度而出现通货膨胀，这时就需要运用紧缩性的政策工具来抑制总需求。需求管理的主要武器是财政政策和货币政策。

（二）供给管理

供给管理是通过调节总供给来达到一定宏观经济目标的政策工具。20 世纪 70 年代初，石油价格大幅上升对经济造成的严重影响，使经济学家们认识到了总供给的重要性。总需求—总供给模型中分析了总供给对国民收入和价格水平的影响。这样，宏观经济政策工具中就不能只有需求管理，而且还要有供给管理。在长期中，影响供给的主要因素是生产能力，即潜在产出；在短期中，影响供给的主要因素是生产成本，特别是生产成本中的工资成本。

因此，供给管理的政策主要包括：第一，收入政策，通过控制工资与物价来抑制通货膨胀；第二，人力政策，通过改善劳动力市场状况来减少失业；第三，经济增长政策，通过增加生产要素的数量，提高生产要素的效率来提高经济的生产潜力，促进经济增长。

第二节 财 政 政 策

一、财政政策的含义

财政政策是西方国家干预和调节经济的主要政策之一。财政政策是指国家根据所确定的宏观经济目标，通过财政收入和财政支出的变动调节社会需求，进而影响宏观经济运行过程与结果的基本准则和措施的总和。财政政策的基本手段是通过对收入和支出的调节，按照“逆经济风向行事”的基本原则，在经济萧条时，实行扩张性的财政政策，增加总需求；在经济繁荣时，采取紧缩性的财政政策，减少总需求，以缓解通货膨胀的压力。

二、财政政策的内容

国家的财政政策主要包括财政支出政策和财政收入政策两个方面。

（一）财政支出政策

财政支出是指整个国家中各级政府支出的总和，由许多具体的支出项目构成，主要包括政府购买、政府转移支付和政府投资。

政府购买是指政府对商品和劳务的购买，主要包括购买军需品、机关办公用品、支付政府公务员报酬等。它直接形成社会需求和购买力，构成国民收入的一个重要组成部分。计入 GDP 的四大需求项目（消费、投资、政府购买和净出口），其规模直接关系到社会总需求的增减，对整个社会的总支出具有十分重要的调节作用。在总支出不足、失业增加时，政府可以通过对商品和劳务的需求，提高购买水平，以此来抑制经济的衰退；相反，在总支出过多、价格水平不断上升时，政府可以通过缩小对商品和劳务的需求，降低购买水平，抑制通货膨胀发生。

政府转移支付是指政府在社会福利、社会保险、农业补贴、贫困救济和补助等方面的支出。相对于政府购买而言，单纯的转移支付本身并没有形成对社会产品的需求，即政府转移支付不一定形成对市场的购买力。转移支付实际上是社会收入的再分配，就是将收入在不同社会成员之间进行转移和重新分配，所以在按支出法计算国民收入时，它不构成国民收入的组成部分，但却影响社会需求，是财政支出政策的工具之一。在总支出不足、失业增加时，政府要增加社会福利费用，提高转移支付水平；相反，在总支出过多、价格水平持续上升时，政府要减少社会福利费用，降低转移支付水平。

政府投资是指政府对于公共项目工程和国家特殊重大项目的固定资产投资和存货投资。在西方，因为绝大部分投资都是私人投资，所以有时此项也包括在政府购买支出中。我国实行社会主义市场经济制度，投资是政府支出的重要项目，主要用于发挥政府作用，筹集资金进行关系国计民生的重大项目建设。

（二）财政收入政策

在政府的收入构成中，税收是最重要的组成部分。西方国家财政收入的增长，在很大程度上来源于税收收入的增长。税收是一个政府赖以生存的经济基础，没有税收收入，政府难以维持运转。税收作为国家财政收入的主要来源，是国家凭借其政治力量参与社会分配的重要形式，是政府组织财政收入的基本手段，具有强制性、无偿性、固定性三个基本特征。

除税收之外，公债也是政府财政收入的一个组成部分。当政府税收不足以弥补政府支出时，就会发行公债。公债是国家举借的内外债的总称。政府公债的发行，一方面能增加财政收入，影响财政支出；另一方面可以影响金融市场的扩张和紧缩，进而影响货币供求和社会总需求水平，所以公债也是重要的财政政策工具。

（三）财政赤字政策

为了克服萧条，消灭失业，政府必须增加支出，或减少税收，或双管齐下，这样就会出现财政赤字。在凯恩斯看来，财政收支应服从于维持经济稳定，尤其是维持就业的需要。如果政府拘泥于财政预算平衡这一目标，那就无法克服萧条，因此，必须放弃财政收支平衡的旧信条，实行赤字财政政策。在国际上，衡量财政赤字有两条警戒线：第一条警戒线是财政赤字占 GDP 比重不能超过3%。一旦超过，就会出现财政风险。第二警戒线是政府的财政赤字不能超出财政总支出的15%。

凯恩斯主义者认为，财政赤字的弥补不能单靠增税或减少政府支出，因为那样就达不到克服萧条的目的。弥补财政赤字主要靠发行公债，公债不是直接卖给公众或厂商，因为这样可能会减少公众和厂商的消费和投资，从而不利于克服萧条。公债由政府财政部发行，卖给中央银行，财政部得到货币，扩大支出，刺激经济。

萧条时期，为了弥补财政赤字而增发公债，被认为是有利无弊。因为：

（1）债权人是本国公民，债务人是国家，两者在根本利益上是一致的，这等于自己欠自己的债，没有什么关系。

（2）政府的政权是稳定的，公债的增加不会给债权人带来危险，政府也不急于把债务都还清，因为政府的债务可以一届一届地传下去，公民的债权也可以一代一代地传下去。

（3）由于发行公债的目的在于调节经济，克服萧条，只要经济走向繁荣，公债发行就会减少或中止，所以人们不必为公债的发行担心。这就是西方经济学中所谓的“公债哲学”。

三、财政政策的运用

根据凯恩斯的经济理论，在运用宏观财政政策调节经济，进行需求管理时，政府应根据不同情况调整政府支出和税收，采取扩张性的或紧缩性的政策措施。

在经济萧条时期，总需求小于总供给，经济中存在失业。政府就要运用扩张性的财政政策即增加政府支出、减少税收来刺激总需求，以实现充分就业。因为政府公共工程支出与购买的增加有利于刺激私人投资；转移支付的增加可以增加个人消费，这样就会刺激总需求；减少个人所得税可以使个人有更多的可支配收入，从而增加消费；减少公司所得税可以使公司收入增加，从而投资增加，这样也会刺激总需求。

在经济繁荣时期，总需求大于总供给，存在过度需求，会引起通货膨胀。政府就要通过紧缩性的财政政策即减少政府支出、增加税收来抑制总需求，以实现物价稳定。因为政府公共工程支出与购买的减少有利于抑制投资；转移支付的减少可以减少个人消费，这样就抑制了总需求；增加个人所得税可以减少个人可支配收入，从而减少消费；增加公司所得税可以使公司收入减少，从而投资减少，这样也会抑制总需求。

西方经济学家将这种政策取向称为“逆经济风向行事”。即在经济高涨时期抑制总需求，使经济不致过度高涨而引起通货膨胀；在经济萧条时期，刺激总需求，使经济不至于严重萧条而引起失业。

四、财政制度中的内在稳定器

内在稳定器是指财政制度本身具有某些内在的自动调节经济，使经济稳定的功能。当经济出现波动时，内在稳定器就会自动发生作用，减轻经济萧条或通货膨胀的程度。具有内在稳定器作用的财政政策包括：个人所得税、公司所得税以及各种转移支付。

（1）税收对稳定经济的作用。个人所得税和公司所得税有其固定的起征点和税率。当经济萧条时，由于收入减少，税收也会自动减少，在实行累进税的情况下，政府税收下降的幅度会超过收入下降的幅度，从而抑制消费与减少投资，有助于减轻萧条的程度；当通货膨胀时，由于收入增加，税收也会自动增加，在实行累进税的情况下，政府税收上升的幅度会超过收入上升的幅度，从而抑制消费与增加投资，有助于减轻由于需求过大而引起的通货膨胀。

（2）各种转移支付对稳定经济的作用。失业救济和其他福利支出等政府的转移支付，有其固定的发放标准。当经济萧条时，失业增加，符合救济条件的人数增多，这类转移支付会自动增加，从而抑制消费与投资的减少，有助于减轻经济萧条的程度；当经济繁荣时，失业减少，符合救济条件的人数减少，这类转移支付会自动减少，从而抑制消费与投资的增加，有助于减轻由于需求过度而引起的通货膨胀。

需要指出，财政政策中内在稳定器的作用是有限的。因为，它只能减轻或延缓经济萧条或通货膨胀的程度，而不能改变萧条或通货膨胀的总趋势；只能对财政政策起到自动配合的作用，而不能取代财政政策。因此，尽管某些财政政策具有内在稳定器的作用，但仍需要政府有意识地运用财政政策来调控经济。

五、财政政策的局限性

（1）“时滞”对政策的影响。一项宏观财政政策，从方案的提出、讨论、批准到实施，往往需要经过许多中间环节，经历一个过程。在这段时期内，经济形势可能会发生意想不到的变化，从而影响宏观经济目标的有效实现。

（2）挤出效应的影响。财政政策的挤出效应是指政府支出增加所引起的私人消费减少或投资降低，即以政府开支代替了私人开支。财政政策挤出效应存在的最重要原因就是政府支出增加引起利率上升，而利率上升会引起私人投资与消费减少。例如，政府对公共图书馆增加拨款，公众就会更多地利用公共图书馆的书籍，而减少在书店的购买支出。

（3）投资效率低下的影响。政府投资的效率一般不高，因此长时间实行扩张性的财政政策会造成社会投资效率下降。在政府采取财政政策对经济发展进行调控的过程中，也不可避免地会出现“政府失灵”现象，宏观决策的科学性、政府的工作效率及官僚主义等因素，都会不同程度地导致政策负效应的产生。

第三节　货币政策

货币政策是西方国家干预和调节经济的主要政策之一。它在宏观经济政策中的作用是不断加强的。凯恩斯认为货币政策的作用有限，宏观经济政策的重点应在于财政政策。但20世纪60年代后，美国凯恩斯主义的经济学家却强调货币政策与财政政策同样重要，主张双管齐下。70年代后，随着“滞胀”局面的出现，西方各国又采用了货币主义所主张的控制货币供给量的政策。

一、货币政策的含义和特征

（一）货币政策的含义

货币政策是指政府根据宏观经济调控目标，通过中央银行对货币供给和信用规模进行管理来调节信贷供给和利息率水平，以影响和调节宏观经济运行状况的方针、政策和措施的总称。

（二）货币政策的特点

（1）货币政策着眼于控制社会总需求的目标。货币政策通过其传导机制调节社会总需求，并间接地影响社会总需求与总供给的互动，使二者保持平衡。

（2）货币政策是一种间接的控制措施，即主要采用经济手段和法律手段，对市场行为主体的经济活动实施间接调控。只有在特定情况下，才采用必要的直接控制和管理措施。

（3）货币政策是一种较长期的经济政策，而非短期的经济政策，即货币政策的最终目标是一种长期性的政策目标，如稳定物价、实现充分就业、促进经济增长和保障国际收支平衡等。

二、西方国家的银行制度

货币政策通常是由中央银行代表政府通过银行体系来实施的。因此，要了解货币政策就必须先了解西方国家的银行制度。西方国家的银行体系是由中央银行与商业银行以及其他金融机构组成的两级银行体系。

（1）中央银行与商业银行。中央银行是由政府设立的，是国家的银行。中央银行的主要职能有三个方面：①代表政府发行货币，中央银行是唯一的货币发行机构；②接受商业银行的存款，同时也向商业银行发放贷款，是全国的票据结算中心，领导并监督商业银行的业务活动，所以它是银行的银行；③通过实施各种货币政策来调节经济，是国家货币政策的制定者和执行者。

银行系统的第二级是商业银行和其他金融机构。西方国家的商业银行一般是私人银行。商业银行就其法律地位来说，是自主经营、以盈利为目的的独立的经济组织。其主要业务是吸收存款，发放贷款和代理客户的结算，它从这些业务中获得利润。其他金融机构（如储蓄银行等），除在资金来源与运用上各具特点外，其性质和作用与商业银行一样。

（2）银行创造货币的机制。商业银行的资金主要来源于存款。为了应付储户随时取款的需要，银行不能把全部存款放出，必须保留一定数额的货币以备提款的需要，这一定数额的货币称为存款准备金。在现代银行制度中，存款准备金在存款中所占的比率是由中央银行代表政府规定的，称为法定准备率。按法定准备率提留的准备金叫法定准备金。商业银行为赚取尽可能多的利润，则把法定准备金以上的那部分存款用于贷款或投资。正是这种以较小的比率的准备金来支付活期存款的能力，使银行体系得以创造货币。例如：

假定法定准备率为20%，某客户将100万元存入A银行，该商业银行可放款80万元；得到80万元贷款的客户将这笔贷款存入B银行，该商业银行又可放款64万元；得到64万元贷款的客户将这笔贷款存入C银行，该商业银行又可放款51.2万元。由此不断存贷下去，各银行的存款总和是：

$$100+80+64+51.2+\cdots\cdots=100\times(1+0.8+0.8^2+0.8^3+\cdots\cdots+0.8^{n-1})$$

$$=\frac{100}{1-0.8}=500\text{（万元）}$$

从以上例子可见，如果以D代表存款总额，即创造出的货币，R代表最初存款，r代表法定准备率，则商业银行体系所能创造出的货币量为：$D=\frac{R}{r}$，即商业银行体系所能创造出的货币量 D 与最初存款 R 成正比，与法定准备率 r 成反比。

三、货币政策的工具及其运用

凯恩斯主义的货币政策是通过控制货币供应量以调节利息率的高低，再通过利息率的高低来影响消费和投资，最终达到调控社会总需求的目的。在经济萧条时期，实行扩张性货币政策，即增加货币供应量以降低利息率，从而增加消费和投资，达到刺激社会总需求的目的；在通货膨胀时期，实行紧缩性货币政策，即减少货币供应量以提高利息率，从而减少消费和投资，达到抑制社会总需求的目的。货币政策工具主要有三个：公开市场业务、调整贴现率和调整法定准备率。

1. 公开市场业务

是指中央银行在金融市场上公开买卖政府债券，以调节货币供应量。具体做法是：

在萧条时期，中央银行买进政府债券，将货币投放市场。这样，一方面出售债券的企业和居民得到货币并存入商业银行，随着银行存款的增加，通过银行存款的乘数作用，使市场上流通的货币量成倍增加，引起利息率下降；另一方面，中央银行买进政府债券，还会导致债券价格上涨，由于债券价格与利息率成反比例关系，债券价格上涨将引起利息率下降，利息率的下降就会刺激总需求的扩张。

在通货膨胀时期，中央银行卖出政府债券，使货币回笼。这样，一方面，购买债券的企业和居民会减少商业银行的存款，使银行减少放款或收回放款，并通过银行存款的乘数作用，使市场上流通的货币量成倍减少，引起利息率上升；另一方面，中央银行卖出政府债券，还会导致债券价格下降，从而引起利息率上升，利息率的上升就会抑制总需求的扩张。

2. 调整贴现率

这里讲的贴现是指中央银行对商业银行的贷款行为（商业银行向中央银行申请贷款，必须以商业票据或政府债券作担保），中央银行对商业银行的贷款利息称为贴现率。调整贴现率就是通过提高或降低贴现率来影响商业银行的贷款规模，从而调节货币供应量。具体做法是：

在经济萧条时期，中央银行降低贴现率，并放宽贴现条件，这样就可以促使商业银行向中央银行增加借款，随着商业银行借款后存款准备金的增加，商业银行就会增加贷款，导致货币供应量增加，引起利息下降，从而刺激总需求的扩张。

在通货膨胀时期，中央银行提高贴现率，并严格贴现条件，这样就可以限制或减少商业银行向中央银行借款，随着商业银行存款准备金的减少，商业银行就会减少贷款，导致货币供应量减少，引起利息率上升，从而抑制总需求的扩张。

3. 调整法定准备率

根据货币乘数原理，中央银行规定的法定准备金比率越低，货币乘数就越大，银行创造货币的能力也就越大。反之，法定准备金比率越高，货币乘数就越小，银行减少的贷款就会越多。也就是说，如果中央银行降低准备率，就会增加货币供给量，降低利息率。如果中央银行提高准备率，就会减少货币供给量，提高利息率。由于改变法定准备金比率作用程度过于强烈，它会引起政策上过大和过分突然的变化，因此，西方国家极少采用。

货币政策除运用以上三种手段外，还有以下次要手段：①道义上的劝告。这是指中央银行对商业银行在放款、投资等方面的措施给予指导或告诫，以取得商业银行的配合。这种措施虽不具有法律的或行政的强制性，但通常是有效的，具有一定约束作用。②证券信贷控制。这也称作垫头规定，指在购买有价证券时必须支付的最低现金比率，余下差额由经纪人或银行贷款垫付。③控制分期付款的条件。中央银行规定消费者购买耐用消费品分期付款的条件，如规定应付现款的最低期限与付清贷款的最高期限。④控制抵押贷款条件。这种措施对控制房地产开发是一种有力的工具。⑤利息率的上限。控制商业银行对定期存款所支付的最高利息率，这样可以减少定期存款，使存款更多地转移到易于控制的短期存款或债券。

四、货币政策的局限性

（1）经济周期性波动对政策的影响。一般来说，在通货膨胀时期实行紧缩性货币政策效果比较显著，而在萧条时期实行扩张性货币政策效果就不明显。因为，在萧条时期，厂商对未来投资缺乏信心，即使利息下降，也未必会增加投资。银行为安全起见，也不肯轻易贷款。

（2）公众行为对政策的影响。政策实施的效果往往受公众行为的影响，当公众行为与宏观货币政策不配合时，就很难收到相应的政策效果。例如，萧条时期公众不一定出卖债券，繁荣时期公众也不一定购买债券。

（3）措施的间接性对政策的影响。货币政策通过货币供应量的变动来调节利息率，再通过利息率的变动来影响消费和投资活动。因而，货币政策的作用往往要经过相当长一段时间才会得以显现。由于这段时间内，经济形式有可能发生难以预料的变化，从而使货币政策难以奏效。

第四节 财政政策和货币政策的配合

在宏观经济调控中，财政政策和货币政策是两种基本的调控手段。但是，无论是财政政策还是货币政策，在对宏观经济运行调控的过程中都有其局限性。因此，要实现宏观经济政策目标，促进经济协调发展，必须要将财政政策和货币政策协调运用。

所谓相机抉择，就是政府在进行需求管理时，根据经济形势的客观要求和各项政策措施的特点，机动地决定和选择在某个时期究竟应当采取哪一种或哪几种措施。

一、财政政策和货币政策相互配合的必要性

财政政策和货币政策作为一国政府调节总需求的宏观政策，由于进行调节的方法和手

段不同，对国民收入和利率作用不同，各自具有的特点和优缺点不同，决定了两种政策相互配合运用的必要性。

（1）不同政策、措施作用的强烈程度不同。例如，增加政府支出和调整法定准备率的作用比较强烈，而税收政策与公开市场业务的作用则比较缓和。

（2）不同措施的政策效应的时间不同。例如，财政政策的变化从提案、讨论到通过，往往要经过一段相当长的时间；货币政策的变化则通常可以由中央银行决定，作用快一些。

（3）不同政策措施发挥作用的范围不一样。例如，财政支出政策影响面比较大，公开市场业务影响面就小一些。

（4）不同政策措施在推行过程中所遇到的阻力不一样。例如，增税与减少政府支出的阻力较大，而货币政策一般遇到的阻力较小。

正是由于财政政策和货币政策对宏观经济的调节作用不同，这就要求财政政策和货币政策必须配合使用。如果财政政策和货币政策各行其是，就必然会产生碰撞与磨擦，彼此抵消力量，从而减弱宏观调控的效应和力度，也难以实现预期的调控目标。

二、财政政策与货币政策的相机抉择

相机抉择是指一国政府根据经济的实际运行情况而采取相应的宏观经济政策。按时调节经济总量的要求，财政政策和货币政策一般分为扩张性、紧缩性和中性三种。制定宏观经济政策的一般原则是“逆风向行事”，即在萧条时期采取扩张性经济政策，在通货膨胀时期采取紧缩性经济政策。但在具体实施过程中，要视具体情况而定。目前，西方国家根据经济运行的实际情况，进行财政政策和货币政策的相机抉择，其典型配合形式主要有以下四种。

（1）紧缩性财政政策与紧缩性货币政策并用，即实行“双紧”的经济政策。这适用于严重的通货膨胀时期。通过“双紧”政策，能有效地抑制社会总需求。

（2）扩张性财政政策与扩张性货币政策并用，即实行“双松”的经济政策。这适用于严重的经济衰退时期，通过“双松”政策，能有效地刺激社会总需求。

（3）紧缩性财政政策与扩张性货币政策并用。这样既可以减少政府支出，稳定物价，又可以降低利息率，增加投资。

（4）扩张性财政政策与紧缩性货币政策并用。这样既可以有效地刺激社会总需求，又可以避免严重的通货膨胀。

相机抉择的实质是灵活运用各种政策，它包括的范围相当广泛。在运用不同的政策措施时，要根据国民经济发展的不同情况采取不同的政策工具，要对不同政策措施的时延、经济因素或非经济因素的影响进行全面的综合分析，以提高政策运用的技巧和效应。政府可根据国民经济发展的实际情况采用不同的搭配类型。具体的搭配类型及应用情况如表14－1所示。

表 14-1　财政政策与货币政策的搭配类型及其适用的宏观经济环境

政策类型		财政政策：松（扩张性）	财政政策：中性	财政政策：紧（紧缩性）
货币政策	松（扩张性）	社会总需求严重不足，商品价值实现普遍困难，生产能力和资源得不到充分利用，严重失业	社会总需求不足，供给过剩，企业投资不足，主要的经济比例结构没有大问题	社会总需求与总供给大体平衡，但公共消费偏旺而投资不足，生产能力和资源方面有增产潜力
货币政策	中性	社会总需求略显不足，供给过剩，经济结构有问题，主要是公共消费不足，公共事业及基础设施落后	社会总供给与总需求基本平衡，社会经济比例结构也基本合理，社会经济发展健康，速度适中	社会总需求大于社会总供给，经济的比例结构无大问题，财政支出规范过大，非生产性积累与消费偏高
货币政策	紧（紧缩性）	社会总供给与总需求大体平衡，公共事业、基础设施落后，生产力布局不合理	社会总需求过大，有效供给不足，经济效益较差，已出现通货膨胀，但财政在保障社会公共需求上正常	社会总需求大大超过社会总供给，发生了严重的通货膨胀

复习思考

一、填空题

1. 宏观经济政策的目标包括________、________、________、________。
2. 需求管理包括________和________。
3. 供给管理包括________、________以及________等。
4. 扩张性财政政策包括________和________。
5. 债券价格与债券收益的大小成________，与利息率的高低成________。
6. 当总需求小于总供给时，政府应采用________财政政策。
7. ________、________以及________具有内在稳定器的功能。
8. 政府实行赤字财政政策是通过发行________进行的。
9. 在经济繁荣时期，应该采用________的货币政策。
10. 凯恩斯主义货币政策的直接目标是________，最终目标是________。

二、单项选择题

1. 宏观经济政策的目标是（　　）。

   A. 充分就业和物价稳定

   B. 物价稳定和经济增长

   C. 充分就业、物价稳定、经济增长和国际收支平衡

2. 凯恩斯主义所重视的政策工具是（　　）。

A. 需求管理

B. 供给管理

C. 需求管理和供给管理同时并重

3. 根据需求管理的原理，应该抑制总需求的条件是（　　）。

A. 总需求大于总供给

B. 总需求等于总供给

C. 总需求小于总供给

4. 在以下三种政策工具中，属于需求管理的是（　　）。

A. 收入政策

B. 人力政策

C. 财政政策

5. 在以下三种政策工具中，属于供给管理的是（　　）。

A. 财政政策

B. 货币政策

C. 指数化政策

6. 如果商业银行最初吸收的存款为 200 万元，法定准备率为 20%，则银行体系所能创造的货币总量为（　　）。

A. 200 万元　　B. 300 万元　　C. 500 万元　　D. 1000 万元

7. 货币供给量增加，债券价格和利率的变动分别为（　　）。

A. 上升、上升　　B. 上升、下降

C. 下降、上升　　D. 下降、下降

8. 紧缩性货币政策的运用导致（　　）。

A. 货币供给量减少，利率降低　　B. 货币供给量增加，利率提高

C. 货币供给量减少，利率提高　　D. 货币供给量增加，利率降低

9. 货币主义货币政策的政策工具是（　　）。

A. 控制利率　　B. 控制货币供给量

C. 两者并重　　D. 控制物价水平

10. 相机抉择的实质是（　　）地运用各种宏观经济政策调节经济。

A. 有计划　　B. 灵活　　C. 固定　　D. 随意

三、判断题

1. 充分就业和物价稳定的目标存在矛盾。（　　）

2. 公司所得税具有自动稳定器功能。（　　）

3. 物价稳定是指通货膨胀率为零。（　　）

4. 减少经济波动就是要消灭经济周期。（　　）

5. 在财政政策中，转移交付的增加可以刺激私人投资。（　　）

6. 如果政府把债券卖给个人或企业，货币供给必定增加。（　　）

7. 财政政策和货币政策的政策时延是不一样的。（　　）

8. 经济萧条时期，为刺激总需求，央行要在公开市场上卖出有价证券。(　　)

四、案例分析题

案例1：

【案例名称】：沃尔克反通货膨胀的胜利

【案例适用】：宏观经济政策

【案例来源】：范一青．经济学基础[M]. 北京：北京理工大学出版社，2009：203.

【案例内容】：

1979 年 10 月，当石油输出国组织（即欧佩克），在 10 年内第二次提高石油价格，从而给世界经济带来不利的供给冲击时，美国的通货膨胀达到了无法接受的水平。1983 年其通货膨胀率超过 13%。当时的美国联邦储备委员会（即美国的中央银行）主席保罗·沃尔克感到除了实行反通货膨胀，即降低通货膨胀率的政策之外别无选择。为此，联邦储备委员会采取了强有力的行为，紧缩信贷，同时提高利率。值得指出的是，在沃尔克最终认为通货膨胀得到控制之前，利率达到了超过 20% 的创纪录水平。由于美联储的这些行为，企业削减了它们的投资，居民减少了他们对汽车和住房等物品的购买。美联储采取行动后的结果是，通货膨胀率从 1980 年的 13% 左右下降到 1983 年的 3.2%。应该说，沃尔克在降低通货膨胀方面确实取得了成功。但另一方面，这一反通货膨胀的胜利却以经济衰退所造成的失业为代价。在 1982 年和 1983 年，美国的失业率为 10% 左右；同时，按实际 GDP 衡量的物品与劳务的生产大大低于正常的水平。

【案例讨论】：沃尔克的反通货膨胀对我国有什么启示？

案例2：

【案例名称】：减税刺激经济？

【案例适用】：宏观经济政策

【案例来源】：摘自 www.tjufe.edu.cn

【案例内容】：

1961 年当一个记者问肯尼迪总统为什么主张减税时，肯尼迪回答："为了刺激经济。"他的目的是实行减税，减税增加了消费支出，扩大了总需求，并增加了经济的生产和就业。

1963 年，美国的失业率似乎停顿在 5.5% 这样一个令人难以接受的高水平。而 10 年前，失业率是 2.8%。肯尼迪总统的经济顾问们相信，削减个人所得税可以促使家庭更多地消费。这将引起总需求曲线向右移动。他们相信总需求曲线的移动将导致产量的增加而价格并不上升。这是因为他们相信经济具有过剩的生产能力，生产性工人与机器处于闲置状态。换句话说，他们认为当时的均衡点处在总供给曲线的相对平坦的部位。所以，总需求曲线的增加将主要地转换为产量的增加，而价格水平并不提高。我们已经知道，产量的增加意味着就业增加。实践证明，肯尼迪顾问们的预测是正确的。失业率在 1965 年下降到 4.4% 的水平。另外，从 1964 ~ 1966 年，实际 GDP 以令人注目的 5.5% 的平均速度增长。

【案例讨论】：试分析肯尼迪减税政策成功的理论依据。

参考文献

[1] 马克思．资本论 [M]．北京：人民出版社，1975.

[2] 马克思．政治经济学批判导言 [M]//马克思恩格斯选集（第2卷）．北京：人民出版社，1995.

[3]〔美〕斯蒂格利茨．经济学 [M]．北京：中国人民大学出版社，2001.

[4]〔美〕斯蒂格利茨．经济学小品和案例 [M]．北京：中国人民大学出版社，1998.

[5]〔美〕保罗.A.萨缪尔森，威廉·A.诺德豪．经济学（第17版）[M]．北京：人民邮电出版社，2003.

[6] A. 马歇尔．经济学原理上册 [M]．上海：商务印书馆，1981.

[7]〔美〕曼昆．梁晓民译．经济学原理 [M]．北京：北京大学出版社，1999.

[8]〔美〕琼斯．经济增长导论 [M]．北京：北京大学出版社，2002.

[9]〔英〕凯恩斯．就业、利息和货币通论 [M]．北京：中国商业出版社，1983.

[10]〔美〕理查德·尼克松．领导人 [M]．北京：新华出版社，1983.

[11] 魏小文．西方经济学 [M]．北京：北京理工大学出版社，2009.

[12] 梁小民．微观经济学纵横谈 [M]．北京：中国人民大学出版社，2004.

[13] 梁小民．微观经济学纵横谈 [M]．上海：生活·读书·新知三联书店，2000.

[14] 梁小民．宏观经济学纵横谈 [M]．上海：生活·读书·新知三联书店，2003.

[15] 梁小民．小民经济观察系列（1）[M]．北京：北京大学出版社，2005.

[16] 高鸿业．西方经济学（第四版）[M]．北京：中国人民大学出版社，2007.

[17] 博红春．宏观经济学：指标的测定与调控（经济学中国化实验教材）[M]．北京：中国经济出版社，2008.

[18] 范一青．经济学基础 [M]．北京：北京理工大学出版社，2009.

[19] 李国政．经济学基础 [M]．北京：北京大学出版社，2005.